A QUEDA DA INTERPRETAÇÃO

Traduzido por
Valéria Lamim

JAMES K. A. SMITH
A QUEDA DA INTERPRETAÇÃO

Fundamentos filosóficos para uma hermenêutica criacional

Título original: *The Fall of Interpretation: Philosophical Foundations for a Creational Hermeneutic*
© 2000, 2012 by James K. A. Smith
Edição original por Baker Academic, uma divisão da Baker Publishing Group.
Todos os direitos reservados. Copyright da tradução © Vida Melhor Editora LTDA., 2021. Todos os direitos reservados.

As citações bíblicas são da *Nova Versão Internacional* (NVI), da Biblica, Inc., a menos que seja especificada outra versão da Bíblia Sagrada.

Os pontos de vista desta obra são de responsabilidade de seus autores e colaboradores diretos, não refletindo necessariamente a posição da Thomas Nelson Brasil, da HarperCollins Christian Publishing ou de sua equipe editorial.

Publisher	*Samuel Coto*
Editor	*André Lodos Tangerino*
Preparação	*Davi Freitas*
Revisão	*Shirley Lima* e *Gabriel Braz*
Diagramação	*Sonia Peticov*
Capa	*Rafael Brum*

Dados Internacionais de Catalogação na Publicação (CIP)
(BENITEZ CATALOGAÇÃO ASS. EDITORIAL, MS, BRASIL)

S646q
    Smith, James K. A.
    A queda da interpretação: fundamentos filosóficos para uma hermenêutica criacional / James K. A. Smith; traduzido por Valéria Lamim. — 1.ed. — Rio de Janeiro: Thomas Nelson Brasil, 2021.
    304 p.; 15,5 x 23 cm.

    Título original: *The fall of intepretation*.
    Bibliografia.
    ISBN 978-65-56892-01-6

1. Bíblia — Crítica e interpretação. 2. Filosofia cristã 3. Hermenêutica 4. Religião. I. Lamim, Valéria. II. Título.

04-2021/44   · CDD: 220.601

Índice para catálogo sistemático:
1. Bíblia: Hermenêutica 220.61

Bibliotecária responsável: Aline Graziele Benitez CRB-1/3129

Thomas Nelson Brasil é uma marca licenciada à Vida Melhor Editora LTDA.
Todos os direitos reservados à Vida Melhor Editora LTDA.
Rua da Quitanda, 86, sala 218 — Centro
Rio de Janeiro — RJ — CEP 20091-005
Tel.: (21) 3175-1030
www.thomasnelson.com.br

Para Deanna,
ainda, sempre.

Há uma espécie de esforço que convém à vida humana; e há uma espécie de esforço que consiste em tentar partir desta vida para a outra. Isso se chama *hybris*: a incapacidade de um indivíduo compreender que tipo de vida ele tem de fato, a incapacidade de viver dentro dos limites de sua vida... a frustração, como mortal, de ter pensamentos mortais. Uma vez entendido esse conceito, a injunção de evitar a *hybris* não é penitência nem negação; é uma instrução sobre o lugar no qual as coisas valiosas *para nós* devem ser encontradas.

Martha Nussbaum, *Love's Knowledge: Essays on Philosophy and Literature*

Eu estava fazendo muitas coisas diferentes a cada momento. Ao mesmo tempo que estava chorando, eu também estava caminhando pelo terreno à procura da peça da minha barraca que estava faltando, tirando a câmera do bolso para tentar capturar a beleza celestial da luz e da paisagem, censurando-me por fazer isso quando eu deveria estar simplesmente chorando e dizendo a mim mesmo que não havia problema algum em não ter conseguido ver o passarinho amarelo naquela que certamente seria minha única vez na ilha — que era melhor assim e que era hora de aceitar a finitude e a incompletude, e deixar que certos pássaros nunca fossem vistos, que a capacidade de aceitar isso era a dádiva que eu havia recebido, ao contrário de meu querido amigo falecido.

Jonathan Franzen, "Farther Away: *Robinson Crusoe, David Foster Wallace, and the Island of Solitude*"

Todos fazem adivinhações, por mais intermitente, errônea, desonesta ou decepcionante que seja essa prática; sobretudo decepcionante. Pois, se alguém pensa que seu propósito é reconhecer o significado original ou mergulhar de cabeça em um texto que é uma rede traiçoeira, e não uma sequência contínua e sistemática, essa pessoa pode ter certeza de uma coisa: ela se decepcionará. Às vezes, acredita-se, e em minha opinião com razão, que o mundo também é assim... De qualquer forma, o senso de mistério é algo diferente da capacidade de interpretá-lo, e o maior consolo é que, sem interpretação, não haveria mistério. O que não se deve procurar é um êxito público óbvio. Ver — e até mesmo perceber — e ouvir — e até mesmo entender — não são a mesma coisa que explicar ou ter acesso a algo. Os desejos do intérprete são bons porque, sem eles, o mundo e o texto são tacitamente considerados impossíveis; talvez sejam, mas nós devemos viver como se fosse o contrário.

Frank Kermode, *The Genesis of Secrecy: On the Interpretation of Narrative*

SUMÁRIO

Prefácio à segunda edição original ◆ 11

Prefácio à primeira edição original ◆ 13

Agradecimentos ◆ 17

Lista de reduções ◆ 19

Reconsiderações: *Uma introdução à segunda edição* ◆ 23

Introdução: *Interpretação e a Queda* ◆ 37

Primeira parte:
A QUEDA DA HERMENÊUTICA

1. Paraíso recuperado ◆ 69

2. Através de um reflexo obscuro ◆ 99

Segunda parte:
A HERMENÊUTICA DA QUEDA

3. A Queda no Jardim ◆ 133

4. Violência edênica ◆ 170

Terceira parte:
RUMO A UMA HERMENÊUTICA CRIACIONAL

5. Interpretando a Queda ◆ 193

6. Interpretação no Éden ◆ 218

7. Encarnação limitada: da criação à eclésia ◆ 267

Índice onomástico ◆ 297

Índice remissivo ◆ 301

PREFÁCIO À SEGUNDA EDIÇÃO ORIGINAL

Todas as dívidas reconhecidas no prefácio da primeira edição ainda são válidas — na verdade, minha dívida total só acumulou juros. Lembro-me com gratidão das comunidades que me apoiaram durante o período de produção deste livro. Mas fui negligente em reconhecer uma dívida naquela época, e fico feliz em poder retificar isso agora: Rodney Clapp arriscou-se por mim, selecionando este livro enquanto ainda era editor da InterVarsity Press, em um momento no qual eu era um autor iniciante e emergente. Voltando a este livro depois de haver escrito muitos outros, sou grato pela ajuda de Rodney no início de minha carreira. Também sou grato a Bob Hosack, Jim Kinney, BJ Heyboer, Jeremy Wells, Wells Turner, Paula Gibson, Caitlin Mackenzie e Dwight Baker, por todas as formas como me apoiam e me incentivam como autor — sobretudo por aceitarem *A queda da interpretação* como parte do catálogo da Baker Academic, ao lado de meus outros livros. É uma honra fazer parceria com eles. Agradeço também a Coleson Smith, que me ajudou com os índices quando o prazo estava prestes a se encerrar.

Por fim, sou grato por dois pequenos mimos da providência enquanto termino esta segunda edição para enviá-la ao meu editor. Primeiro, escrevo em uma sala da Trinity College, na Universidade de Toronto (obrigado ao seu reitor, David Neelands, pela oportunidade de servir aqui como professor convidado), nas imediações que deram origem à primeira edição, quando eu ainda era pós-graduando no Institute for Christian Studies [Instituto para

Estudos Cristãos], a apenas um quarteirão de minha janela. Do outro lado da rua, fica a Wycliffe College, onde passei muitas tardes na sala de leitura, e, bem na esquina, a Knox College, cujo espaço da biblioteca com vitrais era um verdadeiro santuário do pensamento para mim enquanto eu pelejava com a linha de raciocínio deste livro. A arquitetura assustadora da Biblioteca Robarts, na Universidade de Toronto, ergue-se sobre os pináculos da Trinity College e, ao analisar as notas de rodapé de *A queda*, lembro-me dos livros alojados nessa fortaleza. Como as madalenas de Proust, as paisagens e os aromas de minha formação em Toronto voltaram à minha imaginação enquanto eu trabalhava nesta edição revisada; por isso é uma bênção especial poder, mais uma vez, lançar daqui, em Toronto, a premissa sobre as águas. O segundo nascimento deste livro tem lugar na mesma sala do parto original.

Segundo, escrevo esta página no domingo de Pentecostes — a festa que comemora o envio do Espírito e a instituição da igreja. Embora a primeira edição deste livro tenha sido "pentecostal", na medida em que foi inspirada, espero que esta segunda edição seja "pentecostal" por também ser eclesiástica.

Trinity College,
na Universidade de Toronto
Pentecostes de 2011

PREFÁCIO À PRIMEIRA EDIÇÃO ORIGINAL

Em muitos aspectos, o *telos* (objetivo) deste livro está além de seu escopo, fora das margens, assim como sua *archē* (origem). Em um bom estilo pentecostal, e seguindo o modelo de Agostinho, o projeto deste livro é fruto de minha própria experiência com a diferença interpretativa ou, mais especificamente, fruto da experiência de ter interpretações que diferem das interpretações daqueles que pensavam estar na posse da única interpretação verdadeira — que não era uma interpretação de espécie alguma, mas simplesmente o que Deus disse. (Agostinho tem algo a dizer sobre isso nas *Confissões*, Livro 12.) Embora, de imediato, talvez não seja tão evidente, este livro tem um destino eclesiástico fundamentado em sua gênese eclesiástica. Como aqueles mais próximos a mim sabem, este livro apresenta-se como uma apologia em favor da diferença dentro da comunidade. E, como se tornou cada vez mais evidente para mim, é um livro que foi escrito com feridas. Depois de ter sido excluído algumas vezes de minha própria tradição por ser diferente *demais*, busquei neste livro criar espaço para a diferença dentro de nossas comunidades.

Contudo, embora a motivação para este livro seja encontrada nessa experiência de exclusão, escrevê-lo foi possível graças às comunidades acolhedoras e capazes de cura das quais minha família e eu fazemos parte — uma durante a concepção e a gestação do livro, e a outra durante o trabalho de parto e seu nascimento. Eu gostaria de agradecer especialmente ao rev. Charles Swartwood, Patrick e

A QUEDA DA INTERPRETAÇÃO

Dorothy St. Pierre e aos santos no Bethel Pentecostal Tabernacle, que nos acolheram enquanto seguíamos nosso caminho em direção ao Pentecostes. Agradeço também ao rev. Ron Billings, ao rev. Al Wise, a David e Stephanie Burton e aos nossos irmãos e irmãs na Horsham Christian Fellowship e na Assembleia de Deus de Del Aire, que nos incentivaram a celebrar essa festa. Será uma surpresa para muitos, mas não para nós, saber que essas comunidades pentecostais foram uma fonte de apoio inesgotável para minhas iniciativas acadêmicas.

A elaboração deste livro também inclui várias comunidades acadêmicas. Suas raízes mais profundas estão na tradição da primeira, o Institute for Christian Studies [ICS], onde aprendi a pensar como cristão. Em particular, eu gostaria de agradecer a Jim Olthuis, que foi um autêntico mentor, dando-me liberdade para ser criativo e guiando-me ao longo de um período de crescimento acadêmico com profundas raízes existenciais. Agradeço também a Richard Middleton, por seus constantes encorajamento e modelo de erudição cristã, e a Shane Cudney, que não é apenas um colega, mas também um companheiro nessa jornada. Para mim, é uma bênção poder chamá-lo de amigo. Durante vários anos, fui apoiado por meus colegas no Departamento de Filosofia da Villanova University. Em particular, quero agradecer ao dr. James McCartney, OSA [em latim, *Ordo Sancti Augustini*], por seus encorajamento e interesse em meu trabalho e por me dar a oportunidade de explorar esses assuntos nos cursos sobre Agostinho. Um dos privilégios maravilhosos de mudar do ICS para Villanova é que John Caputo, cuja escrita teve grande impacto em meu pensamento, agora tornou-se um mentor pessoal. Aprecio profundamente sua transparência e seu encorajamento, e continuo a valorizar seu trabalho, mas, sobretudo, sou grato por sua amizade. Por fim, agradeço aos meus colegas da Loyola Marymount University, que me receberam e me encorajaram nas etapas finais deste livro, e ao meu assistente Bil Van Otterloo, que me ajudou muito com as revisões e os índices.

Sem minha família, este trabalho nunca teria sido realizado. Agradeço aos meus pais, Pat e Dale, pelo interesse e o encorajamento, e

Prefácio à primeira edição original

aos pais de minha esposa, Gary e Gerry, pelo apoio e a compreensão. Jennifer e Jessica sempre estiveram presentes quando precisamos delas; espero que saibam quanto nós as amamos e apreciamos. É também um presente muito especial chamar meu irmão Scott de meu melhor amigo. E eu seria injusto se não mencionasse as constantes orações e o apoio da avó de minha esposa, Doris Currie, que é um exemplo para nós de devoção e amor cristão por sua família. Ela nos ajuda de várias maneiras.

Por fim, tenho uma dívida especial para com minha esposa e meus filhos. Muitas vezes, quando descobrem que temos quatro filhos pequenos em casa, meus colegas perguntam: "Como você consegue fazer alguma coisa?" A verdade é que eu jamais teria feito nada sem eles. Deanna, seu amor e seu apoio são realmente surpreendentes. Quando penso em tudo que você sacrifica, fico como Gômer diante de Oseias, perplexo, imaginando como uma pessoa pode ser tão generosa e abnegada. Grayson, Coleson, Madison e Jackson, vocês são tudo para mim: é no sorriso de vocês que encontro Deus todos os dias. Aprender foi uma lição difícil, mais difícil para vocês, mas eu largaria tudo por esses sorrisos.

LOYOLA MARYMOUNT UNIVERSITY
1999

AGRADECIMENTOS

Trechos do capítulo 1 foram adaptados de meu ensaio anterior "How to Avoid Not Speaking: Attestations" [Como evitar não falar: testemunhos], em *Knowing Other-Wise: Philosophy on the Threshold of Spirituality* [O conhecimento por outro ângulo: a filosofia no limiar da espiritualidade],[1] e estão incluídos aqui com permissão. Uma versão anterior do capítulo 4 foi publicada com o título "Originary Violence: The Fallenness of Interpretation in Derrida" [Violência originária: a queda da interpretação em Derrida],[2] e está incluída aqui com a permissão dos editores. Seções selecionadas do capítulo 5 foram desenvolvidas a partir de "The Time of Language: The Fall of Interpretation in Early Augustine" [O tempo da linguagem: a queda da interpretação na fase inicial de Agostinho],[3] e são usadas aqui com permissão. Uma versão do capítulo 7 foi originalmente publicada com o título "Limited Incarnation: The Searle/Derrida Debate Revisited in Christian Context" [Encarnação limitada: a discussão sobre Searle/Derrida recapitulada no contexto cristão].[4]

---

[1] *Knowing Other-Wise: Philosophy on the Threshold of Spirituality* [Conhecendo o outro lado: filosofia no limiar da espiritualidade], Ed. James H. Olthuis (Bronx, NY: Fordham University Press, 1997), p. 217-34.

[2] "Originary Violence: The Fallenness of Interpretation in Derrida" [Violência originária: a queda da interpretação em Derrida], *Concept* 19 (1996), p. 27-41.

[3] *American Catholic Philosophical Quarterly*, Supplement: The Proceedings of the American Catholic Philosophical Association 72 (1998), p. 185-99.

[4] "Limited Incarnation: The Searle/Derrida Debate Revisited in Christian Context" [Encarnação limitada: O debate Searle/Derrida revisitado no contexto cristão], *Hermeneutics at the Crossroads: Interpretation in Christian Perspective*, eds. Kevin Vanhoozer, James K. A. Smith e Bruce Ellis Benson (Bloomington: Indiana University Press, 2006), p. 112-29.

Obrigado a todos os editores e editoras pela permissão para usar esses materiais aqui.

Parte da pesquisa original e da redação deste livro foi possível graças a uma generosa bolsa de estudos oferecida pelo Conselho de Pesquisa de Ciências Sociais e Humanas do Canadá, cujo apoio é reconhecido com gratidão.

LISTA DE REDUÇÕES

A   Jacques Derrida, "Afterword: Toward an Ethic of Discussion" [Epílogo: rumo a uma ética de discussão], em *Limited Inc.*, trad. Samuel Weber (Evanston, IL: Northwestern University Press, 1988), p. 111-60.

BT   Martin Heidegger, *Being and Time* [*Ser e tempo*], trad. John Macquarrie and Edward Robinson (New York: Harper & Row, 1962).

CSA   Agostinho, *Confessions* [Confissões], trad. Henry Chadwick (Oxford: Oxford University Press, 1991).

FL   Jacques Derrida, "Force of Law: The 'Mystical Foundation of Authority'" [Força de lei: o "fundamento místico da autoridade"], trad. Mary Quaintance em *Deconstruction and the Possibility of Justice* [Desconstrução e a possibilidade de justiça], ed. Drucilla Cornell et al. (Nova York: Routledge, 1992), p. 3-67.

FT   Richard Lints, *The Fabric of Theology: A Prolegomenon to Evangelical Theology* [O tecido da teologia: prolegômenos à teologia evangélica] (Grand Rapids: Eerdmans, 1993).

HCU   Jürgen Habermas, "On Hermeneutics' Claim to Universality" [Sobre o direito da hermenêutica à universalidade], em *The Hermeneutics Reader* [A leitura da hermenêutica], ed. Kurt Mueller-Vollmer (Nova York: Continuum, 1985), p. 294-319.

JG   Jean-François Lyotard e Jean-Loup Thébaud, *Just Gaming* [Apenas um jogo], trad. Wlad Godzich (Mineápolis: University of Minnesota Press, 1985).

A QUEDA DA INTERPRETAÇÃO

MB   Jacques Derrida, *Memoirs of the Blind: The Self Portrait and Other Ruins* [Memórias de cego: o autorretrato e outras ruínas], trad. Pascale-Anne Brault e Michel Naas (Chicago: University of Chicago Press, 1993).

MIG   Wolfhart Pannenberg, *Metaphysics and the Idea of God* [A metafísica e a ideia de Deus], trad. Philip Clayton (Grand Rapids: Eerdmans, 1990).

OBBE   Emmanuel Levinas, *Otherwise than Being: Or, Beyond Essence* [De outro modo: ou além da essência], trad. Alphonso Lingis (Haia: Martinus Nijhoff, 1981).

OG   Jacques Derrida, *Of Grammatology* [*Gramatologia*], trad. Gayatri Chakravorty Spivak (Baltimore: Johns Hopkins University Press, 1976).

OHF   Martin Heidegger, *Ontologie (Hermeneutik der Faktizitat)* [Ontologia], ed. Kate Bröcker-Oltmanns, vol. 63 de *Gesamtausgabe* (Frankfurt: Vittorio Klostermann, 1988).

OLOF   Rex A. Koivisto, *One Lord, One Faith: A Theology for Cross-Denominational Renewal* [Um Senhor, uma fé: uma teologia para a renovação interdenominacional] (Wheaton: Victor Books/BridgePoint, 1993).

OS   Jacques Derrida, *Of Spirit: Heidegger and the Question* [Do espírito], trad. Geoffrey Bennington and Rachel Bowlby (Chicago: University of Chicago Press, 1989).

PC   Jacques Derrida, *The Post Card: From Socrates to Freud and Beyond* [*Cartão-postal: de Sócrates a Freud e além*], trad. Alan Bass (Chicago: University of Chicago Press, 1987).

PIA   Martin Heidegger, *Phänomenologische Interpretationen zu Aristoteles: Einführung in die Phänomenologische Forschung* [Interpretações fenomenológicas sobre Aristóteles: introdução à pesquisa fenomenológica], ed. Walter Bröcker and Kate Bröcker-Oltmanns, vol. 61 de *Gesamtausgabe* (Frankfurt: Vittorio Klostermann, 1985).

PIRA   Martin Heidegger, "Phenomenological Interpretations with Respect to Aristotle: Indication of the Hermeneutical

Lista de reduções

Situation" [Interpretações fenomenológicas com relação a Aristóteles: indicação da situação hermenêutica], trad. Michael Baur, *Man and World* 25 (1992), p. 355-93.

PMC   Jean-François Lyotard, *The Postmodern Condition: A Report on Knowledge* [A condição pós-moderna], trad. Geoff Bennington and Brian Massumi (Minneapolis: University of Minnesota Press, 1984).

R   John R. Searle, "Reiterating the Differences: A Reply to Derrida" [Reiterando as diferenças: uma resposta para Derrida], *Glyph: Johns Hopkins Textual Studies* 1 (1977), p. 198-208.

SEC   Jacques Derrida, "Signature Event Context" [Assinatura, acontecimento, contexto], em *Margins of Philosophy* [Margens da filosofia], trad. Alan Bass (Chicago: University of Chicago Press, 1982), p. 349-370.

ST   Wolfhart Pannenberg, *Systematic Theology* [Teologia sistemática], vols. 1 e 2, trad. Geoffrey W. Bromiley (Grand Rapids: Eerdmans, 1991 e 1994).

TB   Jacques Derrida, "Des Tours de Babel" [Torres de Babel], em *A Derrida Reader: Between the Blinds* [Uma leitura de Derrida: entre as cortinas], trad. Joseph F. Graham, ed. Peggy Kamuf (Nova York: Columbia University Press, 1991), p. 244-53.

TI   Emmanuel Levinas, *Totality and Infinity* [Totalidade e infinito], trad. Alphonso Lingis (Pittsburgh: Duquesne University Press, 1969).

TM   Hans-Georg Gadamer, *Truth and Method* [Verdade e método], Joel Weinsheimer; Donald G. Marshall, ed. rev. (New York: Continuum, 1989).

RECONSIDERAÇÕES

Uma introdução à segunda edição original

No final de sua vida, santo Agostinho fez o que quase nenhum ser humano foi capaz de fazer desde aquele tempo: releu toda a sua vasta obra, desde os primeiros diálogos até seus últimos tratados magistrais. A obra que escreveu como fruto dessa releitura, *Retratações*, foi traduzida sob vários títulos, como *Retrações*, *Revisões* ou *Reconsiderações*. Essa primeira tradução é, sem dúvida, bastante literal, e, como muitos críticos e inimigos de Agostinho enfatizariam, o bispo de Hipona não estava se retratando muito — ele lamenta algumas sentenças inadequadas aqui e outras concessões ali, com alguns constrangimentos durante o processo. Mas *Retratações* não se compara em nada àquela avaliação final (talvez apócrifa) de são Tomás de Aquino ao considerar o trabalho que fez ao longo de sua vida e suspirou: "Tudo o que escrevi me parece palha perto do que vi".[1] Não, a consideração retrospectiva de Agostinho sobre seu próprio trabalho é mais positiva: o velho bispo vê espaço para crescimento e desenvolvimento, mas não vislumbra uma grande "reviravolta" em seu pensamento (ao contrário do relato de

---

[1] Sobre esse episódio no fim da vida de Aquino, veja James A. Weisheipl, O. P. [Ordem dos Padres], *Friar Thomas D'Aquino: His Life, Thought, and Work* [Tomás de Aquino: vida, pensamentos e obras] (Nova York: Doubleday, 1974), p. 321.

A QUEDA DA INTERPRETAÇÃO

Martin Heidegger sobre sua própria "virada", ou *Kehre*).[2] Todas as "revisões" foram pequenos pontos de esclarecimento, em vez de mudanças profundas em seu pensamento. Portanto, é provável que o melhor sentido de *Retratações* seja "reconsiderações".

A reedição de meu primeiro livro em nada se compara ao trabalho monumental e à importância de Agostinho. No entanto, espero que o leitor me permita, se essa for a ocasião propícia, fazer minha própria reconsideração acerca do argumento para esta reedição e para a respectiva aceitação. Sem dúvida, exibirei parte da tenacidade de Agostinho em meu constante compromisso com o argumento central de *A queda da interpretação*: a experiência mística tomista que sugeriria o contrário me escapou até o momento. Mas também sou grato pela oportunidade de avaliar o argumento após uma década e estou feliz em oferecer estas reconsiderações, mesmo fazendo algumas concessões. De fato, espero que este livro não seja apenas mais uma edição, uma mera segunda edição, mas, sim, uma edição *revisada* que reformule e recontextualize o argumento, tornando-o, assim, um novo livro.

Biografia de um livro

Este livro é, de certo modo, um resumo em nome da particularidade, uma afirmação da diferença e da pluralidade como bens inerentes à boa criação de Deus. Trata-se de uma celebração das condições da criaturidade — condições que incluem e exigem a inevitabilidade da interpretação —, evitando tanto uma identificação gnóstica da

---

[2] Como observa James J. O'Donnell, "embora [Agostinho] diga com frequência, tanto em *Reconsiderações* como em outras obras, acreditar que aprendeu e progrediu com a idade ('Quem lê meus livros na ordem em que foram escritos provavelmente perceberá o progresso que fiz ao escrevê-los'), reluta em admitir que estava claramente *equivocado* sobre um ponto essencial". Veja O'Donnell, *Augustine: A New Biography* [Agostinho: uma nova biografia] (Nova York: HarperCollins, 2005), p. 318. Sobre *Kehre* [viragem], de Heidegger, veja o padre jesuíta William J. Richardson, *Heidegger: Through Phenomenology to Thought* [Heidegger: da fenomenologia ao pensamento] (The Hague: Nijhoff, 1962), e John D. Caputo, *Demythologizing Heidegger* [Demitologizando Heidegger] (Bloomington: Indiana University Press, 1993).

Reconsiderações

finitude com a Queda como uma versão mais filosófica da finitude que simplesmente a iguala à violência. Portanto, seria uma hipocrisia performática fingir que este livro surgiu da fria objetividade de um programa acadêmico como se fosse um argumento sem uma gênese em um momento específico e um local determinado. Pelo contrário, como já sugeri no prefácio à primeira edição, este livro foi "escrito com feridas". Trazer essas informações preliminares pode ajudar o leitor a entender o que considero as deficiências da primeira edição de *A queda*.

A maior parte deste livro foi escrita como minha dissertação de mestrado no Institute for Christian Studies, entre os meses de março a junho de 1995, quando eu tinha 24 anos. Muita coisa havia acontecido comigo nos cinco anos anteriores: eu me converti à fé cristã aos 18 anos e fui para a Faculdade de Teologia menos de um ano depois, esperando ingressar no ministério pastoral. De um modo bastante surpreendente, enquanto eu estava nessa faculdade teológica, cujas convicções dispensacionalistas seguiam a tradição conservadora dos Irmãos de Plymouth, descobri a filosofia e a tradição reformada (juntas, de várias maneiras, nos escritos de Francis Schaeffer e Alvin Plantinga).[3] Eu mal sabia que essas duas descobertas seriam as responsáveis pelas feridas que, por fim, surgiriam neste livro.

Immanuel Kant disse, de forma notável, que David Hume o despertara de seu "sono dogmático". Minha experiência, ao descobrir a tradição reformada dentro da teologia cristã, foi um despertamento semelhante.[4] Hermeneuticamente, isso não se deu por causa da essência da tradição reformada, mas, em termos mais básicos, porque, ao descobrir a tradição reformada, despertei para a realidade das *tradições*. Minha porta de entrada para a fé cristã foi

---

[3]Falei um pouco mais sobre essa autobiografia em meu livro *Letters to a Young Calvinist* [Cartas a um jovem calvinista] (Grand Rapids: Brazos, 2010).
[4]Reconheço que, para alguns leitores, essa sugestão será irônica, uma vez que eles normalmente identificam a teologia reformada com uma espécie de sonífero para *induzir* ao sono dogmático. Sobre essa questão, veja ibid.

A QUEDA DA INTERPRETAÇÃO

por meio dos Irmãos de Plymouth: por meio de pregações em uma pequena assembleia no sul de Ontário (cujo enfoque muitas vezes estava em profecias e no fim dos tempos), além do envolvimento afetivo com a família de minha namorada (hoje esposa), que frequentava a capela (eles também tinham um histórico pentecostal e se converteram no movimento dos Irmãos de Plymouth). Não causa surpresa, portanto, que eu simplesmente tenha identificado o cristianismo com o que sabia do evangelho por meio desse "povo da Bíblia". E, sem dúvida, os hábitos, as práticas e a autocompreensão dessa comunidade encorajavam uma percepção de que o que eu estava aprendendo e assimilando era simplesmente o evangelho puro, autêntico, não filtrado e não contaminado pelas "tradições dos homens".[5]

O que passei a perceber, depois de descobrir outros segmentos da cristandade como a tradição reformada, foi que, ao entrar para a igreja por meio dos Irmãos de Plymouth, fui induzido a uma tradição que não se considerava como tal — na verdade, eu estava imerso em uma tradição hermenêutica que constantemente censurava "as tradições dos homens" e, desse modo, defendia um primitivismo do tipo "de volta à Bíblia", que se revelava mais como uma leitura do que como uma interpretação das Escrituras. Em suma, fui, de modo involuntário e velado, iniciado no que descrevo a seguir como uma "hermenêutica da imediação", que, sem dúvida, não se considera uma hermenêutica de modo algum. Assim, foi precisamente minha experiência inicial com a diferença cristã — diferença *dentro* do corpo de Cristo — que me despertou para a realidade (sim, para a inevitabilidade) da interpretação e das tradições hermenêuticas. Como você pode imaginar, eu me senti, de certa forma, enganado, assim como muitos que vêm de fundamentalismos que

---

[5]Esse breve contexto deve explicar por que começo o primeiro capítulo citando Rex Koivisto, que trabalha com a tradição dos Irmãos de Plymouth. De forma irônica, Koivisto estava interessado em mostrar aos seus Irmãos que, na verdade, eles *estavam* interpretando a Bíblia a partir dos horizontes de uma tradição. O problema, em minha crítica, é que Koivisto pensava que ainda poderia destilar algum "evangelho" puro e livre de tradições.

Reconsiderações

efetivamente escondem alguns aspectos da realidade. Uma vez que esses aspectos da realidade são descobertos (ou, nesse caso, uma vez que se descobre que a "realidade" é *mediada* desde sempre), é difícil não perguntar: O que se estava tentando esconder?

Essa descoberta não foi, como às vezes dizemos, "meramente acadêmica". Havia camadas existenciais que se complicariam nos anos seguintes, uma vez que comecei a pregar entre as Assembleias dos Irmãos no sudoeste de Ontário. Você pode imaginar o que aconteceu: à medida que eu ia assimilando esse *insight* hermenêutico, minha pregação começou a sugerir que várias características distintivas dos Irmãos eram fruto de uma *tradição* hermenêutica (aliás, uma tradição relativamente nova e recente).[6] Logo tornei-me cada vez menos bem-vindo nesses púlpitos. Tenho lembranças nítidas de ser levado às reuniões de presbíteros, incluindo uma experiência dolorosa em que os presbíteros de uma congregação vieram à nossa casa e nos interrogaram — a mim e à minha esposa, juntos. O que estava em questão ali não era tanto a *essência* de várias posições teológicas, mas, sim, o *status* que lhes era atribuído. O que perturbava os presbíteros era minha sugestão de que "nossas" posições teológicas talvez não fossem simplesmente uma destilação pura de "como as coisas são", mas, sim, o fruto de tradições e hábitos de interpretação. Isso culminou em várias cartas alarmadas de meus professores da Faculdade de Teologia que eu havia frequentado — cartas que guardo em meu escritório como uma espécie de relíquia dessa experiência. Uma delas me descreve como "um discípulo de Judas Iscariotes".

Há mais uma camada nessa história. Enquanto eu começava a apreciar essa série de tradições de interpretação *dentro do* corpo de

---

[6]Por exemplo, o dispensacionalismo e o criacionismo de minha educação na faculdade teológica eram praticamente desconhecidos na cristandade antes do final do século 19. Para discussões relevantes, veja Larry V. Crutchfield, *The Origins of Dispensationalism: The Darby Factor* [As origens do dispensacionalismo: o fator Darby] (Lanham, MD: University Press of America, 1991), e Ronald L. Numbers, *The Creationists: The Evolution of Scientific Creationism* [Os criacionistas: a evolução do criacionismo científico] (Cambridge, MA: Harvard University Press, 2006).

Cristo, eu também estava sendo imerso na hermenêutica filosófica de Martin Heidegger, Hans-Georg Gadamer e Paul Ricoeur — e, em sua "radicalização", em figuras como Jacques Derrida e John Caputo. Essa estrutura filosófica me ajudou a nomear e analisar o que eu já havia experimentado em meu contato com a diferença interpretativa dentro do cristianismo. O palco, então, estava montado para eu começar a escrever *A queda da interpretação*.

PARA ONDE VAMOS APÓS *A QUEDA*?

Nesse contexto biográfico, é possível entender como e por que *A queda da interpretação* é, em grande medida, um livro pós-fundamentalista. Há um quê de "recuperação" no livro; sua frase inicial deveria ser: "Olá, meu nome é Jamie Smith e eu *sou* fundamentalista". Não é preciso ter muita perspicácia psicanalítica para perceber uma espécie de exercício terapêutico nisso.[7] Se, neste livro, houver algum tom de interesse desconstrutivo no desmascaramento, e se ele aproveitar mais oportunidades do que deveria para fazer apartes sarcásticos, espero que o leitor atribua isso a um misto de ousadia juvenil e mágoa ainda recente. Não tentei eliminar tais aspectos nesta edição revisada. Esses são os indicadores temporais e espaciais da gênese do livro.

Mas, obviamente, existem diferentes maneiras de ser pós-fundamentalista. Se uma das condições para emergirmos do fundamentalismo é o reconhecimento de nossa contextualização hermenêutica — admitindo nossa finitude e a inevitabilidade de "tradicionalizar" o modo como enfrentamos o mundo e interpretamos os textos —, esse reconhecimento não especifica apenas para onde se vai a partir daí. O pós-fundamentalista passou a reconhecer

---

[7]Nesse sentido, o livro não é diferente do exercício terapêutico de Brian McLaren em *A New Kind of Christian: A Tale of Two Friends on a Spiritual Journey* [Um novo tipo de cristão: uma história de dois amigos em uma jornada espiritual] (San Francisco: Jossey-Bass, 2001). No entanto, como observarei a seguir, McLaren e eu acabamos por conduzir nossos projetos em duas direções bem distintas.

Reconsiderações

que a Bíblia não caiu do céu e que nossas "visões" de mundo nos são transmitidas por comunidades e tradições de interpretação — e que essas interpretações são contestadas e contestáveis. Tudo bem, *e daí?* E daí que você reconheceu a particularidade inerente de sua visão de mundo — inclusive a particularidade inerente do evangelho como uma visão de mundo. E que você assimilou o argumento de *A queda da argumentação*; para onde você vai a partir daí?

Parece-me que existem dois caminhos. Um é o da falsa humildade de estar resignado a uma realidade mediada; esse caminho ainda é hipermoderno precisamente porque continua a ser atormentado pelo ideal da pureza prístina e da imediação. Na falta disso, mas ainda atormentados por seu fantasma, estamos à deriva, sem certeza, sem conhecimento e, portanto, tímidos. Afastando-nos do escândalo da particularidade, e um pouco constrangidos com a contingência de nossas tradições, não nos dispomos a reivindicar, em grande medida, nossos direitos. Rejeitando a identificação do conhecimento de René Descartes com precisão matemática, parece que só podemos seguir o cético Pirro e acreditar que não podemos *saber* nada.[8] Um segundo caminho reconhece a ubiquidade da interpretação e a assume sem nostalgia ou constrangimento. Uma vez que se recusa a ser atormentado pelo ideal iluminista da "objetividade", esse caminho não exige que pensemos estar resignados ao subjetivismo e ao acanhamento sob a bandeira de falsa humildade. Sem ressentimento por nossa encarnação e particularidade finita, e reconhecendo a particularidade hermenêutica de nossa "tradição", esse segundo caminho aceita o escândalo da particularidade ao reconhecer uma tradição e se identificar com uma comunidade de interpretação específica sem culpa ou constrangimento.[9]

---

[8]Veja a obra de Peter Rollins, *How (Not) to Speak of God* [Como (não) falar de Deus] (Brewster, MA: Paraclete, 2006).

[9]Para obter um exemplo de alguém que conduz o argumento na linha dessa última trajetória, veja o trabalho de Robert Webber, como *Ancient-Future Faith: Rethinking Evangelicalism for a Postmodern World* [A fé antiga-futura: repensando o evangelicalismo para um mundo pós-moderno] (Grand Rapids: Baker, 1999).

A QUEDA DA INTERPRETAÇÃO

Em outras palavras, existem duas maneiras para alguém ser pós-
-fundamentalista: a emergente ou a católica.[10] Argumentei que a
primeira continua a ser atormentada pelo fantasma da imediação
e, portanto, não pode sentir-se à vontade com as particularida-
des de uma tradição hermenêutica em toda a sua especificidade.
A segunda, em contrapartida, é uma afirmação pós-crítica da particularidade da ortodoxia "católica" da tradição nicena e de interpretações ainda mais específicas disso (como as correntes reformadas,
anglicanas ou pentecostais fluem como tradições interpretativas
específicas dentro do cristianismo católico). Ambas são posições
pós-fundamentalistas, mas a primeira — ainda atormentada pelo
sonho moderno — tende a uma trajetória liberal como a única
opção dentro do paradigma moderno,[11] enquanto a segunda,
a opção "católica", é pós-liberal precisamente na medida em que se
recusa a ser atormentada pelo mito moderno da imediação. Assim,
argumentei que, de fato, a opção "católica" é mais persistente-
mente *pós*-moderna.[12]

Nesse sentido, a primeira edição de *A queda da interpretação* foi
subdeterminada — é possível levá-la em duas direções distintas.
O argumento conclui que a interpretação é essencial e inevitável, mas o livro nunca articula para onde se vai a partir daí — o
que explica a razão pela qual alguns veem o argumento como

---

[10]Discuti essas duas opções de forma mais detalhada em James K. A. Smith, "The Logic
of Incarnation: Towards a Catholic Postmodernism" [A lógica da encarnação: rumo a um
pós-modernismo católico], em *The Logic of Incarnation: James K. A. Smith's Critique of
Postmodern Religion* [A lógica da encarnação: críticas de James K. A. Smith à religião pós-
-moderna], eds. Neal DeRoo e Brian Lightbody (Eugene, OR: Pickwick, 2009), p. 3-37.
[11]O fundamentalismo e o liberalismo são imagens espelhadas entre si, ambos gerados dentro
da modernidade (para obter uma descrição, veja Nancey Murphy, *Beyond Liberalism and
Fundamentalism* [Além do liberalismo e do fundamentalismo] [Harrisburg, PA: Trinity,
1996]). Se a crítica ao fundamentalismo e a rejeição a ele são inadequadas ou insuficientes,
então a única coisa que resta é seguir a opção "liberal" — a qual acredito que possamos ver
no desenvolvimento posterior da conversa "emergente". ("Liberal" aqui não é, sobretudo,
um epíteto teológico lançado àqueles que discordam dos conservadores; o termo serve para
nomear um *paradigma* metodológico, epistemológico e teológico distinto.)
[12]Smith, "The Logic of Incarnation".

Reconsiderações

base para um ceticismo emergente e um anti-institucionalismo. Mas a outra, a trajetória "católica", também permanece aberta, embora obviamente desarticulada. Essa ambivalência deixa em aberto os dois caminhos apresentados por *A queda*, e ninguém seria capaz de adivinhar com essa edição qual direção meu próprio trabalho tomaria.[13]

A primeira edição de *A queda* deixou em aberto as duas possibilidades justamente por causa daquilo que o livro excluiu. De fato, quando, depois de uma década, olho para trás, fico impressionado com o que está faltando: Escritura, revelação e a igreja. Isso não quer dizer que a "teologia" esteja ausente do argumento ou que lhe falte uma base lógica especificamente cristã.[14]

---

[13]De fato, o que certamente acontece é que, por um tempo, pelo menos, flertei com a trajetória anti-institucional "emergente" (antes de haver sido descrita como "emergente"!). No entanto, não é possível encontrar esse flerte, como alguns podem supor, em meu livro posterior *Who's Afraid of Postmodernism? Taking Derrida, Lyotard, and Foucault to Church* [Quem tem medo do pós-modernismo? Levando Derrida, Lyotard e Foucault para a igreja] (Grand Rapids: Baker Academic, 2006). Nesse livro, eu já havia optado pela trajetória "católica", como evidencia o capítulo final, "Applied Radical Orthodoxy: A Proposal for the Emerging Church" [Ortodoxia radical aplicada: uma proposta para a igreja emergente" (um capítulo que o pessoal "emergente" mais tradicional detesta de forma categórica). De certa forma, meu flerte com a trajetória anti-institucional seria encontrado no artigo de um periódico pouco conhecido que surgiu na mesma época em que eu estava escrevendo *The Fall* [A queda]: "Fire from Heaven: The Hermeneutics of Heresy" [Fogo do céu: a hermenêutica da heresia], *Journal of Theta Alpha Kappa* 20 (1996): 13-31. De fato, no penúltimo esboço da versão manuscrita de *The Fall* [A queda], esse artigo foi incluído como um capítulo final do livro. Sou muito grato a Rodney Clapp, meu editor na época na InterVarsity Press, por recomendar que o capítulo fosse cortado.

[14]Acredito que essa seja uma crítica feita com frequência ao meu trabalho por determinada corrente de teólogos, muitas vezes com origem na Escócia, que têm certa preferência pelo teólogo reformado suíço Karl Barth. Suspeito que as acusações decorram um pouco da tradição barthiana, que não considera a possibilidade de uma filosofia *cristã*; portanto, meus críticos concluem que qualquer argumentação ou análise filosófica *não* é teológica *de jure* [de direito]. Mas eu não aceito essa premissa. Minha obra, de *The Fall of Interpretation* [A queda da interpretação] a *Desiring the Kingdom* [Desejando o reino], deve ser entendida e avaliada como teologia filosófica cristã. No entanto, eu também diria que a filosofia cristã precisa ser teológica de maneira mais robusta, e não apenas minimamente "teísta", se quiser constituir uma filosofia genuinamente *cristã*. Argumento esse ponto em James K. A. Smith, *Thinking in Tongues: Pentecostal Contributions to Christian Philosophy* [Pensando em línguas: contribuições pentecostais para a filosofia cristã] (Grand Rapids: Eerdmans, 2010), p. 10-11.

A QUEDA DA INTERPRETAÇÃO

E não competia ao livro articular uma hermenêutica teológica para a interpretação bíblica; antes, meu objetivo era articular uma hermenêutica geral cristã que descrevo como hermenêutica "criacional", recorrendo a uma teologia da criação especificamente cristã.[15] No entanto, a ausência da eclésia é, do meu ponto de vista neste momento, uma nítida omissão. Embora eu tenha enfatizado, de forma vaga e genérica, o papel da comunidade e da tradição, o argumento da primeira edição nunca chegou a particularizar a comunidade como igreja. Além disso, embora a interpretação das Escrituras permeie todo o projeto, a primeira edição não discutiu — nem mesmo sugeriu — adequadamente as implicações concretas do argumento favorável à interpretação bíblica. E talvez o mais surpreendente é que não existe um relato construtivo da revelação em ação no argumento, embora o ponto central seja a afirmação de cunho *revelador* de que a criação é boa (Gênesis 1:31).

Essas lacunas em *A queda da interpretação* foram corretamente observadas por Mark Bowald, um leitor atento do livro e de meus trabalhos subsequentes. Ou talvez melhor: Bowald apontou as curiosas omissões no livro, dada a trajetória subsequente de meu trabalho.[16] Observando mudanças (e inconsistências) na condução

---

[15]Evitemos uma crítica instintiva: enraizar uma hermenêutica geral cristã em uma teologia da criação *não* é um exercício de "teologia natural". Aqueles que ouvem todo apelo teológico à "criação" como se fosse um apelo a alguma "natureza" fora de Cristo não têm imaginação teológica e estão presos em um binário (barthiano?) que eu recusaria. Para obter discussões relevantes, veja J. Richard Middleton, "Is Creation Theology Inherently Conservative? A Dialogue with Walter Brueggemann" [A teologia da criação é inerentemente conservadora? Um diálogo com Walter Brueggemann"], *Harvard Theological Review* 87 (1994): 257-77, e D. Stephen Long, "The Way of Aquinas: Its Importance for Moral Theology" [O estilo de Tomás de Aquino: sua importância para a teologia moral], *Studies in Christian Ethics* 19 (2006): 339-56.

[16]Veja Mark Alan Bowald, *Rendering the Word in Theological Hermeneutics: Mapping Divine and Human Agency* [Interpretando a Palavra na hermenêutica teológica: mapeando a agência divina e humana] (Burlington, VT: Ashgate, 2007), e idem: "Who's Afraid of Theology? A Conversation with James K. A. Smith on Dogmatics as the Grammar of Christian Particularity" [Quem tem medo de teologia? Uma conversa com James K. A. Smith sobre dogmática como gramática da particularidade cristã], em *The Logic of Incarnation* [A lógica da encarnação], eds. DeRoo e Lightbody, p. 168-81. Sou grato a Mark por essas contribuições publicadas, como também pelas conversas pessoais durante o processo.

Reconsiderações

da narrativa desde *A queda da interpretação*, passando por *Speech and Theology* [Discurso e teologia],[17] até chegar a *Who's Afraid of Postmodernism?* [Quem tem medo do pós-modernismo?][18] — particularmente em questões de eclesiologia, Escrituras e revelação —, Bowald propõe algumas explicações diferentes:

> Eu sugeriria que há duas maneiras de explicar isso. Uma possibilidade é que existe uma maneira amplamente desarticulada até agora segundo a qual Smith vê que pode juntar todas essas variações e temas; um esquema explicativo ou um princípio de pragmatismo que lhe permitem revestir seu pensamento de qualquer variedade de conjuntos de termos, definindo-os funcionalmente à medida que segue adiante. A outra é que estamos testemunhando um processo fértil e substancial de desenvolvimento em Smith: um intenso *fides quarens intellectum* [a fé buscando entendimento], no qual há de fato uma mudança considerável de seu pensamento.[19]

Em resposta, eu diria que a mudança é uma versão da última possibilidade: sem dúvida, houve desenvolvimento e crescimento em meu pensamento sobre esses assuntos (e, sem dúvida, ainda é necessário haver muito mais!). Em particular, pode-se sugerir que, em um estágio anterior, eu provavelmente ainda estava preso nas possibilidades binárias do fundamentalismo (moderno) ou do liberalismo, enquanto, pouco depois de escrever *A queda*, comecei a assimilar as implicações do *pós*-liberalismo.[20] Na verdade, pode-se

---

[17]Smith, James K. A., *Speech and Theology: Language and the Logic of Incarnation* [Discurso e teologia: a linguagem e a lógica da encarnação] (Londres: Routledge, 2002).

[18]Idem, *Who's Afraid of Postmodernism?*

[19]Bowald, *Rendering the Word*, p. 160. A análise prática que Bowald fez desses meus três livros pode ser encontrada nas p. 148-60.

[20]Bowald já sugere isso em seu comentário sobre o papel que atribuo à comunidade eclesiástica na interpretação em *Who's Afraid of Postmodernism?*: "Aqui [Smith] enfatiza o papel da comunidade particular, dentro de um contexto confessional histórico. Esse modo de falar de Smith parece muito semelhante ao trabalho posterior de Frei" (*Rendering the Word*, p. 160).

A QUEDA DA INTERPRETAÇÃO

dizer que a mudança e a trajetória que Bowald observa são um pouco semelhantes à pós-liberalização de meu pensamento, que foi acompanhada por maior ênfase e apreciação "eclesiástica".[21] No entanto, como já observei, não acredito que isso exija que eu "mude de ideia" em relação ao argumento básico de *A queda da interpretação*, mas, sim, que eu esclareça uma ambivalência em meu argumento.[22] Na verdade, meu trabalho posterior pressupõe, em grande medida, o argumento básico: a interpretação é um aspecto essencial da finitude da criação, e nosso estar no mundo é condicionado por tradições e dívidas intersubjetivas — e todas essas são características de uma boa criação. Contudo, meu trabalho posterior também esclarece a direção que acredito que se deva tomar com essa conclusão: a direção de uma posição eclesiástica ou católica que reconhece a particularidade e a "densidade" das comunidades confessionais e vê a ortodoxia católica (nicena) como a comunidade da prática que sustenta e rege a interpretação.[23]

Portanto, nesta segunda edição revisada, incluí um novo capítulo que resolve essa ambivalência. O capítulo 7, "Encarnação limitada: da criação à eclésia", conclui o argumento incompleto da primeira edição, abordando questões relacionadas a autoridade, comunidade, igreja e cânone. No entanto, em vez de ser simplesmente uma

---

[21]Já começo a articular isso no capítulo inicial da primeira edição de *The Fall of Interpretation* [A queda da interpretação], quando sustento "as contribuições das discussões pós-liberais que renovaram nossa apreciação pela interpretação bíblica como uma tarefa eclesiástica" (veja "Overcoming [the] Tradition: Lints" [Vencendo a tradição: Lints] no capítulo 1, mais adiante).

[22]Bowald está correto, no entanto, no sentido de que preciso admitir simplesmente haver mudado de posição sobre alguns assuntos em *Speech and Theology* [Discurso e teologia], em que alguns trechos ainda assumem a possibilidade de um tipo de revelação teológica das "condições" da teologia. Reconheci esse ponto, em resposta a Bowald, em James K. A. Smith, "Continuing the Conversation" [Continuando a conversa], em *The Logic of Incarnation*, eds. DeRoo e Lightbody, p. 216-18.

[23]Também vejo o argumento em meu livro *Desejando o reino* ampliando ainda mais esse ponto, que agora arraiga a formação de nossos "horizontes de expectativa" em nossa participação nas práticas litúrgicas (generosamente concebidas) da comunidade cristã, as quais — como rituais narrativos afetivos — moldam nosso "imaginário social". Esse imaginário social, portanto, condiciona a construção mais fundamental de nosso mundo.

Reconsiderações

afirmação válida da "patrulha" comunitária da interpretação, meu argumento a partir de recursos derrideanos mostra que, mesmo para Derrida, as ideias de desconstrução afirmadas nos capítulos 5 e 6 não implicam um relativismo ou ceticismo superficial. Com esses novos respaldos para o argumento — esta nova introdução e um novo capítulo final —, espero que esta segunda edição de *A queda da interpretação* seja lida como uma repetição criativa e uma extensão fiel de meu argumento original.

◆ ◆ ◆

No corpo do texto a seguir, resisti firmemente à tentação de atualizar tudo com a sabedoria adquirida pela experiência. No entanto, tentei esclarecer pontos de desenvolvimento e de partida em meus trabalhos posteriores, e pontos que eu agora questionaria, inclusive alguns sobre os quais mudei de ideia. Nas notas de rodapé, indiquei um material novo para ajudar os leitores que talvez estejam relendo o texto e estarão atentos ao desenvolvimento e aos acréscimos.

Não tentei desfazer o caráter temporal deste livro. Relendo-o agora, posso me lembrar de como eu era escravo de certa jocosidade, aprendida principalmente com Caputo, que, na época, era minha maior referência intelectual e, mais tarde, se tornaria o orientador de minha tese e meu amigo. O tom e os apartes sarcásticos, em geral, são piadas internas de certas conversas na filosofia continental, e eu não os eliminei desta segunda edição. Existem até mesmo alguns pontos que me provocam um pouco de arrepio, mas, em grande parte, eu os deixei como estão em nome de uma espécie de fidelidade arquivística. Espero que o desdobramento subsequente de meu trabalho funcione como uma recontextualização do argumento e, portanto, de meus erros grosseiros e falsos pontos de partida.

INTRODUÇÃO

Interpretação e a Queda

Por mais que se queira caracterizá-la — seja como finitude, limite, mortalidade, opinião, parcialidade, mutabilidade ou imanência —, normalmente o que se vê como tema principal da filosofia é aquilo que precisa ser superado.

Dennis J. Schmidt, *The Ubiquity of the Finite: Hegel, Heidegger and the Entitlements of Philosophy*

A interpretação sempre foi considerada um pecado. Vista como um fenômeno pós-lapsariano (ocorrido após a Queda) do qual a humanidade deve ser remida, a hermenêutica tem sido tradicionalmente ligada à maldição e à expulsão do Jardim. Em suma, a interpretação é a consequência da Queda; ela mesma é uma queda — do inteligível ao sensato, da imediação à mediação, da leitura à hermenêutica. De acordo com o poeta medieval Dante, a própria natureza da Queda foi a transgressão do sinal (*il trapassar del segno*),[1] um ato semiótico ilícito que deu início à trágica história da interpretação e corrompeu a imediação anterior que Adão desfrutava no Éden. A hermenêutica é algo a ser superado pela redenção, por meio da

---

[1]Alighieri, Dante. *Paradiso* [Paraíso] 26.117 (in *Paradiso*, Temple Classics [London: J. M. Dent & Sons, 1899]).

A QUEDA DA INTERPRETAÇÃO

qual a maldição da interpretação será removida em um paraíso hermenêutico no qual a interpretação estará ausente.

Após serem expulsos do Jardim, Adão e sua descendência foram atormentados pela maldição da interpretação e da interpolação de um espaço hermenêutico, mas, quando o paraíso for recuperado, a própria hermenêutica é que será expulsa. Assim, Adão em *Paraíso* pode proclamar a Dante: "Teu desejo, melhor que tu, sabendo quanto a certeza em tua mente grava. Nesse espelho[2] infalível, estou lendo, em que é todo o visível refletido, cousa nenhuma o refletir podendo".[3] O Adão remido representa o hermeneuta imponente, que, na verdade, não é hermeneuta algum, precisamente porque seu conhecimento não é contrariado pela mediação da interpretação, mas, em vez disso, é acessado de imediato.[4]

Ou, pelo menos, essa é a história. Deve-se notar, no entanto, que essa história cômica não se revela apenas nas obras de filósofos e poetas medievais. Em muitos sentidos, é tão antiga quanto as origens da filosofia ocidental. Além disso, ainda é contada em nossos dias por tradições tão diversas quanto a teologia cristã e a filosofia continental contemporânea.[5] Argumentarei que, em alguns setores dessas duas tradições, a interpretação ainda está inextricavelmente

---

[2] Espelho (*speglio*), provavelmente uma alusão a 1Coríntios 13:12a: "Agora, pois, vemos através de um espelho [*esoptrou*], de maneira enigmática; mas, então, veremos face a face" (minha tradução). Volto minha atenção para a "hermenêutica do reflexo obscuro, como em espelho", nos capítulos 1 e 2.

[3] Alighieri, Dante, *Paradiso* 26.104-8 (em *The Divine Comedy: The Inferno, Purgatorio, and Paradiso* [A divina comédia: o inferno, o purgatório e o paraíso], tradução de Lawrence Grant White [New York: Pantheon, 1948]).

[4] Esses temas são investigados com maestria por Kevin Hart em *The Trespass of the Sign: Deconstruction, Theology and Philosophy* [A transgressão do sinal: desconstrução, teologia e filosofia] (Cambridge: Cambridge University Press, 1989), p. 3-39. [Para obter um relato fascinante sobre como algo parecido com essa história da Queda e da interpretação definiu o surgimento da ciência moderna, veja Peter Harrison, *The Fall of Man and the Foundations of Science* [A queda do homem e os fundamentos da ciência] (Cambridge: Cambridge University Press, 2007).

[5] É óbvio que as tradições não são, de modo algum, monolíticas, e, portanto, isso deveria valer para a ressalva de que alguns aspectos das tradições cristã e continental caracterizam a hermenêutica como algo caído. Isso é importante porque retomarei aspectos alternativos de ambas as tradições para fazer minha crítica e proposta construtiva.

Introdução

ligada à Queda e à decadência: a interpretação chega à cena *após o Éden* como uma maldição, uma doença pós-lapsariana (ou talvez um lapso originário). Compete a este livro explorar várias compreensões da interpretação à luz dessas categorias comuns de "criação" e "Queda".

Desse modo, o livro caracteriza-se por dois movimentos: o primeiro é uma análise crítica da maneira pela qual a interpretação está associada à Queda nas tradições teológica e filosófica. Ao longo desta exposição crítica, argumentarei que essa ligação entre hermenêutica e Queda contradiz uma compreensão cristã integral da finitude e da linguagem humanas. Recorrendo a aspectos alternativos na teologia evangélica e na filosofia continental, o segundo — o movimento construtivo (na terceira parte) — implica esboçar os contornos de uma hermenêutica filosófica que leva em conta a finitude e a linguagem com base em uma afirmação da bondade da criação. Nesse sentido, dois pontos iniciais devem ser observados: o primeiro tem a ver com meu uso de modelos para revelar o *status* e o papel da interpretação adotada pelos filósofos e teólogos que serão considerados neste livro, e o segundo tem a ver com a legitimidade das categorias de "criação" e "Queda".

Modelos de interpretações da interpretação

Em primeiro lugar, devo enfatizar que minha tarefa não consiste em examinar como vários autores ou tradições fazem interpretações; ou seja, não estou interessado principalmente na hermenêutica deles. Meu foco está em como esses autores e essas tradições compreendem a interpretação propriamente dita: que *status* eles conferem ao ato de interpretação? Na compreensão de um autor, o que está acontecendo no processo de leitura? Que avaliação é conferida à interpretação? Em suma, minha pergunta *não* é "como uma tradição filosófica e teológica interpreta este texto?", mas, sim, "como a tradição interpreta a *interpretação* propriamente dita?". Meu objetivo não é revelar o processo hermenêutico dos autores a

A QUEDA DA INTERPRETAÇÃO

seguir, mas mostrar sua construção da interpretação como uma atividade humana — suas "interpretações da interpretação".[6] O projeto deste livro é, se é que posso usar um prefixo tão extraordinário, *meta*-hermenêutico, o que, sem dúvida, ainda é hermenêutico.

Em certo sentido, meu objetivo é explicar cada autor ou cada tradição (correspondendo aos capítulos a seguir) como *modelos* da forma como a interpretação é entendida. Esse emprego de modelos é comum hoje, sobretudo na teologia[7] e, mais especificamente, em discussões sobre hermenêutica. Uma obra já considerada clássica é *The Use of Scripture in Recent Theology* [O uso das Escrituras na teologia atual],[8] de David Kelsey, que descreve como a Bíblia é lida ou empregada nas obras de vários autores, resumindo seus processos de interpretação em sete modelos. Do mesmo modo, John Goldingay propôs quatro modelos para as Escrituras[9] e, mais recentemente,

---

[6]Veja Jacques Derrida, *Writing and Difference* [A escritura e a diferença (São Paulo: Perspectiva, 2009)], trad. Alan Bass (Chicago: University of Chicago Press, 1978), p. 293, e Jacques Derrida, *Of Grammatology* [Gramatologia (São Paulo: Perspectiva, 2004)], trad. Gayatri Chakravorty Spivak (Baltimore: Johns Hopkins University Press, 1976), p. 178-79 (daqui em diante citado no texto como *OG*). Veja também John D. Caputo, *Radical Hermeneutics: Deconstruction, Repetition, and the Hermeneutic Project* [Hermenêutica radical: desconstrução, repetição e o projeto hermenêutico] (Bloomington: Indiana University Press, 1987), p. 95. O presente livro tem uma dívida incalculável para com o professor Caputo e seu *Radical Hermeneutics*.

[7]Por exemplo, veja Sallie McFague, *Metaphorical Theology: Models of God in Religious Language* [Teologia metafórica: modelos de Deus em linguagem religiosa] (Filadélfia: Fortress, 1982), e idem, *Models of God: Theology for an Ecological, Nuclear Age* [*Modelos de Deus: teologia para uma era ecológica e nuclear*] (Philadelphia: Fortress, 1987). Avery Dulles empregou os modelos como uma ferramenta teológica e, de certo modo, é pioneiro nesse sentido: veja seus *Models of the Church* [Modelos da igreja] (Garden City, NY: Doubleday, 1974); idem, *Models of Revelation* [Modelos de revelação] (Garden City, NY: Doubleday, 1983), e, mais recentemente, idem, *Assurance of Things Hoped For: A Theology of Christian Faith* [Certeza de coisas que se esperam: uma teologia da fé cristã] (Oxford: Oxford University Press, 1994). Também recomendo *Models of Contextual Theology* [Modelos de teologia contextual], de Stephen Bevans (Nova York: Orbis, 1992), que oferece mais referências (veja notas nas p. 120-21).

[8]Kelsey, David, *The Use of Scripture in Recent Theology* (Filadélfia: Westminster Press, 1975); veja também seu adendo e atualização, "The Bible and Christian Theology" [A Bíblia e a teologia cristã], *Journal of the American Academy of Religion* 48 (1980): 385-402.

[9]Goldingay, John, *Models for Scripture* [Modelos para a Escritura] (Grand Rapids: Eerdmans, 1989). Seu foco aqui está, na verdade, em uma doutrina da Escritura, e não na hermenêutica *per se* [em si mesma].

Introdução

tentou esboçar modelos similares para sua interpretação.[10] O trabalho de Kelsey e de Goldingay, no entanto, permanece no nível dos princípios hermenêuticos, construindo modelos de como várias tradições e teólogos interpretam e empregam as Escrituras na teologia. Nenhum desses autores discute realmente a forma como a interpretação propriamente dita é construída nesses contextos.

Meu objetivo, então, é dar mais um passo para trás e analisar (1) como vários filósofos e teólogos entendem o papel da interpretação no "saber", (2) que *status* dão ao resultado da interpretação e (3) como concebem a relação entre hermenêutica e "ser-humano".[11] Esses assuntos serão expostos, por exemplo, quando considerarmos o escopo que cada autor atribui à interpretação, ou como alguém entende a relação entre leitura e interpretação, ou ainda a maneira pela qual a "interpretação" é contrastada com o "conhecimento" ou se relaciona com ele.[12] O que estou tentando expor é algo que permanece, em grande parte, fora do campo da reflexão da maioria dos teólogos e, como argumentarei, de uma série de filósofos. Para construir modelos dessas interpretações da interpretação, é preciso trabalhar em um nível de suposições e obrigações indiretamente discerníveis. Esse método se tornará mais claro nos capítulos subsequentes.

---

[10]Goldingay, John, *Models for the Interpretation of Scripture* [Modelos para a interpretação da Escritura] (Grand Rapids: Eerdmans, 1995).

[11]A expressão *ser-humano* é empregada por razões filosóficas (semelhantes às de Søren Kierkegaard), na tentativa de evitar uma linguagem essencialista como a "natureza" humana. Com *ser-humano*, refiro-me à vida ou à existência humana, ao ato de ser humano. Pode ser considerada uma tradução aproximada de *Dasein* [existência], de Martin Heidegger (discutido no capítulo 3), como "ser aí" ou "ser no mundo".

[12]O trabalho prodigioso e inovador de Kevin Vanhoozer, *Is There a Meaning in This Text?* [Há um significado neste texto?] (Grand Rapids: Zondervan, 1998) chegou tarde demais às minhas mãos para que eu o usasse amplamente neste livro. No entanto, parece-me que Vanhoozer, em geral, *opõe-se* à interpretação e ao conhecimento, observando, por exemplo, que, "em vez de reivindicarem firmemente o conhecimento absoluto, até os cientistas naturais agora veem suas teorias como interpretações", idem, p. 19. No entanto, ele também oferece o que descreve como um "sentido mais positivo (chame-o *realista*)" de interpretação, que é um "modo de conhecimento" (ibid.). O que resta a considerar é se isso é de fato uma interpretação.

A QUEDA DA INTERPRETAÇÃO

Eu gostaria de dizer outra coisa sobre meu uso de modelos. Cada capítulo considera um ou dois teólogos e/ou filósofos, e tenta combinar o modo como eles entendem o papel e o *status* da interpretação. Optei por me concentrar em trabalhos representativos que expõem vários modelos que vejo em ação em grande parte do pensamento tradicional e contemporâneo. Neste livro, cada *parte* representa um modelo, e cada *capítulo* dentro da parte representa uma variação desse modelo, um modelo dentro de um modelo, se você preferir.

O capítulo 1 considera Rex Koivisto e Richard Lints como representantes de certos aspectos (mas não a sua totalidade) da teologia evangélica contemporânea em que a hermenêutica é compreendida como algo que se originou na Queda. A interpretação, a partir dessa perspectiva, é uma mediação que deve ser superada, restaurando uma imediação pré-lapsariana (pré-Queda). O Éden, que se perdeu (mas agora está recuperado), era um paraíso de conexão perpétua: um paraíso hermenêutico por causa da *ausência* da hermenêutica. Koivisto e Lints, então, representam o que chamarei de *modelo de imediação presente*, que é uma espécie de escatologia realizada: a maldição da interpretação é cancelada aqui e agora (ou seja, para o cristão evangélico). Embora eu me concentre em Koivisto e Lints, muitos outros podem ser identificados de acordo com esse modelo; esses outros muitas vezes serão mencionados nas notas de rodapé, mas não serão discutidos de forma mais ampla.

No capítulo 2, concentro-me no trabalho do teólogo alemão Wolfhart Pannenberg como representante de uma "hermenêutica do reflexo obscuro, como em espelho", ou um *modelo de imediação escatológica*. Para Pannenberg também, a interpretação é um estado de coisas do qual a humanidade deve ser remida. No entanto, essa superação só ocorrerá no *eschaton*, no fim dos tempos, no momento em que a imediação for restaurada. Dentro desse modelo, também mencionarei a hermenêutica filosófica de Hans-Georg Gadamer e a teoria crítica de Jürgen Habermas como exemplos adicionais.

Nesses dois capítulos que compõem a primeira parte, encontramos teólogos e filósofos que consideram a hermenêutica uma

Introdução

consequência da Queda e que entendem a interpretação como algo, de alguma forma, caído. Além disso, ambas as variações do modelo postulam um momento em que esse estado de coisas é superado. Esses pensadores expressam a firme esperança de superar a finitude humana e de escapar dela, representando mais um capítulo em uma longa história filosófica de ascensão ao Absoluto e ao Incondicionado.

Na segunda parte, incluiremos dois filósofos que também entendem a hermenêutica como algo caído, mas que não desejam nem imaginam superar essa condição ou escapar dela. Eles não têm lembranças de um paraíso pré-lapsariano nem criam qualquer expectativa quanto a uma cidade celestial escatológica. Para Martin Heidegger (cap. 3), a hermenêutica é sempre violenta porque, constantemente, combate a atração pelo cotidiano, a tentação diária de "ser no mundo". Além disso, para Heidegger, o "ser [humano] no mundo" é "essencialmente" caído e caracterizado por uma "preocupação" estrutural que o apóstolo Paulo (em quem Heidegger se inspira) associa à absorção no mundo — deixar que as preocupações sejam totalmente dominadas por "este mundo" (1Coríntios 7). No entanto, Heidegger realiza uma essencialização dessa absorção no mundo, entendendo-a como um aspecto estrutural da existência humana finita.

Jacques Derrida, sobre quem falarei no capítulo 4, trabalha com um modelo similar. Segundo ele, a interpretação é, desde sempre, um ato violento, uma incisão, um corte que necessariamente exclui e mutila. A queda não é *da* presença, mas está desde sempre ali, *na* presença.[13] Equívocos e más interpretações fazem parte da estrutura do sinal e do sistema de significantes. Toda interpretação é uma decisão; toda decisão é "estruturalmente finita" e, como tal, "estruturalmente violenta". A hermenêutica, que é constitutiva do ser-humano, é desde sempre violenta e uma violação; portanto, ser humano é cometer violência.

---

[13]Para uma discussão útil sobre essa questão, veja Hart, *Trespass of the Sign*, p. 14-30.

A QUEDA DA INTERPRETAÇÃO

Tanto Heidegger como Derrida representam um modelo que descrevo como um *modelo de mediação violento*. Mais uma vez, muitos outros poderiam ser incluídos nessa descrição, em especial Emmanuel Levinas, sobre quem falarei de forma breve.

Na terceira parte, proponho um *modelo criacional* de interpretação, recorrendo a recursos encontrados em um (não platônico) Agostinho.[14] Esse modelo concebe a interpretação e a mediação hermenêutica como aspectos constitutivos do "ser [humano] no mundo". Estabelece um contraste com o modelo de imediação antes citado, o qual afirma que o espaço de mediação que requer interpretação pode sofrer um colapso. Argumentarei que essa é uma esperança vã que tenta superar aspectos fundamentais da condição de ser humano (e de ser criatura), aspectos como a finitude e a localidade da existência humana.

Em contraste com Heidegger e Derrida, uma hermenêutica pneumática-criacional compreende essa necessidade e essa inevitabilidade da interpretação não como um estado de coisas violento, mas, sim, como um aspecto de uma criação boa e pacífica. A hermenêutica não é um fenômeno pós-lapsariano que acontece na cena após o Éden. Em vez disso, a interpretação já é observada no Éden e, portanto, incluída no pronunciamento da bondade (Gênesis 1:31). A hermenêutica, então, não é um mal a ser superado (ou, no caso

---

[14]Como fez o teólogo John Milbank, também recorrerei a Agostinho como um recurso importante para nossa situação contemporânea: ou seja, a articulação de uma hermenêutica filosófica cristã em um contexto pós-moderno. (Na primeira edição de *The Fall* [A queda], não fiquei entusiasmado com o que Milbank chama de "platonismo/cristianismo". Embora não seja acrítico, agora sou menos alérgico a essa "síntese". Para minha crítica mais idônea ao platonismo, veja James K. A. Smith: "Will the Real Plato Please Stand Up? Participation vs. Incarnation" [O verdadeiro Platão se levantará? Participação *versus* Encarnação", em *Creation, Covenant, and Participation: Radical Orthodoxy and the Reformed Tradition* [Criação, aliança e participação: ortodoxia radical e a tradição reformada], eds. James K. A. Smith e James H. Olthuis (Grand Rapids: Baker Academic, 2005), p. 61-72. Para uma defesa ainda mais recente da "síntese platônico-cristã", veja Hans Boersma, *Heavenly Participation: The Weaving of a Sacramental Tapestry* [Participação celestial: a confecção de uma tapeçaria sacramental] (Grand Rapids: Eerdmans, 2011), p. 33-39).

Introdução

de Derrida, um estado de coisas violento e inevitável), mas, sim, um aspecto da criação e da vida humana que deveria ser afirmado como "bom".

Essa hermenêutica (demitologizada)[15] agostiniana[16] ligaria as noções de Agostinho sobre a temporalidade do ser-humano e da linguagem à sua afirmação da bondade fundamental da criação; o resultado é uma compreensão do *status* da interpretação como uma tarefa criacional, uma tarefa que é constitutiva da finitude e, portanto, não um trabalho do qual devamos escapar ou que devamos superar. Essa "interpretação da interpretação" *re*valoriza a incorporação e, basicamente, resulta em respeito ético pela diferença como uma dádiva de um Deus criador que ama a diferença e que ama de maneira diferente. A essência de uma hermenêutica criacional também é bastante "pentecostal", criando um espaço no qual há lugar para que uma pluralidade de criaturas de Deus fale, cante e dance em um coro polivalente de línguas.

---

[15]Com "demitologizar", quero dizer "desconstruir", não como um ato de destruição ou de demolição, mas como outra leitura de Agostinho: uma leitura de Agostinho que tem ele mesmo como contexto, uma desconstrução de Agostinho em nome de Agostinho. Mais especificamente, é uma desconstrução do neoplatonismo de Agostinho em nome do cristianismo de Agostinho. Para uma sugestão e um projeto similar, veja Paul Ricoeur, "'Original Sin': A Study in Meaning" ['Pecado original': um estudo de significado], em *The Conflict of Interpretations* [O conflito de interpretações], ed. Don Ihde (Evanston, IL: Northwestern University Press, 1974), p. 269-86, no qual ele afirma que "refletir sobre o significado é, de certa maneira, *desconstruir o conceito*" (p. 270). Como sugere Caputo, a tarefa de demitologizar ou desconstruir não é simplesmente negativa; também envolve um momento de produção positiva: nesse caso, a produção de outro Agostinho (*Demythologizing Heidegger* [Bloomington: Indiana University Press, 1993], p. 7-8).

[16]Descobrir que Vanhoozer também (de forma independente) reivindica uma genealogia agostiniana para sua estrutura hermenêutica (Vanhoozer, *Is There a Meaning in This Text?* [*Há um significado neste texto?*]) foi algo surpreendente e encorajador para mim. No entanto, embora compreenda suas razões para fazer isso, parece-me que sua afirmação de que está desenvolvendo uma "hermenêutica agostiniana" é um tanto artificial (Agostinho desempenha um papel bem menor no texto); na melhor das hipóteses, ele recorre a temas secundários para a essência de uma hermenêutica geral ou de uma filosófica agostiniana. Além disso, como indicarei nos capítulos 5 e 6, ele não reconhece até que ponto o próprio Derrida adota uma compreensão agostiniana dos compromissos de fé como condição necessária para o conhecimento (veja a seção final do capítulo 6, "Do Espírito: sim e amém").

A QUEDA DA INTERPRETAÇÃO

Figura 1. Modelos de interpretações da interpretação

Modelo	Criação/ Queda	Imediação/ Mediação	Apoiadores
De imediação presente	A hermenêutica é consequência da Queda.	A mediação é superada no presente.	Koivisto, Lints
De imediação escatológica (modelo "do reflexo escuro, como em espelho")	A hermenêutica é consequência da Queda.	A mediação é superada no futuro (*chronos* [tempo cronológico] ou *kairos* [um momento oportuno no tempo]).	Pannenberg, Gadamer, Habermas
De mediação violenta	A hermenêutica é constitutiva do ser-humano, mas também é estruturalmente violenta.	A mediação não pode ser superada e, por conseguinte, nem a violência.	Heidegger, Derrida
Hermenêutica criacional	A hermenêutica é constitutiva da criaturidade, mas também, como algo criado, é estruturalmente boa.	A mediação não pode ser superada, mas é um aspecto da criaturidade; a violência é possível e real, mas não necessária.	Agostinho

Descrevi os quatro modelos examinados neste livro não apenas para indicar o rumo que estou tomando, mas também para demonstrar meu modo de ver esses modelos em funcionamento. Eles não devem ser entendidos como caixas herméticas definitivas que encerram e delimitam cada pensador, muito menos como uma

Introdução

"tradição".[17] Têm por objetivo funcionar como *recursos heurísticos* que não são definitivos, mas que se revelam úteis para determinar diferenças e contrastes.[18] Esses modelos são necessariamente construções, ou seja, são ficções, mas são ficções úteis que tentam descrever como a interpretação é compreendida por diversos pensadores e tradições. Eles também nos dão a oportunidade de descobrir semelhanças que, ao longo deste livro, também serão um ponto fundamental da crítica: ou seja, a conexão entre a interpretação e a violência da queda. Por fim, acredito que esses modelos se mostrarão úteis se ajudarem a situar outros filósofos e teólogos

---

[17]Tenho reservas quanto a essas operações postais, que tentam pôr tudo e todos na devida *Brieffach* (caixa, compartimento). Para uma discussão sobre esse ponto, veja Jacques Derrida, *The Post Card: From Socrates to Freud and Beyond* [Cartão-postal: de Sócrates a Freud e além], tradução de Alan Bass (Chicago: University of Chicago Press, 1987) (daqui em diante, citado no texto como *PC*).

[18]Bevans oferece uma discussão muito útil sobre essa questão em "The Notion and Use of Models" [A noção e o uso de modelos] (*Models of Contextual Theology* [Modelos de teologia contextual] p. 23-29). Ele entende os modelos como noções relacionadas ao "realismo crítico": "Mesmo percebendo que nunca se pode conhecer completamente uma realidade como ela é em si mesma, o realista crítico, ao mesmo tempo, percebe que o que é conhecido é *de fato* conhecido" (p. 25). Embora a relativização de modelos de Bevans seja bem-vinda, o que percebo é que mesmo um realismo "crítico" reivindica muito, na medida em que afirma que algo é conhecido parcialmente "em si mesmo". Prefiro falar de um "realismo hermenêutico" (de Hubert Dreyfus, não de N. T. Wright ou de Vanhoozer) ou de uma "conexão fenomenológica" que nunca afirma conhecer algo "em si mesmo", mas que obtém acesso às "coisas em si mesmas". No entanto, essa conexão com *die Sachen selbst* [as coisas em si] é sempre entendida "como" algo, "como" eu a construo. Sobre o "realismo hermenêutico", veja Hubert Dreyfus, *Being-in-the-World: A Commentary on Heidegger's "Being and Time"* [Ser no mundo: um comentário sobre "Ser e tempo" de Heidegger], *Division I* (Cambridge, MA: MIT Press, 1991), p. 253-65. [No entanto, basicamente, agora acho que a discussão sobre realismo/antirrealismo — e, portanto, até a proposta de um "realismo crítico" — é regida por suposições problemáticas, ou seja, uma imagem que representa o conhecimento perdido. Para obter uma crítica dessa "imagem" epistemológica que nos mantém cativos, veja Charles Taylor, "Overcoming Epistemology", [Superar a epistemologia] em *Philosophical Arguments* [*Argumentos filosóficos*] (Cambridge, MA: Harvard University Press, 1995), p. 1-19. Abordarei essa questão de forma mais detalhada em James K. A. Smith, *Who's Afraid of Relativism? Taking Wittgenstein, Rorty, and Brandom to Church* [Quem tem medo do relativismo? Levando Wittgenstein, Rorty e Brandom à igreja] (Grand Rapids: Baker Academic, a ser publicado). Esse projeto mostra uma "virada pragmatista" em minhas ideias sobre esses assuntos, uma virada wittgensteiniana que indica certo desconforto com o paradigma "semiótico" que impera de Agostinho, passando por Husserl e presente em Derrida.

no espectro (o que tentarei fazer, principalmente, nas notas de rodapé).[19] Nesse sentido, este livro é uma espécie de *workshop*, tentando dar ao leitor uma estrutura ou constelação na qual ele possa pensar de forma crítica nesses assuntos e, em seguida, aplicá-los a outros contextos — e tudo isso tendo como objetivo desenvolver uma compreensão da hermenêutica filosófica na perspectiva cristã.

Quando enfatizo que esses modelos são simplesmente recursos heurísticos, não espero que os indivíduos se encaixem de maneira ordenada e satisfatória nessas descrições. Minha adoção de modelos é um exercício daquilo que estou defendendo teoricamente neste livro: que a descrição e a interpretação são violentas apenas se funcionarem contra uma expectativa de presença total, uma expectativa de representação perfeita não condicionada pela finitude. Uma vez que não tenho a pretensão de "categorizar", não sinto dificuldade em empregar esses recursos descritivos. A filosofia continental contemporânea insistiria em que esses modelos "falham" em definir cada pensador e, por essa razão, cometem violência contra eles. Mas sustentarei que esses modelos falham e são violentos apenas se permanecermos atormentados pelo fantasma da presença total.[20] Como será discutido de forma bem mais detalhada a seguir, está em jogo aqui a maneira pela qual *usamos* conceitos e o *status* que conferimos às nossas interpretações. Afirmo que esses modelos não são violentos, porque não *alegam* ser abrangentes, nem alegam "compreender" ou "aproveitar" a ideia de um pensador com um rótulo ou conceito (*con-capere*).[21]

---

[19]Acho que meu projeto assemelha-se a "Three Interpretations of Interpretation" [Três interpretações da interpretação], de Caputo, no qual ele discute os lados "esquerdo" e "direito" da herança heideggeriana em seu *Radical Hermeneutics* [Hermenêutica radical], p. 95-119.

[20]Devo esta expressão a James Olthuis, "A Hermenetics of Suffering Love" [Uma hermenêutica do amor sofredor], em *The Very Idea of Radical Hermeneutics* [A ideia da hermenêutica radical], ed. Roy A. Martinez (Atlantic Highlands, NJ: Humanities Press, 1997).

[21]Para uma discussão sobre essas questões em um contexto fenomenológico, veja meu artigo "Alterity, Transcendence and the Violence of the Concept: Kierkegaard and Heidegger" [Alteridade, transcendência e violência do conceito: Kierkegaard e Heidegger], *International Philosophical Quarterly* 38 (1998): 369-81.

Introdução

Sobre as categorias
"Criação" e "Queda"

Anteriormente, afirmei que a tarefa deste livro é examinar várias compreensões da interpretação à luz das categorias comuns de "criação" e "Queda". Até agora, abordei a questão dos modelos como uma tentativa de revelar o *status* e o papel da interpretação nos filósofos e teólogos que serão considerados.

Uma segunda questão que deve ser levada em conta é a utilidade ou a legitimidade das categorias de criação e Queda. Esse é um tema relevante simplesmente porque este projeto vai além dos limites disciplinares da teologia e da filosofia.[22] Os termos *criação* e *Queda* são comuns na teologia, mas essa terminologia pode ser transportada para o discurso filosófico? Essa linguagem não seria relativa à fé e, portanto, inadmissível na filosofia? Se for esse o caso, Heidegger e Derrida parecem não estar cientes disso. Noções da Queda e da decadência ocupam posições teóricas importantes

---

[22]Aqui devo fazer um esclarecimento metodológico: vejo este livro como uma exploração filosófica que analisa fenômenos de uma perspectiva ou visão de mundo cristã. Para mim, o simples fato de a filosofia se valer de temas religiosos ou teológicos não significa que ela tenha entrado para a categoria de teologia. Pelo que entendo (e formulei em outro texto), a teologia é uma ciência especial (*eine positive Wissenschaft* [uma ciência positiva]) que examina a experiência, ou modalidade, da fé. Ela investiga um aspecto particular da existência humana, assim como a biologia examina o biótico; a matemática, o numérico etc. A filosofia está voltada para os fundamentos dessas ciências especiais e para a coerência e a interconexão dos diversos aspectos da experiência humana. Dada essa distinção, o foco deste livro é filosófico, não (estritamente falando) teológico. No entanto, *é* um exercício do projeto escandaloso da filosofia cristã. Sobre a possibilidade de uma filosofia cristã, que rejeita o ateísmo filosófico de Heidegger, a filosofia teísta de Alvin Plantinga e até a noção de filosofia cristã de Étienne Gilson, veja meu ensaio "The Art of Christian Atheism: Faith and Philosophy in Early Heidegger" [A arte do ateísmo cristão: fé e filosofia na fase inicial de Heidegger], *Faith and Philosophy* 14 (1997): 71-81. Discuti a relação entre filosofia e teologia também em "Fire from Heaven: The Hermeneutics of Heresy" [Fogo do céu: a hermenêutica da heresia], *Journal of Theta Alpha Kappa* 20 (1996): 13-31. Meu trabalho nessa área depende de Martin Heidegger, *Phanomenologie und Theologie* [Fenomenologia e teologia] (Frankfurt: Vittorio Klostermann, 1970), e de Herman Dooyeweerd, "Philosophy and Theology", [Filosofia e teologia], parte 3 de *In the Twilight of Western Thought: Studies in the Pretended Autonomy of Philosophical Thought* [*No crepúsculo do pensamento ocidental: estudo sobre a pretensa autonomia do pensamento filosófico*], série B, vol. 4 of *Collected Works*, ed. James K. A. Smith (Lewiston, NY: Edwin Mellen, 1999).

A QUEDA DA INTERPRETAÇÃO

nos primeiros trabalhos de Heidegger e Derrida, embora ambos insistam e persistam em negar que essas noções tenham alguma conexão com a teologia.[23] Heidegger afirma que a análise da decadência em seu período inicial "nada tem a ver com qualquer doutrina da corrupção da natureza humana ou com qualquer teoria do pecado original".[24] No entanto, a Queda ainda é uma categoria importante para esses filósofos e para outros, mesmo que a criação não seja. Meu objetivo é retomar esse discurso e entender por que Heidegger, Derrida e outros filósofos mantêm essa terminologia, sobretudo por causa das raízes teológicas envolvidas.

As categorias de criação e Queda, portanto, mostram-se como ferramentas úteis ou pontos de contato na discussão que se segue. A despeito de todos os protestos de Heidegger em contrário, elas funcionam como "indicadores de avaliação" relativos à interpretação e à hermenêutica — e, mais amplamente, em relação à existência humana em geral. Minha proposta de construção na terceira parte tenta fazer da criação uma categoria filosófica viva para entendermos a natureza da hermenêutica como constitutiva do ser-humano. A interpretação, como argumentarei, é *criacional*; é um estado de coisas inevitável que acompanha a finitude

---

[23][A persistência do conceito da Queda na filosofia contemporânea foi investigada mais recentemente por Stephen Mulhall, *Philosophical Myths of the Fall* (Mitos filosóficos da queda) (Princeton: Princeton University Press, 2007), no qual ele se concentra em Nietzsche, Heidegger e Wittgenstein. Infelizmente, Mulhall confunde um senso gnóstico da queda original com a doutrina cristã da Queda e do pecado original. Para minha crítica a Mulhall sobre esse ponto, veja James K. A. Smith, "Lost in Translation? On the Secularization of the Fall" (Perdido na tradução? Sobre a secularização da Queda), em *The Devil Reads Derrida: And Other Essays on the University, the Church, Politics, and the Arts* (O diabo lê Derrida: e outros ensaios sobre a universidade, a igreja, a política e as artes) (Grand Rapids: Eerdmans, 2009), p. 62-67.]

[24]Heidegger, Martin, *History of the Concept of Time: Prolegomena* [História do conceito de tempo: prolegômenos]. Trad. Theodore Kisiel. Bloomington: Indiana University Press, 1985, p. 283. Em *Being and Time*, Heidegger está convencido de que a "queda" não deve ser construída como uma "'avaliação' negativa" (Martin Heidegger, *Being and Time* [Ser e tempo], trad. John Macquarrie and Edward Robinson (New York: Harper & Row, 1962), p. 265, [daqui em diante citado no texto como *BT*]). Essas ressalvas são exatamente o que contestarei no capítulo 3.

Introdução

da criaturidade e, uma vez que é um aspecto da criação, é "boa" (Gênesis 1:31). Mesmo que isso seja discutido com mais detalhes nos capítulos 5 e 6, eu gostaria de abrir um espaço aqui para que essas categorias sejam ouvidas e não desconsideradas de imediato, como se fossem simplesmente outra apropriação simplória de uma metafísica muito antiga.

Em alguns aspectos, qualquer tentativa de traduzir as categorias de criação e Queda em uma linguagem filosófica acaba por colocá-las em um lado da tradição ocidental que estou tentando evitar. No entanto, estou disposto a correr brevemente esse risco para mostrar minha compreensão desses termos. Quando falo de interpretação como "criacional", quero dizer que a necessidade de interpretar é "essencial" ao ser-humano; a hermenêutica é, "por natureza", parte da existência humana. Estou, em certo sentido, afirmando que a interpretação é um estado de coisas "normativo", "constitutivo" da vida humana — o que Heidegger descreveria como um traço "existencial". Isso iria contra Lints e Pannenberg, que, ao associarem a interpretação à Queda, estão basicamente afirmando que a hermenêutica é "acidental" ou "não normativa", e não um aspecto constitutivo da experiência humana. Isso é muito diferente de Heidegger e Derrida, que, de modo algum, entendem a interpretação como algo que possa ser erradicado; ou seja, Heidegger, Derrida e eu concordamos com a inevitabilidade da interpretação para os seres humanos. Contudo, divergimos quando eles relacionam isso à Queda — embora uma queda sem a criação (uma queda *na* [presença], não uma queda *da* [presença]) — como algo "essencialmente caído" (*BT*, p. 264-65).

Para Heidegger e Derrida, a queda não descreve a ausência de normatividade da interpretação, mas, sim, a *violência* da interpretação. Em contrapartida, minha hermenêutica criacional sustenta que, se a interpretação é constitutiva do ser-humano e da criaturidade, então deve ser "boa" e não necessária ou essencialmente violenta (embora, no entanto, seja distorcida e corrompida pela

A QUEDA DA INTERPRETAÇÃO

Queda).[25] Se interpretar é em si e por si só um ato violento e se a interpretação é constitutiva da existência humana ou da criaturidade, então ser humano significaria ser necessariamente violento. Mas, se a vida humana da forma como foi criada é "boa", então esse não pode ser o caso, embora, mais uma vez, enfatizemos que entender a hermenêutica como algo criacional não nega que nossa habitação atual é uma criação caída e destruída. Contudo, o efeito da Queda não é a aparência da interpretação, mas, sim, a distorção ou a corrupção dela.[26]

Minha proposta está "muito longe e, ao mesmo tempo, muito próxima da de Heidegger [e de Derrida]" (*PC*, p. 66). O estado de coisas que Heidegger e Derrida estão descrevendo como caído

---

[25][Essa ressalva entre parênteses não será muito elucidada no restante do livro. Meu argumento tem por objetivo enfatizar a *bondade* da interpretação como uma característica de uma criação boa e finita. Mas isso não isola a interpretação dos efeitos da Queda; significa apenas que a interpretação não é um resultado ou uma consequência da Queda. Se pudermos falar dos "efeitos noéticos" do pecado (a maneira como o pecado afeta negativamente nosso conhecimento), sem dúvida, poderemos também aceitar os "efeitos hermenêuticos" do pecado. São os humanos que interpretam. Árvores não interpretam, embora sejam *objeto de* interpretação. Uma vez que os seres humanos são intérpretes, a Queda afeta a interpretação, na medida em que afeta os seres humanos. Em particular, teríamos de considerar como o pecado e a Queda desajustam o *amor* humano (de acordo com o relato de Agostinho em *A cidade de Deus*). Se a caridade é uma condição da boa interpretação, então o desajuste da caridade obviamente corromperá e distorcerá a interpretação. (Para uma discussão relevante, veja Alan Jacobs, *A Theology of Reading: The Hermeneutics of Love* [A teologia da leitura: a hermenêutica do amor] [Boulder, CO: Westview, 2001].) A falta de caridade e o desajuste do amor podem encontrar expressão no desejo de dominar e controlar, de reprimir e suprimir a verdade. Isso se aplicaria não apenas à interpretação "linguística" ou "textual", mas também à nossa construção de objetos e do mundo natural. Como um ser caído, posso estar propenso a distorcer ou interpretar mal os fenômenos porque, em certo sentido, não quero que sejam o que são ou porque quero que sejam mais do que são (idolatria). A "redenção" da interpretação, portanto, não seria uma redenção *a partir da* interpretação, mas uma redenção de nossa vontade e um reajuste de nosso amor, o que nos permitiria construir *bem*. Meus agradecimentos a Andy Reimer por uma conversa por e-mail sobre essas questões.]

[26]Como sugerirei no capítulo 4, o principal efeito da Queda em relação à interpretação é a *dominação* — a dominação de textos e dos outros pela imposição opressiva de *uma* interpretação. Sugerirei que a pluralidade da interpretação não é resultado da Queda; pelo contrário, essa pluralidade é interrompida em um mundo destruído que está propenso à opressão hegemônica. Em suma, leremos a história da Torre de Babel de maneira bem diferente.

Introdução

e violento, eu o estou retratando como criacional e bom. Todos concordamos, contudo, que esse estado de coisas é um aspecto necessário da experiência humana, em contrapartida com Lints e Pannenberg. Por outro lado, assim como Lints e outros evangélicos, acredito na bondade da criação e na esperança de restauração. Mas, novamente, em contrapartida com certos aspectos dessa tradição teológica, não identifico essa bondade e essa restauração como imediação ou presença total; em vez disso, a mediação hermenêutica é o acompanhamento necessário da finitude da vida humana.

Ainda não mencionei um tema importante: minha crença na bondade da criação e a questão da "violência hermenêutica". Deixarei para explicar isso no capítulo 6. No entanto, deixe-me observar que estou ciente dos problemas associados a essa suposição, sobretudo para aqueles que não a compartilham. É precisamente esse o xis da questão de minha discordância com Derrida. Estou optando, pode-se dizer, pelo que John Caputo descreve como a construção "religiosa" do mundo (como exemplificado em Søren Kierkegaard), e não pelo entendimento "trágico" de Nietzsche.[27] Ambos fitam o "abismo" de um mundo destruído e veem algo muito diferente: Kierkegaard, com os olhos da fé, vê um mundo destruído pelo pecado, mas também vê um Deus encarnado que vem para restaurá-lo. Nietzsche vê apenas o mundo destruído — a sombria realidade de "como as coisas são" — e afirma o eterno retorno desse mundo.

Caputo iria lembrar-nos de que o riso de Zaratustra ecoa nos ouvidos de Abraão, atormentando a fé do patriarca. Não obstante, eu também faria Caputo e Derrida se lembrarem de que, dado o "fato" de indecidibilidade, é provável que Zaratustra às vezes passasse a noite acordado, imaginando se Abraão não estaria certo; ou seja, se minha fé na bondade da criação é uma "construção", a "fé" de Heidegger e de Derrida (e de Nietzsche) na violência da existência humana nada mais é do que uma construção.[28]

---

[27]Caputo, *Radical Hermeneutics*, cap. 10.
[28]Desenvolvi mais a fundo esse ponto em Smith, "The Logic of Incarnation" [A lógica da encarnação], p. 21-29.

Espero demonstrar a utilidade dessas categorias nos próximos capítulos. Meu objetivo nesta breve introdução foi abrir um espaço para que essas categorias fossem usadas sem se verem prontamente rejeitadas, como simples consultas neoescolásticas.

UMA NOTA SOBRE UMA NOTA DE *AGAINST ETHICS* [CONTRA A ÉTICA], DE CAPUTO

Mas não é um pouco tarde para a criação? Não chegamos à cena muito tempo depois de essa ideia (sem falar de um evento) ter sido relegada a uma história que seria melhor se fosse esquecida — uma história de "violência e metafísica"? Essa proposta de falar em interpretação "no" ou "depois do" Éden não é muito estranha, e talvez até mesmo um pouco engraçada? E não é também apavorante ou, no mínimo, terrivelmente irresponsável? Pois quem poderia falar de forma responsável sobre o Éden depois de Auschwitz? Não estamos totalmente cercados apenas pela tragédia da Queda e de um mundo rompido? A criação, neste momento (na história) — ou pelo menos falar de criação —, pareceria algo filosófica e eticamente problemático. Se eu quiser falar de uma hermenêutica "criacional", é importante, em primeiro lugar, responder a esses desafios.

O primeiro tipo (filosófico) de crítica situa a finitude em uma tradição metafísica ligada ao Infinito e, portanto, envolvida em uma história que supostamente terminou com Hegel. Falar, como farei, de criação e finitude nesta era "pós-metafísica" implica situar-se em uma época ingênua de ontoteologia. Como observa Caputo:

> A linguagem do limite e da finitude — como a palavra "criatura" — pertence à metafísica mais tradicional do infinito; sugere que deve ser seguida por uma filosofia do ilimitado. (O antigo currículo jesuíta tinha dois cursos: a metafísica do ser finito [criaturas]; a metafísica do ser infinito [Deus].) [...] Por isso

Introdução

Derrida escreve que "o retorno à finitude" não dá "um passo fora da metafísica".[29]

Se for esse o caso, então falar de finitude e criação é, mais uma vez, sucumbir ao impulso erótico dos não condicionados, um caso de amor que se desenrola na história da filosofia ocidental desde Platão.[30] E aqui concordo com Caputo e com Derrida, no sentido de que essa busca pelo Infinito absoluto, não condicionado e não mediado é um sonho perigoso e impossível — uma visão conferida à violência metafísica. Mas a linguagem da criação e da finitude *deve* ser necessariamente seguida pela conversa sobre o Conhecimento Infinito e Absoluto? Segundo a tradição, esse discurso certamente seguiu esse caminho; e, uma vez que as categorias são herdadas dessa tradição, certamente existe um senso no qual termos como *criação* e *finitude* sugerem um discurso sobre o Infinito, ou seja, um discurso metafísico. Mas esse é necessariamente o caso?

Ao empregar a noção de finitude, corro o risco de ser identificado, por um lado, com um "conservadorismo gadameriano"[31]

---

[29]Caputo, John D., *Against Ethics: Contributions to a Poetics of Obligation with Constant Reference to Deconstruction* [Contra a ética: contribuições para uma poética da obrigação com referência constante à desconstrução] (Bloomington: Indiana University Press, 1993, 264n80, citando *OG*, p. 68). A nota é uma crítica moderada a Drucilla Cornell, *The Philosophy of the Limit* [A filosofia do limite] (Nova York: Routledge, 1992), esp. p. 1-12, no qual ela descreve a desconstrução como uma filosofia do limite, da finitude.

[30]Schmidt, Dennis J., *The Ubiquity of the Finite: Hegel, Heidegger, and the Entitlements of Philosophy* [A ubiquidade do finito: Hegel, Heidegger e as prerrogativas da filosofia] (Cambridge, MA: MIT Press, 1988, p. 4).

[31]Veja P. Christopher Smith, *Hermeneutics and Human Finitude: Toward a Theory of Ethical Understanding* [Hermenêutica e finitude humana: em direção a uma teoria de compreensão ética] (Bronx, NY: Fordham University Press, 1991), p. 267-83. Outro representante dessa tradição é Stephen David Ross; veja sua trilogia *Inexhaustibility and Human Being: An Essay on Locality* [A inexauribilidade e o ser humano: um ensaio sobre localidade] (Bronx, NY: Fordham University Press, 1989); *The Limits of Language* [Os limites da linguagem] (Bronx, NY: Fordham University Press, 1994) e *Locality and Practical Judgment: Charity and Sacrifice* [Localidade e julgamento prático: caridade e sacrifício] (Bronx, NY: Fordham University Press, 1994). Não estou dizendo que não haja afinidade entre minhas propostas e a proposta dessa tradição conservadora gadameriana; no entanto, existem algumas diferenças fundamentais que serão discutidas à medida que forem surgindo nos capítulos seguintes.

A QUEDA DA INTERPRETAÇÃO

e, por outro, com a tradição habermasiana da teoria crítica.[32] No fim, parece-me que essas duas tradições negam a própria finitude que pretendem honrar. De fato, a despeito de seus protestos em contrário, penso que Derrida é um filósofo da finitude *por excelência*.[33] No entanto, Derrida evita tais categorias como sendo neo-ontoteológicas:

> Não significaria um único passo fora da metafísica se nada mais que um novo motivo de "retorno à finitude", de "morte de Deus" etc. fosse o resultado desse movimento. É essa conceitualidade e essa problemática que devem ser desconstruídas. Elas pertencem à ontoteologia à qual se opõem. *Différance* também é algo diferente de finitude. (*OG*, p. 68)

Isso significa que Derrida tem uma linguagem e um conjunto de categorias conceituais reservadas que *não* fazem parte da tradição ontoteológica? *Podemos* dar um passo fora da metafísica? As conceitualidades são desconstruídas de fora para dentro? Faço essas perguntas sem a intenção de reabilitar a metafísica de forma neoescolástica, mas, tão somente, adotando a sugestão de Derrida. Pois não compete precisamente à desconstrução habitar o que é insuficiente, a despeito do risco, encarando de bom grado o desafio

---

[32]Por exemplo, Thomas McCarthy observa que o desafio para a filosofia hoje "é repensar a ideia de razão de acordo com nossa finitude essencial" (introdução a Jürgen Habermas, em *The Philosophical Discourse of Modernity* [O discurso filosófico da modernidade], trad. Frederick Lawrence [Cambridge, MA: MIT Press, 1987], x).

[33]Eu também concordaria com Jürgen Habermas, no sentido de que, para Michel Foucault, "a experiência da finitude se tornou um estímulo filosófico" ("Taking Aim at the Heart of the Present: On Foucault's Lecture on Kant's *What Is Enlightenment?* ["Visando à essência do presente: sobre a palestra de Foucault acerca de *O que é Iluminismo*, de Kant?], em *Critique and Power: Recasting the Foucault/Habermas Debate* [Crítica e poder: reformulando o debate Foucault/Habermas], ed. Michael Kelly [Cambridge, MA: MIT Press, 1994], p. 149). Além disso, Ronald Kuipers sugere Richard Rorty como outro filósofo da finitude, em sentido estrito. Veja Kuipers, *Solidarity and the Stranger: Themes in the Social Philosophy of Richard Rorty* [A solidariedade e o estranho: temas na filosofia social de Richard Rorty] (Lanham, MD: University Press of America, 1998).

Introdução

como *un beau risque* [um bom risco] (Levinas)? Algumas páginas antes da passagem citada, Derrida insiste que

> é preciso *acentuar* a "ingenuidade" de um avanço que não pode tentar um passo fora da metafísica, que não pode *criticar* radicalmente a metafísica sem ainda, de alguma forma, a utilizar em determinado tipo ou estilo de *texto*, proposições que [...] sempre foram e sempre serão "ingenuidades", sinais incoerentes de um aspecto absoluto. (*OG*, p. 19)

É difícil perceber, portanto, como Derrida e Caputo podem rejeitar todo discurso sobre finitude como sendo ontoteológico se é impossível sair dessa tradição.

Isso não significa que a linguagem da criação e da finitude esteja sempre consciente e vigilante em termos pós-metafísicos (o que é precisamente o problema que tenho com o "conservadorismo gadameriano" de P. Christopher Smith e com a "racionalidade encarnada" de Habermas). Significa, no entanto, que é possível habitar esse discurso de forma diferente, "de certa maneira", de modo a desconstruir a tradição de dentro para fora e, ao mesmo tempo, descrever um estado de coisas de uma nova maneira. Em certo sentido, falar em finitude é uma "boa desconstrução" e um exemplo de como o texto de Derrida se desconstrói e, nesse sentido, meu projeto é precisamente o que Derrida descreve como o projeto de desconstrução.

> Os movimentos de desconstrução não destroem estruturas de fora para dentro. Não são possíveis ou eficazes, nem podem mirar com precisão, a não ser que habitem essas estruturas. Habitá-las *de certa maneira*, porque algo sempre habita, ainda mais quando ninguém suspeita. Operando necessariamente de dentro para fora, tomando emprestados todos os recursos estratégicos e econômicos da subversão da velha estrutura, tomando-os emprestados estruturalmente, ou seja, sem poder isolar seus elementos e átomos, a

A QUEDA DA INTERPRETAÇÃO

iniciativa de desconstrução é sempre, de certa forma, vítima de seu próprio trabalho. (*OG*, p. 24)

Mantenho o uso de uma palavra como *finito* na medida em que sou forçado a habitar um discurso e uma tradição sociolinguística. No entanto, ao fazer isso, sempre corro o risco de "me enquadrar novamente no que está sendo desconstruído". Portanto:

> É necessário compreender os conceitos fundamentais com um discurso cuidadoso e profundo — indicar as condições, o meio e os limites de sua eficácia e designar rigorosamente sua íntima relação com a máquina cuja desconstrução eles permitem; e, no mesmo processo, designar a fenda pela qual o brilho ainda inominável além da conclusão pode ser vislumbrado. (*OG*, p. 14)

Meu uso de *finitude* seria um bom exemplo. Quando falo em finitude, não estou pensando no finito como algo *limitado* diante do Infinito; estou pensando em situacionalidade — ser humano, estar aqui. *Finito*, infelizmente, parece descrever algo em termos de falta ou deficiência — precisamente o paradigma que estou tentando criticar. Será evidente, então, que a minha seja a finitude sem o Infinito; para mim, finitude é *différance* sem que o fantasma da presença total continue a atormentá-la.

Dois outros termos que empregarei têm de ser indicados e compreendidos com um discurso que designe suas condições, a fim de sinalizar que o uso que faço deles não ignora as dificuldades e os riscos (e que todas essas noções serão examinadas mais a fundo nos próximos capítulos). O primeiro termo é *mediação*: o estado de coisas que estou identificando por esse termo é descrito como mediação apenas diante de um horizonte de imediação — mais uma vez, precisamente o que estou tentando evitar. Empregar, de forma ingênua, a noção seria permanecer cercado pelos polos dialéticos da identidade e da diferença, o mesmo e o outro. Estou tentando descrever esse estado de coisas com o vocabulário existente e,

Introdução

portanto, uso o termo *mediação* "de certo modo" para indicar que a experiência humana de outras pessoas e coisas está fundamentalmente interconectada, mas é, não obstante, sempre experimentada "como" algo, sempre experimentada de forma hermenêutica.

O segundo termo é *tradicionalidade*, que pareceria, a princípio, conectar-me com uma linha de pensamento mais gadameriana. Embora meu uso não esteja completamente dissociado da hermenêutica filosófica de Gadamer, não estou interessado em reabilitar *a* Tradição; além disso, acho (e aqui concordo com Habermas) que, para Gadamer, inclino-me à tradição sem recorrer à crítica da violência dela. Em contrapartida, quando falo em tradicionalidade ou "tradicionalização", estou enfatizando que pertencemos a uma série de tradições, e que esse estado de coisas faz parte da existência humana, da finitude. De fato, veremos que finitude e tradicionalidade são quase intercambiáveis no que se segue.

No princípio

Nessa conjuntura, devo comentar brevemente a ideia de criação, que, repito, será desenvolvida mais a fundo no capítulo 5. Primeiro, não se deve estabelecer uma conexão entre meu uso do termo *criação* como uma categoria filosófica, por um lado, e "criacionismo" ou "ciência da criação", por outro.[34] Também não estou tentando, mais uma vez, reviver a metafísica que constrói o ser como *ens creatum*.[35] (Como pentecostal, sou completamente favorável a

---

[34]A arqueologia quase foucaultiana de Ronald Numbers da ciência da criação talvez seja a crítica mais incisiva até hoje. Veja Numbers, *The Creationists: The Evolution of Scientific Creationism* (Berkeley: University of California Press, 1992).

[35]Em resposta às considerações de Joseph Stephen O'Leary. Eu discordo dele, mas, no sentido de que a criação é um conceito que deve permanecer estranho à filosofia e de que, pelo emprego da criação na fenomenologia, "invalidamos a pluralidade e a opacidade do mundo como algo acessível em termos fenomenológicos" (O'Leary, *Questioning Back: The Overcoming of Metaphysics in Christian Tradition* [Voltando a questionar: a superação da metafísica na tradição cristã] [Mineápolis: Winston, 1985], p. 15, 17). Isso se deve à suposição de O'Leary sobre a exclusão da fé da filosofia, o que não compartilho e, além disso, julgo ser impossível. Veja meu ensaio "Art of Christian Atheism" [Arte do ateísmo cristão].

A QUEDA DA INTERPRETAÇÃO

avivamentos — mas não sob a tenda do Ser). Não estou propondo a criação como uma teoria ontológica das origens; minha criação é, se você quiser, uma criação presente. É a criação como uma metáfora[36] para o que a fenomenologia descreve como algo dado ou a dádiva — o *es gibt* [existir]. A criação é uma maneira de construir o estado de coisas que é descrito na fenomenologia como "mundo" e, como uma construção, seu *status* é indecidível, mas também está em pé de igualdade com qualquer outra construção.

Além disso, em resposta às críticas "éticas" antes mencionadas, não se deve entender um discurso sobre a criação como algo inerentemente conservador ou legitimador do *status quo*. Como argumentou Richard Middleton, em vez de servir como uma estrutura legitimadora, a criação fornece as fontes para a crítica e a libertação em meio à tradição. É um mito pós-exílico contado não por aqueles que estão no poder, mas por aqueles que são privados do poder, oprimidos pelo poder dominante e exilados nas margens.[37] Falar da bondade da criação não é invocar *o* Bem, que dá origem ao seu próprio fundamentalismo. A criação é, como argumenta Caputo, uma ideia pluralista.[38]

A estrutura hermenêutica da criação é boa; produz coisas boas: uma pluralidade de interpretações e uma diversidade de leituras. O pecado de Babel foi sua busca por unidade — uma interpretação, uma língua, um povo —, que foi um abandono da diversidade criacional e da pluralidade em favor da exclusão e da violência; e "os danos causados pelo ódio têm uma semelhança sinistra".[39] A pluralidade na interpretação não é o pecado original; é, pelo contrário,

---

[36]Dooyeweerd descreve a criação como um conceito analógico em *In the Twilight* [No crepúsculo], p. 149-51.

[37]Middleton, J. Richard, "The Liberating Image? Interpreting the *Imago Dei* in Context" [A imagem libertadora? Interpretando a *Imago Dei* no contexto], *Christian Scholar's Review* 24 (1994): 8-25, e seu artigo "Is Creation Theology Inherently Conservative? A Dialogue with Walter Brueggemann" [A teologia criacional é inerentemente conservadora?], *Harvard Theological Review* 87 (1994): 257-77.

[38]Caputo, *Against Ethics* [Contra a ética], p. 39-40.

[39]Ibid., p. 33.

Introdução

a bondade original da criação:[40] uma criação em que muitas flores desabrocham e muitas vozes são ouvidas, em que Deus é louvado por uma multidão que vem de "toda tribo, língua, povo e nação" (Apocalipse 5:9), entoando cânticos em diversas línguas, inclusive adorando por meio de uma diversidade de teologias.[41] Assim, mais uma vez, como nos termos *finitude*, *mediação* e *tradicionalidade*, o termo *criação* é utilizado "de certa maneira", como um meio de habitar um discurso e tentar revelar e descrever um estado de coisas que também pode ser descrito como "a condição humana".

Meu objetivo nesta introdução é duplo: indicar a direção do livro e sinalizar alguns termos e categorias fundamentais que serão empregados aqui. Concentrei-me, em grande parte, no segundo aspecto precisamente porque reconheço que estou implementando uma nomenclatura que poderia ser facilmente rejeitada como parte de uma tradição acrítica e ingênua da metafísica. Nesta introdução, fiz apenas breves observações sobre essa terminologia, e fiz isso com o propósito de criar uma abertura inicial para que sejam ouvidas. Elas serão reveladas nas críticas e propostas que se seguem.

---

[40]Aqui entretenho-me com Emmanuel Levinas, *Otherwise than Being: Or, Beyond Essence* [De outro modo que ser ou para lá da essência], trad. Alphonso Lingis (Haia: Martinus Nijhoff, 1981), p. 121 (daqui em diante, citado no texto como *OBBE*). Veja também Emmanuel Levinas, *Totality and Infinity* [Totalidade e infinito], trad. Alphonso Lingis (Pittsburgh: Duquesne University Press, 1969), p. 102-4, 293-96, 304-5 (daqui em diante, citado no texto como *TI*).

[41]Embora não esteja de acordo com James Brownson em pontos fundamentais, aprecio muito sua ênfase em uma pluralidade de interpretações em seu ensaio "Speaking the Truth in Love: Elements of a Missional Hermeneutic" [Seguindo a verdade em amor: elementos de uma hermenêutica missionária], *International Review of Mission* 83 (julho de 1994): 479-504. [Alguns podem se perguntar como posso conciliar essa ênfase na pluralidade com a trajetória "católica" agora articulada no capítulo 7. Mas catolicidade não é uniformidade, e a normatividade nicena continua a dar espaço para a diferença. Catherine Pickstock explica bem esse ponto: "O catolicismo é, pelo menos, potencial e idealmente tolerante de uma maneira muito mais concreta que o liberalismo. Nesse sistema, cada diferença é de todo tolerada precisamente porque é *mais* do que tolerada, uma vez que cada diferença é uma repetição figurativa de outras diferenças. Assim, vemos que o catolicismo, por característica, tem permitido muitos ritos e variações locais e também tem acolhido grande parte da narrativa e da prática folclóricas tradicionais. Ele tem conseguido prontamente reconstruir mitos e rituais pré-cristãos como antecipações figurativas da verdade cristã" (Pickstock, "Liturgy, Art and Politics" [Liturgia, arte e política], *Modern Theology* 16 [2000]: 159-80; citação nas p. 172-73).]

A QUEDA DA HERMENÊUTICA

PRIMEIRA PARTE.

capítulo um

PARAÍSO RECUPERADO

Para determinada teologia evangélica "tradicional",[1] a Queda foi uma queda da imediação para a mediação, da compreensão para a distorção, da leitura para a interpretação. O Éden, para esses teólogos, era um paraíso de conexão perpétua: um paraíso hermenêutico precisamente por causa da ausência da hermenêutica. Como relata o teólogo evangélico norte-americano Richard Lints:

> No início, Adão e Eva desfrutavam *perfeita clareza* na forma como compreendiam os propósitos e a presença de Deus. As criaturas e o Criador se entendiam. Mas a Queda destruiu essa clareza, e Adão

---

[1] Se aprendemos algo na última década, foi que o termo *evangélico* é, por mais incrível que pareça, amorfo e até mesmo ambíguo. No entanto, essa flexibilidade também é seu ponto forte. Neste capítulo, a descrição que faço da teologia "evangélica" permanece restrita a uma de suas tradições predominantes, a tradição de "Old Princeton" e da teologia reformada, que dominou as estruturas teológicas evangélicas nos Estados Unidos ao longo do último século (inclusive em grupos não reformados, como, por exemplo, o dispensacionalismo). Em certo sentido, o evangelicalismo é, felizmente, muito mais amplo do que isso (recorrerei a alternativas pietistas dentro da tradição); no entanto, parece-me que grande parte da teologia evangélica permanece fundamentalmente moldada pelo legado de Princeton em seus primórdios (Charles e A. A. Hodge e B. B. Warfield). Para uma discussão mais aprofundada sobre esse ponto, veja James K. A. Smith, "Closing the Book: Pentecostals, Evangelicals and the Sacred Writings" [Fechando o livro: pentecostais, evangélicos e os escritos sagrados], *Journal of Pentecostal Theology* 11 (1997): 49-71, esp. 59-63.

A QUEDA DA INTERPRETAÇÃO

e Eva imediatamente tentaram cobrir sua nudez e encontrar uma forma de se proteger de Deus, de se esconder dele.[2]

A Queda, então, destruiu a perspicuidade (clareza) prístina da imediação edênica, na qual o "conhecimento" não era prejudicado pelo universo da interpretação.[3] Sem dúvida, a história não termina aí: a redenção é uma restauração desse paraíso de interpretação (pelo menos, para esses leitores evangélicos),[4] por meio da iluminação

---

[2]Lints, Richard, *The Fabric of Theology: A Prolegomenon to Evangelical Theology* [O tecido da teologia: prolegômenos à teologia evangélica] (Grand Rapids: Eerdmans, 1993, p. 71), ênfase em itálico adicionada (daqui em diante, citado no texto como *FT*).

[3]Essa noção de "clareza" não está dissociada das raízes da filosofia moderna e das "ideias claras e distintas" de Descartes, que marcaram uma nova necessidade de conhecimento na modernidade — uma condição que a teologia evangélica herdou precisamente por causa de sua própria modernidade. A "clareza" de Richard Lints e as "ideias claras e distintas" de René Descartes se enquadram em uma tradição de imediação que afirma ter acesso não mediado ao mundo e a Deus. É, como oferece Lints, uma clareza de "compreensão" — um saber que é uma compreensão definitiva (*compreendere*). É essa tradição de imediação — de compreensão e definição — que Jean-Luc Marion descreve como o domínio do ídolo. Os conceitos, argumenta Marion, não precisam necessariamente ser idólatras ou violentos (podem ser "ícones"), mas, quando reivindicam compreensão e imediação, *tornam-se* ídolos. "O conceito", escreve Marion, "quando conhece o divino em seu domínio e, por conseguinte, se refere a 'Deus', ele o define. Ele o define e, portanto, também o afere de acordo com a dimensão de seu domínio. Assim, o conceito, por sua parte, pode retomar as características essenciais do ídolo 'estético'." Veja Marion, *God without Being* [Deus sem o ser], trad. Thomas A. Carlson (Chicago: University of Chicago Press, 1991), p. 29. Para meu esboço de conceitos "icônicos" alternativos, veja meu artigo "Alterity, Transcendence and the Violence of the Concept: Kierkegaard and Heidegger" [Alteridade, transcendência e a violência do conceito: Kierkegaard e Heidegger], *International Philosophical Quarterly* 38 (1998): 369-81.

[4]Estou interessado no que parecem ser ecos dessa noção no trabalho de Kevin Vanhoozer. Embora esteja oferecendo um relato da hermenêutica "geral", ele argumenta que a interpretação "de textos em geral" tem "uma dimensão teológica" (*Is There a Meaning in This Text? The Bible, the Reader, and the Morality of Literary Knowledge* [Há um significado neste texto? A Bíblia, o leitor e a moralidade do conhecimento literário] (Grand Rapids: Zondervan, 1998], p. 30). Mais especificamente, sua "tese é a de que a interpretação ética é um exercício espiritual, e o espírito de entendimento não é um espírito de poder, nem de jogo, mas o Espírito Santo" (op. cit., p. 29). Isso significa que apenas os cristãos podem ler de maneira adequada ou generosa? Ao seguir para especificar o ponto, no entanto, ele parece restringir a ação à leitura das Escrituras pela comunidade dos que creem; nesse caso, ele fala apenas da hermenêutica especial (e aqui eu não discordaria). Se quisermos que o papel do Espírito Santo na hermenêutica *geral* seja viável, precisaremos desenvolver um relato paralelo da graça *comum* hermenêutica (como tento desenvolver no cap. 6); do contrário, voltaremos à noção de que apenas aqueles que são habitados pelo Espírito Santo podem interpretar "textos em geral".

Paraíso recuperado

do Espírito com a perspicuidade das Escrituras. A hermenêutica é uma maldição, mas da qual podemos ser remidos no aqui e agora; podemos voltar da mediação para a imediação, da distorção para a "perfeita clareza" e da interpretação para a "leitura pura".

Permita-me fazer uma ilustração desse tipo de "interpretação [evangélica] da interpretação": parte do ritual das sextas-feiras em nossa casa consistia em arrumar as mochilas das crianças, levar os cercadinhos e os pijamas delas para o carro e ir para a casa de um de nossos amigos para desfrutar de um jantar e, em seguida, compartilhar um estudo bíblico. Depois de um período de "comunhão" (a palavra-código evangélica para comida), colocávamos as crianças para dormir nos vários quartos e cômodos da casa e depois abríamos a Bíblia para uma discussão.

A liderança do estudo era compartilhada por todos de maneira rotativa, e cada líder tinha a liberdade de escolher uma passagem ou uma narrativa a ser considerada e discutida. Dedicávamos nosso tempo à discussão e à participação, acolhendo a contribuição de todos os envolvidos. O grupo era bem eclético; as pessoas reunidas representavam uma pluralidade de tradições e denominações, como os Irmãos de Plymouth, presbiterianos, batistas, pentecostais e alguns membros de igrejas não denominacionais. Cada pessoa tinha uma narrativa e um testemunho únicos que tornavam a contribuição de cada indivíduo diferente. Em suma, esse era um espaço maravilhoso para vermos o papel da hermenêutica em ação e o modo como cada pessoa entendia a interpretação dentro da tradição evangélica.

É claro que nem toda interpretação é uma boa interpretação.[5] Minha favorita, oferecida por um dos homens mais, digamos, "tradicionais" do grupo, sugeria que Jesus apareceu primeiro às mulheres após a ressurreição para assegurar que a notícia se espalhasse rapidamente. Afinal, de acordo com ele (citando dados específicos), todos sabemos que as mulheres dizem, em média, doze mil palavras por dia, e os homens, apenas cinco mil; sua "teoria da

---

[5]Espero que o leitor que conseguir chegar à terceira parte se lembre dessa qualificação inicial.

fofoca" sugeria que Jesus tinha isso em mente quando apareceu para as mulheres no sepulcro.

Agora, deixando de lado a resposta bastante feroz de minha esposa a essa interpretação, a dinâmica geral dessa leitura e esse grupo em geral ilustram um ponto bem interessante. Embora vários grupos desse tipo se reúnam todas as noites por todo o país — e embora sejam oferecidas tantas "leituras" ou "interpretações" —, no fim, muitos desses estudantes da Bíblia normalmente concluem que a interpretação é um inconveniente; que é, de algum modo, "nossa culpa"; e que Deus nos ajuda a superá-la.

Quando, por exemplo, ofereço uma interpretação que poderia sugerir algo contrário a uma leitura tradicional, com frequência recebo a seguinte resposta: "Bem, essa pode ser a sua interpretação, mas a *minha* Bíblia diz *claramente* que as mulheres devem ficar caladas na igreja!". Eu estou complicando as coisas *pela interpretação*, sugere meu interlocutor (outra consequência de minha corrupção acadêmica, geralmente me dizem); por outro lado, meu interlocutor está simplesmente lendo o que a Palavra de Deus diz de forma muito clara.

Essa "interpretação [geral] da interpretação" foi muito bem captada por um anúncio recente em um importante periódico evangélico: "Palavra de Deus. A tradução bíblica de hoje que diz o que ela significa", anunciava com ousadia a capa. Debaixo da fotografia, com letras garrafais em negrito, a editora anunciava: "NENHUMA INTERPRETAÇÃO SE FAZ NECESSÁRIA".

Questões de natureza hermenêutica em geral, por fim, têm vindo à tona em discussões evangélicas recentes, assim como uma série de novas contribuições sobre o método teológico.[6] Em suas tentativas de envolver acontecimentos filosóficos e teológicos recentes,

---

[6]O trabalho de Donald Bloesch (*A Theology of Word and Spirit: Authority and Method in Theology* [A teologia da Palavra e do Espírito: autoridade e método na teologia] [Downers Grove, IL: InterVarsity, 1992]) e *The Fabric of Theology*, de Lints, são duas das contribuições mais significativas sobre o método teológico. Eu também mencionaria *Revisioning Evangelical Theology* [Revisando a teologia evangélica], de Stanley Grenz (Downers Grove, IL: InterVarsity, 1993), que não discutirei extensivamente. No entanto, dos projetos evangélicos recentes, considero o de Grenz o mais promissor.

Paraíso recuperado

como existencialismo, hermenêutica filosófica e desconstrução, os evangélicos estão cada vez mais atentos a questões de tradição, panorama histórico, contextualidade e condicionamento cultural. No entanto, todos esses elementos e condições são construídos como coisas inextricavelmente ligadas à hermenêutica e, além disso, como condições que, de algum modo, devem ser superadas. Enquanto muitos prestam atenção na influência do condicionamento sociolinguístico e histórico, grande parte do trabalho recente na teologia evangélica, por fim, continua a afirmar que é, de alguma forma, possível superar essas condições e obter uma leitura pura que ofereça o "ensino explícito das Escrituras".

Ao observar duas dessas propostas neste capítulo, tentarei demonstrar que essa propensão para superar o condicionamento histórico e linguístico, de forma inconsciente, acaba por ser uma tentativa de superar nossa humanidade e que, como tal, é uma desvalorização da criação, a qual os evangélicos procuram honrar. Suspeito que, implícito nessa reivindicação de imediação e objetividade, exista o impulso inconsciente (e provavelmente involuntário) de fugir da interpretação e de superar a criaturidade, um impulso que é, em si mesmo, reminiscência da Queda edênica e da transgressão do sinal, pois é fundamentalmente um esforço para ser como Deus (Gênesis 3:5).

Parece ser apenas mais um capítulo ("cristão") em uma longa história da metafísica, na qual somos seduzidos pela atração erótica do Infinito e estamos determinados a ascender a tais alturas prístinas. De forma muito semelhante àquela como Dennis Schmidt descreve a história da filosofia, esse fluxo da teologia evangélica é resoluto em sua busca, "por ir além do cativeiro de perspectivas finitas e de preconceitos de todo tipo — nacional, histórico, egoísta, linguístico, físico — e ver uma região metafísica aparente ou simplesmente prometida de generalidade livre e abstrata que, segundo dizem, considera, em primeiro lugar, sua missão de falar de modo inteligível sobre o mundo em que nos encontramos".[7] (Como tal,

---

[7]Schmidt, Dennis J., *The Ubiquity of the Finite: Hegel, Heidegger and the Entitlements of Philosophy*. Cambridge: MIT Press, 1988, p. 1. Veja também a epígrafe da introdução.

A QUEDA DA INTERPRETAÇÃO

filósofos modernos como René Descartes e John Locke poderiam ser incluídos no modelo de imediação examinado neste capítulo, na medida em que ambos postulam um modelo de conhecimento que alega conceber o mundo da forma como ele "realmente" é, em uma teoria da verdade por correspondência.)[8]

Optei por considerar duas propostas recentes dos evangélicos americanos Rex Koivisto e Richard Lints como exemplos paradigmáticos dessa "interpretação da interpretação", porque oferecem uma ilustração bastante explícita de minha tese; além disso, representam uma diversidade no espectro evangélico: Koivisto vem de uma tradição batista-revivalista, de eclesiologia rasa, enquanto Lints vem de um paradigma presbiteriano e da Reforma clássica. Meu objetivo é mostrar a continuidade de suas propostas e criticar sua premissa básica em relação à queda da hermenêutica.

LENDO COM O ADÃO DE DANTE: KOIVISTO

A interpretação da interpretação de Koivisto é encontrada em seu livro *One Lord, One Faith* [Um Senhor, uma fé], que é um apelo constante à restauração da unidade cristã de uma maneira raramente ouvida entre os evangélicos. Embora aprecie sua tentativa de criar uma "teologia para a renovação interdenominacional" (subtítulo do livro), acho que esse objetivo é prejudicado por uma estrutura hermenêutica que se concentra na imediação.

---

[8]Como observa Kevin Hart, para Jacques Derrida, Edmund Husserl adota esse mesmo modelo, oferecendo um relato do significado semelhante ao de Adão, de Dante (Hart, *The Trespass of the Sign: Deconstruction, Theology and Philosophy* [A transgressão do signo: desconstrução, teologia e filosofia] [Cambridge: Cambridge University Press, 1989], p. 11). Embora admita que, em alguns aspectos, Husserl permanece muito cartesiano, eu também acredito que ele seja uma figura de transição no que diz respeito a questões de imediação e mediação. John D. Caputo oferece uma releitura útil em seu *Radical Hermeneutics: Deconstruction, Repetition, and the Hermeneutic Project* (Bloomington: Indiana University Press, 1987), p. 36-59. Para uma defesa de Husserl nesse sentido, veja James K. A. Smith, "Respect and Donation: A Critique of Marion's Critique of Husserl" [Respeito e contribuição: uma crítica da crítica de Husserl a Marion], *American Catholic Philosophical Quarterly* 71 (1997): 523-38.

Paraíso recuperado

Para demonstrar isso, devo, em primeiro lugar, descrever sua proposta de "catolicidade" renovada.

Para Koivisto, as distinções denominacionais que são entendidas como imperativos divinos constituem a principal barreira à unidade cristã. Para superar essa condição, os cristãos devem ser capazes de estabelecer a distinção entre "a ortodoxia central, que compartilham calorosamente com outros cristãos, e suas próprias distinções peculiares";[9] essas distinções denominacionais são o que Koivisto descreve como "tradição" ou, mais especificamente, "microtradição". Ao fazer essa distinção, ele está tentando mostrar aos evangélicos que grande parte daquilo que eles veem como "ensinamento bíblico explícito" é apenas "tradição", ou seja, (para Koivisto) *interpretação*, uma espécie de "estilo" (*OLOF*, p. 135). Grande parte daquilo que os evangélicos de diferentes correntes veem como um imperativo divino é, na verdade, uma interpretação altamente mediada.

Em um nível, Koivisto está expondo o mito da interpretação imparcial: "Nenhum de nós", argumenta ele, "interpreta a Bíblia no vácuo. Interpretamos *a partir de* um contexto histórico-cultural, *por meio* de um contexto eclesiástico, *procurando* a relevância da Bíblia para compreender problemas culturais" (*OLOF*, p. 136). De forma explícita, ele rejeita qualquer modelo de interpretação "progressivo" que alegue recorrer diretamente à Bíblia sem ser influenciado pela tradição; ao contrário, tradições interpretativas são inevitáveis.

No entanto, o texto de Koivisto se desconstrói[10] no parágrafo seguinte, no qual ele retoma exatamente esse modelo de

---

[9]Koivisto, Rex A., *One Lord, One Faith: A Theology for Cross-Denominational Renewal* [Um Senhor, uma fé: A teologia para a renovação interdenominacional] (Wheaton: Victor Books/BridgePoint, 1993, p. 123, daqui em diante citado no texto como *OLOF*).

[10]Acho importante notar e enfatizar o seguinte: "nós" não desconstruímos textos; os textos se desconstroem. Assim, Vanhoozer está enganado ao descrever "desconstrutores" como "desfazedores" (*Is There a Meaning in This Text?*, p. 38 e em outras passagens), uma vez que a desconstrução acontece, diz Derrida, "na voz do meio". Não é algo que *nós* "fazemos" aos textos, mas uma operação que ocorre dentro deles. Sobre esse ponto, veja Jacques Derrida, "Letter to a Japanese Friend" [Carta a um amigo japonês], em *A Derrida Reader: Between the Blinds* [Um leitor de Derrida: entre os cegos], ed. Peggy Kamuf, trads. David Wood e Andrew Benjamin (Nova York: Columbia University Press, 1991), p. 273-74.

A QUEDA DA INTERPRETAÇÃO

interpretação livre de preconceitos em outro nível, afirmando que devemos distinguir nossas (micro)tradições dos *"ensinamentos claros das Escrituras"*. Nossas distinções denominacionais são interpretações (microtradições) e, portanto, nessa condição, devem ser expressas com "humildade hermenêutica". Para que os cristãos se unam (que é o objetivo geral de Koivisto), a microtradição deve ser relativizada, ou seja, essas distinções devem ser vistas como interpretações e, portanto, como algo falível. Mas a parte construtiva da proposta de Koivisto é encontrada em sua noção de "ortodoxia central", que é o que todos os cristãos (verdadeiros) têm em comum. É essa ortodoxia central que é o "ensinamento explícito das Escrituras" — explícito porque não é *interpretado*, mas simplesmente *lido*.

Assim, a microtradição é composta por "tradições que constituem as distinções interpretativas únicas de uma congregação, denominação ou corrente no âmbito da igreja em geral" (*OLOF*, p. 342n6). Pode também ser classificada como "interpretativa" ou "externa"; como externa, a tradição envolve práticas e doutrinas que não se baseiam no "respaldo bíblico explícito", mas na prática fundamental antiga ou denominacional (*OLOF*, p. 146-47). A macrotradição, por outro lado, "é a tradição interpretativa da igreja *como um todo*" (*OLOF*, p. 342n6) e deve ser identificada com a ortodoxia central compartilhada por toda a igreja (*OLOF*, p. 182).

Para construir uma teologia interdenominacional, argumenta Koivisto, é imperativo que possamos distinguir esses dois níveis: aquelas crenças que são ensinamentos bíblicos explícitos (macrotradição) e aquelas que resultam de interpretação (microtradição). "Apenas quando distinguimos o que é tradição", continua ele, "é que podemos ouvir a voz nítida e simples de Deus ressoando das Escrituras, e nada mais" (*OLOF*, p. 140).

Mas aqui deparamos com uma *aporia* interessante no texto de Koivisto: as distinções denominacionais são interpretações influenciadas pela tradição; portanto, Koivisto as categoriza como

Paraíso recuperado

microtradição. A ortodoxia central, ou macrotradição, no entanto, representa o "ensinamento claro das Escrituras". Nessa conjuntura, não seria legitimamente possível indagarmos se a ortodoxia central de Koivisto — os ensinamentos claros das Escrituras — também não é influenciada pela tradição? O próprio Koivisto não está admitindo isso quando descreve essa ortodoxia central como macro*tradição*? E, como macrotradição, é capaz de ecoar a voz nítida e simples de Deus?

Nesse contexto, a interpretação é relegada ao nível de distinções denominacionais e questões secundárias. Muitos cristãos têm proclamado suas práticas denominacionais como o "ensinamento claro das Escrituras", enquanto Koivisto revela que essas questões são "claras" apenas por causa das lentes coloridas da tradição interpretativa do indivíduo. Mas Koivisto não reconhece que as lentes interpretativas estão "cimentadas em nosso rosto" (Abraham Kuyper). Ou seja, ele ainda está oferecendo um conjunto de ensinamentos que *são* "ensinamentos claros das Escrituras" — não o produto da interpretação, mas algo entregue de imediato, sem complicação, pelo espaço da hermenêutica. Mas nós já temos a voz nítida e simples de Deus? Se, como afirma Koivisto, nunca interpretamos a Bíblia no vácuo, mas sempre pelas lentes de um contexto cultural, histórico e linguístico (*OLOF*, p. 136), é possível que haja algo como "ensinamento bíblico explícito"?[11]

Em uma crítica conservadora à proposta de Koivisto, John Fish censura exatamente esse ponto (embora tome um caminho

---

[11]Ao falar de ensinamento "explícito", Koivisto se refere ao ensinamento "objetivo", à doutrina entregue à parte da interpretação. A interpretação acontece em áreas de "menor clareza das Escrituras", nas quais a Bíblia não é "muito clara" (*OLOF*, p. 132). Mais uma vez, a noção de "clareza" está inextricavelmente ligada à noção da leitura pura *sem* interpretação. Embora Koivisto esteja sempre (e de modo justificável) delimitando o *status* das distinções denominacionais como interpretações tradicionais baseadas em passagens "menos claras", por trás de toda a discussão está a suposição de uma coleção de leituras que *são* muito claras. Nesse ponto, ele se refere a uma nota rabiscada na folha de guarda de sua primeira Bíblia: "O que está claro neste livro é vital; o que não está claro neste livro não é vital" (*OLOF*, p. 133). No entanto, a pergunta é: claro *para quem*?

A QUEDA DA INTERPRETAÇÃO

diferente do meu). Fish, oferecendo críticas a Koivisto do ponto de vista dos Irmãos de Plymouth, percebe corretamente as implicações da relativização da microtradição. Mas é precisamente por esse motivo que Fish rejeita o *status* interpretado dessas distinções denominacionais. O que Koivisto descreve como questões de interpretação e tradição, Fish entende ser a "Verdade da Igreja do Novo Testamento" — como se fosse algo que não foi interpretado nem se submeteu à tradição, mas tão somente revelado pela leitura.

Ao concluir que essas distinções são "tradição", Koivisto quer dizer que elas não consistem em uma "ordem bíblica clara" — o que, para ele, significa que são questões de interpretação. Mas essa distinção está no cerne da teologia dos Irmãos, como conclui Fish: "Para aqueles nas Assembleias dos Irmãos (às vezes chamados Irmãos de Plymouth), a questão da verdade da igreja sempre significou aquelas verdades relativas à igreja que são ensinadas e praticadas no Novo Testamento e servem de norma para os dias de hoje".[12] O objetivo de Fish é demonstrar que essas distinções não são questões de "preferência, praticabilidade ou conveniência" — ou seja, não são questões de interpretação —, mas são "elementos essenciais" das Escrituras.[13]

Comentando sobre a noção de tradição interpretativa de Koivisto, Fish percebe corretamente (ao contrário de Koivisto) que "agora mudamos a atitude neutra para com a tradição no sentido anterior [da tradição externa] em relação a qualquer coisa que seja uma questão de interpretação". Mas Fish continua:

> Não corremos o risco de anular a Palavra de Deus por causa daquilo que estamos chamando de tradição? Uma vez que tudo o que é controverso se torna uma questão de tradição interpretativa, a Bíblia *não é clara* em todas as áreas, porque todo o ensino da

---

[12]Fish III, John H., "Brethren Tradition or New Testament Church Truth?" [Tradição dos Irmãos ou a verdade da igreja do Novo Testamento], *Emmaus Journal* 2 (1993): 111.
[13]Ibid., p. 126.

Paraíso recuperado

Bíblia tem sido contestado. Tudo é uma questão de tradição e, portanto, pode não ser considerado intrinsecamente bíblico. Tudo é uma simples questão de "perspectiva" ou "preferência". De fato, nem mesmo seremos capazes de defender o que Koivisto chama de ortodoxia central.[14]

É verdade! Fish talvez tenha reconhecido as implicações do trabalho de Koivisto mais do que o próprio Koivisto. Koivisto afirma a natureza da interpretação influenciada pela tradição na área da microtradição; mas a macrotradição, ou ortodoxia central, de algum modo escapa dessa historicidade e, da mente de Deus, chega pura até nós. Fish mostra que esse é o problema do trabalho de Koivisto, o que está correto; no entanto, a resposta de Fish é, por conseguinte, rejeitar completamente o papel condicionador da tradição e do contexto na interpretação e afirmar de maneira constante a leitura sobre a interpretação.[15]

Em contrapartida a uma e outra coisa, argumento que tudo é uma questão de interpretação, inclusive aquelas interpretações descritas como ortodoxia central.[16] Nunca temos a "voz nítida e simples de Deus", porque ela é sempre ouvida e lida pelas lentes

---

[14]Ibid., p. 127, ênfase em itálico adicionada. Aqui, a *tradicionalização* da interpretação está associada ao subjetivismo e à arbitrariedade. Se tudo é interpretação, cogita Fish, então tudo é muito vago. No capítulo 6, argumento contra essa ligação muito comum entre hermenêutica e arbitrariedade com uma reconsideração de critérios na interpretação.

[15]No entanto, Fish concorda, só para constar, com esse condicionamento: "Não questionaríamos o fato de que todos podemos ter preconceitos, cegueiras e uma falta de conhecimento que afetam e até mesmo distorcem nossa interpretação das Escrituras" (ibid., p. 126). Mas é esse "podemos" que revela sua interpretação da interpretação. Argumentarei a seguir que *sempre* trazemos preconceitos e pressupostos para nossa leitura e que essas são condições inevitáveis do ser-humano.

[16]Isso incluiria as doutrinas da Trindade, da expiação, da justificação pela fé etc. Descrevê-las como interpretações não implica, necessariamente, rejeitá-las; o objetivo é reconhecer seu *status como* interpretações e não como "leituras" dadas por Deus (que é precisamente o que Koivisto enfatiza com relação à microtradição). Expus esses pontos em relação a questões de heresia e de ortodoxia em meu artigo "Fire from Heaven: The Hermeneutics of Heresy" [Fogo do céu: a hermenêutica da heresia], *Journal of Theta Alpha Kappa* 20 (1996): 13-31.

A QUEDA DA INTERPRETAÇÃO

de nossa finitude e de nossa situacionalidade.[17] Mesmo quando alguém se propõe a nos entregar a voz simples de Deus, ou "o que *Deus* quis dizer" (*OLOF*, p. 162), sempre recebemos apenas a interpretação de alguém que está usando o crachá da divindade.

Isso é observado com muita clareza na discussão subsequente de Koivisto sobre o que constitui a ortodoxia central. Depois de rejeitar as opções anteriores, como *Fundamentals* [a obra *Os fundamentos: um testemunho da verdade*], livro publicado no início da década de 1920, os credos da igreja indivisa e a visão vicentina ("aquilo no qual todos os homens de todos os tempos creram"), Koivisto, por fim, nos oferece aquilo que une todos os cristãos: *a mensagem do evangelho*, que ele então especifica: "*Deus enviou seu Filho ao mundo para morrer como expiação pelo pecado, e Deus o ressuscitou dentre os mortos, para que todo aquele que nele deposita a fé receba o dom gratuito da salvação*" (*OLOF*, p. 197, original em itálico). Mas eu argumentaria que isso é apenas uma interpretação do evangelho e é, em si mesmo, produto de uma interpretação moldada segundo uma tradição interpretativa. Por exemplo, a interpretação da expiação feita por Koivisto já exclui a interpretação wesleyana, que rejeita a doutrina substitutiva penal da expiação "como uma teologia forense e irreal de 'cartão de crédito'".[18] À medida que vai expondo sua definição, fica claro que a contribuição conceitual do evangelho que nos foi legada tem, de fato, uma grande dívida para com uma interpretação evangélica tradicional (princetoniana) (*OLOF*, p. 193), com pouco ou nenhum reconhecimento (talvez

---

[17][Embora eu não tenha aproveitado isso na primeira edição de *The Fall* [A queda], acredito que se pode ver como minha afirmação aqui já está resumida no que descrevi posteriormente, em *Speech and Theology: Language and the Logic of Incarnation* [Discurso e teologia: linguagem e a lógica da Encarnação] (Londres: Routledge, 2002), como a "lógica da Encarnação". O centro da revelação de Deus em Cristo admite nossa finitude e encarnação, encontrando-nos na Palavra que se torna carne, a Palavra que se torna finita. Assim, vejo uma continuidade entre o que descrevo aqui como uma hermenêutica criacional e o que, em *Speech and Theology*, descrevo como uma lógica encarnacional.]

[18]Dayton, Donald, "Rejoinder to Historiography Discussion" [Resposta à discussão de historiografia], *Christian Scholar's Review* 23 (1993): 70. Para a adesão de Koivisto à doutrina calvinista tradicional, veja *OLOF*, p. 203-4.

Paraíso recuperado

até mesmo exclusão) das interpretações católica, ortodoxa oriental, pentecostal e protestante das principais vertentes. Koivisto afirma que essa interpretação do evangelho é a própria interpretação de Deus; ou melhor, não é uma interpretação, mas simplesmente uma leitura da voz nítida e simples de Deus. Ao propor entregar o evangelho e a "voz nítida e simples de Deus", parece que Koivisto afirma ser um verdadeiro *facteur de la vérité* (provedor da verdade) (*PC*, p. 413-96).[19]

UM CARTÃO-POSTAL DA MARGEM: KOIVISTO ENCONTRA DERRIDA

Essa afirmação de ouvir a Palavra de Deus sem ser adulterada ou mediada parece ser uma exemplificação contemporânea da doutrina protestante tradicional da perspicuidade das Escrituras, que muitas vezes é uma reivindicação à imediação, a uma ausência de interpretação (subjetiva) e a uma leitura e uma aceitação puras da verdade (*OLOF*, p. 154-55).[20] Essa tradição dentro da teologia evangélica, completamente moldada por noções modernas de

---

[19]Derrida usa a palavra francesa *facteur*, que significa "carteiro" e "fator", para descrever Sigmund Freud em um ensaio sobre a interpretação psicanalítica em *The Post Card: From Socrates to Freud and Beyond* [Cartão-postal: de Sócrates a Freud e além]. As alegações hermenêuticas de Freud em *The Interpretation of Dreams* [*A interpretação dos sonhos*] iriam colocá-lo no mesmo "modelo de imediação" que Koivisto. (Para uma discussão sobre esse sentido duplo de *facteur*, veja nota do tradutor em *PC*, p. 413.)

[20][John Webster articula uma crítica legítima à minha explicação de "perspicuidade" aqui. Como ele corretamente aponta, a noção de perspicuidade criticada aqui tornaria a clareza uma "propriedade do texto"; mas isso, argumenta ele, "ignora as dimensões revelacionais e pneumatológicas da noção de *claritas* das Escrituras, assumindo que a *claritas* pode ser entendida simplesmente como uma propriedade do texto sem a obra do Espírito" (Webster, *Holy Scripture: A Dogmatic Sketch* [A sagrada Escritura: um esboço dogmático] [Cambridge: University Press, 2003], p. 100). No entanto, essa noção de perspicuidade pela propriedade do texto não é invenção minha; acho que funciona em algumas noções evangélicas de clareza (como as de Koivisto). E, como observo a seguir, considero essa construção da clareza uma redução daquilo que os reformadores buscavam. Se, em vez disso, pensarmos na clareza como uma função da iluminação do Espírito, e, portanto, uma questão de ter "condições preliminares" adequadas para entender claramente o texto, então o aspecto "pneumático" de meu modelo esboçado no capítulo 6 se identificará com a proposta de Webster.]

A QUEDA DA INTERPRETAÇÃO

ciência e epistemologia, reduz *a fé como confiança a uma fé como crença em proposições*. Como tal, a Bíblia é reduzida ao notório "depósito de fatos" de Charles Hodge, e seu conteúdo — proposições — rende-se de pronto à mente.[21] Assim, o que os reformadores descreveram como perspicuidade é reduzido a uma clareza linguístico-analítica acessível à razão. Isso faz parte do que Jacques Derrida descreve como um desejo postal, a afirmação de ouvir a Palavra de Deus "sem o *courrier*" (*PC*, p. 23).

No livro *The Post Card* [Cartão-postal], de Derrida, encontramos uma coleção de "cartas de amor" e cartões-postais intitulados "Envois" [Envios], cujo objetivo é apontar a mitologia da imediação nas epístolas do Ser. Derrida sugere em uma carta que o espaço da interpretação que ele descreve como o "sistema postal" não é nem um pouco confiável:

> Se a postagem (tecnologia, posição, "metafísica") for anunciada no "primeiro" envio, já não haverá mais UMA metafísica etc. [...] nem mesmo UM envio, mas envios sem destino. Pois coordenar as diferentes épocas, etapas, determinações, em suma, toda a história do Ser com um destino do Ser talvez seja o engano postal mais incomum. Não existem sequer a postagem ou o *envio* [...] Em suma [...] tão logo haja, há diferença [...] e há manipulação postal, turnos, atraso, antecipação, destino, telecomunicação, rede, possibilidade e, portanto, a necessidade fatal de se desviar etc. (*PC*, p. 66)

Concordo com Derrida, no sentido de que a alegação de Koivisto sobre a leitura da Palavra de Deus sem mediação é um mito, uma história postal do tipo que contaria Cliff Clavin, o carteiro da série de televisão *Cheers* — uma história absurda sobre os

---

[21]Para uma discussão sobre a modernidade da teologia evangélica, veja James K. A. Smith e Shane R. Cudney, "Postmodern Freedom and the Growth of Fundamentalism: Was the Grand Inquisitor Right?" [Liberdade pós-moderna e o crescimento do fundamentalismo: o grande inquisidor estava certo?"], *Studies in Religion/Sciences Religieuses* 25 (1996): 35-49.

Paraíso recuperado

bilhetes de amor do Ser que nunca se perdem no correio. Em vez disso, a comunicação entre os amantes fica à mercê de um sistema postal não confiável. Assim que coloco a carta na caixa de correio (assim que selo o envelope!), minha expressão de amor está sujeita ao capricho dos deuses postais, pelos quais Hermes é responsável. Mas isso vai além de cartas de amor, cartões-postais ou mesmo correios eletrônicos não desejados; é o caso da linguagem e da própria comunicação. O argumento de Derrida é que, "já dentro de todo sinal, de toda marca ou de todo traço, há o distanciamento, a postagem, aquilo que tem de existir de modo a ser legível para o outro, para a outra pessoa que não seja você nem eu" (*PC*, p. 29). O próprio "espaço" ou distância que possibilita a comunicação também é o local da falta de comunicação e até mesmo da alienação.[22]

Contudo, a postagem "tem de existir": não podemos escapar do sistema postal, o espaço hermenêutico de interpretação. Esse distanciamento, criando um espaço de diferença e suspensão, é necessário para permitir que outros leiam o envelope e direcionem a correspondência ao destino correto. Somos desde sempre postados e postais: nunca podemos destruir ou "superar" o sistema postal. Mas a interpolação inevitável do sistema significa que sempre há a possibilidade de que as cartas se percam.[23]

Para a metafísica ocidental e para grande parte da teologia evangélica (que, de forma irônica, é muito moderna), é impossível que a carta não chegue; ou seja, a carta *sempre* chega. A metafísica e o fundamentalismo têm um sistema postal extremamente

---

[22]O capítulo 7, mais adiante, refutará a leitura equivocada comum de Derrida (de Searle, por exemplo), que, ao que parece, fazia do *erro de* comunicação uma característica essencial de sistemas linguísticos.

[23]Embora eu esteja concordando com Derrida no que diz respeito à interpolação do espaço postal da interpretação, deve-se notar que o objetivo de meu ensaio "How to Avoid Not Speaking" [Como evitar não falar] é precisamente contestar sua observação final de que as cartas "necessariamente se extraviam". Esse tema será retomado mais uma vez nos capítulos 4 e 7, mais adiante. Veja James K. A. Smith, "How to Avoid Not Speaking: Attestations", em *Knowing Other-Wise: Philosophy on the Threshold of Spirituality*, série Perspectives in Continental Philosophy, ed. James H. Olthuis (Bronx, Nova York: Fordham University Press: 1997), p. 217-34.

A QUEDA DA INTERPRETAÇÃO

confiável — eu diria mesmo "infalível". É uma rede de telecomunicações equipada com linhas que nunca são interrompidas, computadores completamente imunes a vírus e os mais recentes avanços tecnológicos. Adquirir essa tecnologia infalível significa sempre receber a Palavra de Deus sem ser mediada ou influenciada pelo sistema postal ou de telecomunicações. A Palavra de Deus e a leitura desse texto recebem um lugar privilegiado fora da cadeia emaranhada de significantes; e a teologia evangélica — que fala por Deus — nos comunica esse Deus, sendo ela mesma imune ao condicionamento linguístico e histórico. A carta sempre chega "sem o *courrier*": na hora certa, perfeitamente intacta, nunca rasgada, perdida ou atrasada por causa de greves dos correios.[24]

É esse serviço postal impecável que assusta Derrida, pois um sistema teológico baseado em uma rede de telecomunicações sem falha conhece Deus e fala por Deus *sem mediação*. Mas isso, eu argumentaria com Derrida, é impossível, pois não há nada fora do texto (*OG*, p. 158). Como mostrou claramente John Caputo, isso não deve ser entendido como "uma espécie de berkeleyanismo linguístico", como se "Derrida pensasse que não *há* nada além de palavras e textos".[25] Em vez disso, Derrida está insistindo "que não há referência sem diferença, não há referência (*il n'y a pas*) fora de uma cadeia textual (*hors-texte*)".[26] Isso não quer dizer, contudo, que falte referência nos textos, mas apenas que nenhuma referência pode escapar da influência da textualidade; nenhuma leitura ignora o espaço hermenêutico da interpretação.

---

[24]Para uma crítica recente a esses modelos "biblicistas" de interpretação das Escrituras, veja Christian Smith, *The Bible Made Impossible: Why Biblicism Is Not a Truly Evangelical Reading of Scripture* [Por que a Bíblia se tornou impossível: por que o biblicismo não é uma leitura verdadeiramente evangélica das Escrituras] (Grand Rapids: Brazos, 2011).

[25]Caputo, John D., "The Good News about Alterity: Derrida and Theology" [A boa notícia sobre a alteridade: Derrida e a teologia], *Faith and Philosophy* 10 (1993): 454. De forma lamentável, é precisamente assim que muitos evangélicos interpretam Derrida. [Corrigir essa leitura equivocada de Derrida é o foco do capítulo 2 em Smith, *Who's Afraid of Postmodernism?*]

[26]Caputo, "Good News", p. 455.

Paraíso recuperado

Assim, quando Koivisto nos "entrega" o "evangelho", já percorreu esse espaço postal e foi afetado por uma leitura de determinada tradição, ou melhor, de uma pluralidade de tradições: uma tradição linguística, uma tradição teológica, um contexto sociológico e cultural, e assim por diante. A análise da interpretação de Koivisto em relação à microtradição enfatiza precisamente esse ponto; o que ele ignora, no entanto, é a *ubiquidade* da interpretação.

Esse desejo de imediação não é apenas impossível; ele pode ser perigoso (pergunte a Salman Rushdie), porque aqueles que têm esse acesso privilegiado falam *por* Deus e se consideram a força policial particular de Deus (e os crimes postais são sempre crimes federais, como o pecado original). O restante de nós deve encolher-se de medo, adverte Caputo, toda vez que alguém afirma ter uma revelação ou uma leitura não condicionada:

> Pois o que sempre temos — isso nunca falha — em nome do Não Mediado é o Absoluto altamente mediado de alguém: o *Yahweh* zeloso, o Alá justo, a igreja infalível, o *Geist* [Espírito] absoluto que inevitavelmente fala alemão. Em nome do Não Mediado, somos imersos em uma avalanche de mediações e, às vezes, apenas imersos, ponto-final. De algum modo, esse absolutamente absoluto sempre acaba com uma ligação particular a alguma linguagem natural histórica, uma nação em particular, uma religião em particular. Discordar de alguém que fala em nome de Deus sempre significa discordar de Deus. Esteja preparado para bater rapidamente em retirada. O Não Mediado nunca é entregue sem uma forte mediação.[27]

O evangelho de Koivisto, ou "ortodoxia salvadora" (*OLOF*, p. 197), exclui muitos do reino ou, pelo menos, exclui outras

---

[27]Idem, "How to Avoid Speaking of God: The Violence of Natural Theology" [Como evitar falar de Deus: a violência da teologia natural], em *Prospects for Natural Theology*, ed. Eugene Thomas Long (Washington, DC: Catholic University of America Press, 1992), p. 129-30.

A QUEDA DA INTERPRETAÇÃO

interpretações de "ortodoxia salvífica", que é o perigo ao qual, ironicamente, ele alude: "Existe o perigo sempre presente [...] de confundir a autoridade das Escrituras com determinada linha de interpretação" (*OLOF*, p. 201). Não foi exatamente isso que Koivisto fez? Ele não confundiu sua interpretação evangélica, situada, em particular com o evangelho, com o significado de Deus? A forma como ele entrega as Escrituras "puras" (*OLOF*, p. 193) não é, de fato, uma peça notável de metalurgia e a produção de um evangelho altamente impuro? Sua "voz simples de Deus" não tem um sotaque fundamentalista tipicamente americano? E isso não indicaria que até mesmo o que ele descreve como macrotradição também é produto de interpretação?

TRADIÇÃO SUPERADA: LINTS

Enquanto Koivisto lamenta a desunião da igreja cristã, Richard Lints apresenta uma longa queixa acerca do estado da teologia evangélica, em especial sua contaminação pela cultura norte-americana e pela religião popular.[28] Isso traz à tona a relação entre teologia e cultura, e, como tal, fornece um espaço útil para se descobrir a interpretação da interpretação de Lints. Ao contrário de muitos teólogos evangélicos clássicos, Lints argumenta que o impacto da

---

[28]Como tal, o livro de Lints, *The Fabric of Theology*, faz parte de uma avalanche recente de trabalhos sobre o tema, incluindo Mark Noll, *The Scandal of the Evangelical Mind* [O escândalo da mente evangélica] (Grand Rapids: Eerdmans, 1994); David Wells, *No Place for Truth, or Whatever Happened to Evangelical Theology?* [Sem lugar para a verdade: o que aconteceu com a teologia evangélica?] (Grand Rapids: Eerdmans, 1993); e idem, *God in the Wasteland: The Reality of Truth in a World of Fading Dreams* [Deus no deserto: a realidade da verdade em um mundo de sonhos que se desvanecem] (Grand Rapids: Eerdmans, 1995). Lints, Noll e Wells fazem parte do que eu descreveria como um "elitismo teológico". Para minha resposta a esse projeto geral realizado por Lints, Noll e Wells, veja minha "Scandalizing Theology: A Pentecostal Response to Noll's Scandal" [Teologia escandalizante: uma resposta pentecostal ao escândalo de Noll", *Pneuma: Journal of the Society for Pentecostal Studies* 19 (1997): 225-38. Outro contramovimento apreciado pode ser encontrado em Richard J. Mouw, *Consulting the Faithful: What Christian Intellectuals Can Learn from Popular Religion* [Consultando os fiéis: o que os intelectuais cristãos podem aprender com a religião popular] (Grand Rapids: Eerdmans, 1994).

Paraíso recuperado

cultura na teologização deve ser reconhecido. Segue a forma como ele resume o problema:

> Nosso evangelho não é uma simples destilação do evangelho puro. Também não podemos reivindicar uma América cristã tanto quanto um cristianismo americanizado. À medida que a teologia evangélica vai se aproximando do século 21, é preciso levar essas tendências a sério. Já não é mais possível argumentar que apenas nossos oponentes são tendenciosos em sua teologização. A teologia evangélica deve não apenas envolver uma cultura que seja ampla-mente resistente a reivindicações da verdade absoluta, como tam-bém reconhecer a influência que essa cultura tem exercido sobre ela. Os evangélicos devem reconhecer a realidade das influências e dos vieses culturais em sua própria comunidade. (*FT*, p. 25-26)

Tal avaliação pareceria aproximar mais Lints de Hans-Georg Gadamer do que de Koivisto ou de outros elementos da tradição evangélica; ou seja, como se ele apreciasse a situacionalidade de toda interpretação e as condições da hermenêutica descritas por Gadamer como "consciência historicamente efetiva". Mas, por fim, ele pede aos evangélicos que reconheçam a influência da cultura apenas para que eles possam *superá-la*. Ele critica a teologia evangé-lica por pensar ser culturalmente neutra quando, na verdade, esta-va americanizada, mas só faz isso para nos entregar uma teologia "bíblica", não americana, a-histórica — o que, no final, é de fato a teologia de Deus, "sua interpretação" (*FT*, p. 79).

Assim, "uma teologia *bíblica genuína* afirmará, de forma vee-mente, que os seres humanos (cristãos e não cristãos) são ine-vitavelmente influenciados por sua própria cultura, tradição e experiência. Até — e a menos — que enfrente mais seriamente esse fato, a comunidade evangélica não *superará* os vieses irrefletidos que caracterizam a apropriação evangélica da Bíblia" (*FT*, p. 27 — ênfase em itálico adicionada). O que ele descreve como o "prin-cípio do viés" é, por fim, superado pelo "princípio do realismo",

A QUEDA DA INTERPRETAÇÃO

segundo o qual as influências da cultura, da tradição e da experiência — que distorcem e interferem — são eliminadas de nossas interpretações para que possamos ouvir a "fala de Deus [...] sua própria voz" (*FT*, p. 58-59). Embora nós mesmos não possamos "sair de nossa própria pele e nos livrar de preconceitos" pelo esforço mental, "Deus nos invade" (*FT*, p. 281). De qualquer maneira, Lints vê nossa pele, nossa humanidade, nosso "ser aqui" como uma limitação distorcida que nos impede de realmente ouvir Deus.

O objetivo deste capítulo é demonstrar a ligação criada pelo pensamento evangélico entre a interpretação e a Queda, e a proposta de Lints oferece ampla oportunidade para isso. Como discípulo leal do teólogo bíblico Geerhardus Vos, Lints gosta de contar uma história sobre a "história da redenção": "No início", relata ele, "Adão e Eva desfrutavam perfeita clareza na forma como compreendiam os propósitos e a presença de Deus. As criaturas e o Criador se entendiam. Mas a Queda destruiu essa clareza, e Adão e Eva imediatamente tentaram cobrir sua nudez, buscando uma forma de se proteger de Deus, de se esconder dele" (*FT*, p. 71). (Parece que já ouvi algo assim, em italiano talvez?)

No entanto, reconhece-se que a Queda, para Lints (como para Dante), resultou em uma perda da "perfeita clareza" e na interrupção do entendimento. Nesse mundo pós-lapsariano, após a Queda, somos atormentados pela mediação e por equívocos que resultam em distorção. Mais especificamente, após a Queda, a humanidade passa a ser atormentada por "expectativas" e pressupostos que atuam como "filtros" e condicionam a forma como ouvimos e lemos, especialmente a voz e a Palavra de Deus. O que Deus fala é "muitas vezes incompreendido e mal interpretado, porque aqueles que o ouvem têm expectativas a respeito [...] De certo modo, não é certo que todos nós fazemos isso?", pergunta Lints. "Sim. Isso deve acontecer o tempo todo? Não. *Todos participamos da queda da criação*. Se quisermos estar aptos a ouvir a conversa com Deus, precisamos estar aptos a perceber como nossas próprias expectativas colorem nossa compreensão dessa conversa" (*FT*, p. 60 — ênfase em itálico adicionada).

Paraíso recuperado

Minha dificuldade não está na discussão de Lints sobre a Queda, mas no que ele associa à Queda: ou seja, os pressupostos e os horizontes de expectativa. O fato de minha escuta da voz de Deus e de minha leitura de sua palavra estarem condicionadas por horizontes históricos de expectativa, para Lints, é um indicativo da queda da criação. Como ele observa mais tarde, "só ouvimos a conversa divina depois de ela haver passado por vários filtros — nossa cultura, nossa tradição religiosa, nossa história pessoal e assim por diante. Se levarmos a sério esses filtros, poderemos reduzir a distorção com que ouvimos a conversa" (*FT*, p. 61).

Mas a cultura, a tradicionalidade e a história pessoal não são aspectos constitutivos de simplesmente ser humano, de ser uma criatura? A finitude da criaturidade não está inextricavelmente ligada à condicionalidade e à situacionalidade? Na condição de ser humano, não estou limitado a esse espaço no qual me encontro, com esses horizontes, que se movem comigo, mas continuam a ser os *meus* horizontes? Os "filtros" ou "pressupostos" que herdo de uma vasta série de tradições (religiosas, sociolinguísticas, familiares) não são um aspecto inevitável da experiência humana como algo criado por Deus? E, se sim, Lints não está de fato desvalorizando a criação ao associar tais condições de finitude à Queda e ao pecado? Se ser humano implica, necessariamente, ter expectativas e pressupostos, e significa ser criatura de Deus, então por que tais expectativas e filtros devem ser descritos como "distorções" que "colorem" nosso entendimento? Isso não implicaria transformar o ser humano em um pecado?

Lints retoma uma discussão mais extensa sobre os filtros de tradição, cultura e razão em "The Trajectory of Theology" [A trajetória da teologia], quarto capítulo de *The Fabric of Theology* [A estrutura da teologia]. A teologia evangélica, exorta ele, precisa levar em conta a forma como esses filtros influenciam a interpretação e a aceitação de uma autoridade. "O objetivo da teologia", então, "é trazer a revelação bíblica para uma posição de julgamento sobre toda a vida, *incluindo os filtros*, de modo a trazer o poder purificador

A QUEDA DA INTERPRETAÇÃO

da redenção de Deus para toda a vida" (*FT*, p. 82 — ênfase em itálico adicionada). Temos necessidade de redenção — da história, da tradição e da cultura —, diz Lints; devemos ser purificados desses filtros. E a redenção de Deus efetua essa restauração da imediação no aqui e agora.[29]

Nosso problema, afirma Lints, é que "conferimos uma influência desproporcional aos nossos filtros, no esforço de entender a revelação bíblica. Forçamos a mensagem da redenção a fazer parte de um pacote cultural que distorce suas reais intenções" (*FT*, p. 82). Lints chama a atenção para o exemplo de Nicodemos, que entendeu o discurso de Jesus sobre o novo nascimento como se fosse um segundo nascimento físico (João 3):

> Nicodemos e os fariseus tinham uma tradição, eram condicionados por uma cultura e aplicavam certos princípios de racionalidade às suas conversas com Jesus. Fazemos o mesmo hoje. Faz parte da tarefa do teólogo levar o povo de Deus a uma consciência de seus filtros históricos, culturais e racionais para que não seja governado por eles. (*FT*, p. 83)

A culpa pelo mal-entendido pecaminoso de Nicodemos deve ser atribuída ao fato de ele ter uma tradição e fazer parte de uma cultura — em suma, eu diria, porque ele era um ser humano. Ao que parece, Lints, como teólogo e evangélico, não faz parte de uma tradição ou de uma cultura, ou ele pode, de algum modo, sair dessas influências que distorcem para ouvir a "voz nítida e simples de Deus". Mas ele faz isso? Assim como acontece com o Deus de Koivisto, o Deus de Lints não fala uma língua muito tradicional? Como Koivisto, Lints parece ignorar a ubiquidade da interpretação: a inevitabilidade das condições do conhecimento que são

---

[29]Por essa razão, descrevi isso como um *modelo de imediação presente*: a imediação é restaurada no presente e, portanto, os terríveis efeitos da Queda e a interpolação de um espaço interpretativo são eliminados.

Paraíso recuperado

descritas como "distorções" ou "cores" apenas diante do horizonte mítico da "perfeita clareza". Lints tem um sonho — um sonho de imediação e de leitura e audição puras. Mas seu sonho pode rapidamente transformar-se em um pesadelo para quem se encontra fora dos parâmetros de *seu* "povo de Deus", pessoas às margens, como pentecostais ou mesmo católicos.[30]

A despeito de toda a sua visão sobre filtros, pressupostos e expectativas, Lints, no fim, acredita que todas essas são necessariamente distorções que devem ser "diminuídas" para que possamos simplesmente ouvir a voz de Deus. Ele trabalha com um modelo volitivo peculiar[31] em relação à tradição, à história e à cultura; ou seja, ele acredita que a humanidade *opta* por ser influenciada pela tradição e pela história e, portanto, pode também optar por *não* ser, pode optar por ler sem essas lentes. Portanto, "a validade de qualquer convicção teológica em particular deve, por fim e em última análise, ser julgada por sua fidelidade às Escrituras, e não por sua fidelidade a qualquer tradição" (*FT*, p. 86).[32] Mas Lints não percebe que nunca temos simplesmente "as Escrituras" puras e não interpretadas; todo apelo ao "que a Bíblia diz" é um apelo a uma *interpretação* da Bíblia. Toda vez que uma pessoa promete entregar "apenas as Escrituras", é porque, desde sempre, entregou uma interpretação que é realizada dentro de uma tradição

---

[30]Veja, por exemplo, a curiosa nota em *FT*, p. 87, em que Lints descreve o cardeal John Henry Newman como alguém que "experimentou uma conversão evangélica no início da vida, *porém*, mais tarde, passou para uma visão anglo-católica da tradição da igreja, converteu-se ao catolicismo romano e foi nomeado cardeal" (ênfase em itálico adicionada) — como se o passo que ele deu em direção à igreja católica fosse uma negação de sua "conversão evangélica".

[31]Por exemplo, ao discutir o "princípio do viés" e o "princípio do realismo", Lints fala no "emprego" do viés (*FT*, p. 23). O que significa "empregar" vieses? Não somos apanhados por eles, envolvidos por eles? Não se trata de uma questão de reconhecimento — reconhecer nossos vieses e a impossibilidade do realismo não mediado? Esse tipo de linguagem indicará que, para ele, o viés é *acidental*.

[32]Em *FT*, p. 291, ele insiste que "a autoridade das Escrituras está totalmente ligada a uma compreensão adequada dessas Escrituras, as quais devem servir como a corte de apelação final em questões interpretativas". As Escrituras são "as lentes interpretativas finais" (*FT*, p. 292).

A QUEDA DA INTERPRETAÇÃO

interpretativa.[33] A fidelidade às Escrituras é sempre a fidelidade a uma interpretação das Escrituras e, portanto, funciona apenas dentro de uma tradição interpretativa, uma maneira de ler da qual não se pode estar fora (embora se possa participar de uma tradição interpretativa diferente).

Além disso, os próprios escritos do Novo Testamento são interpretações de uma pessoa e de um evento.[34] Por conseguinte, nunca temos "as próprias Escrituras" (*FT*, p. 291) em um sentido puro e simples; antes, todo apelo às Escrituras é, desde sempre, um apelo a uma interpretação das Escrituras. Assim, embora o princípio reformador da *sola Scriptura* tenha uma ênfase benéfica na natureza intertextual e canônica das Escrituras, devemos admitir que o princípio "a Escritura interpreta a Escritura" não nos permite apelar às Escrituras não interpretadas para esclarecer questões de interpretação em outras passagens.[35] Sempre serão interpretações de interpretações.

---

[33]Como observou James Olthuis, "nossa submissão às Escrituras como a Palavra de Deus nunca ocorre à parte da encarnação concreta em uma visão de autoridade bíblica por meio da — e na — qual articulamos nossa submissão" (James H. Olthuis, "Proposal for a Hermeneutics of Ultimacy" [Proposta de uma hermenêutica do definitivo", em *A Hermeneutics of Ultimacy: Peril or Promise?* [A hermenêutica do definitivo: perigo ou promessa?], de James H. Olthuis e outros [Lanham, MD: University Press of America, 1987], p. 11). Não apenas nos submetemos a uma interpretação das Escrituras; também somos condicionados por uma interpretação da autoridade das Escrituras. [Apreciar essa visão, no entanto, não precisa implicar uma descrição deflacionária da autoridade. Voltarei a esse tema no capítulo 7, mais adiante.]

[34]F. F. Bruce demonstrou de maneira convincente que, de fato, a tradição precede as Escrituras e que o próprio Novo Testamento é uma tradição interpretativa. Sob essa luz, a ingênua oposição de Lints entre as Escrituras e a tradição se torna problemática. Veja Bruce, "Scripture and Tradition in the New Testament" [Escritura e tradição no Novo Testamento], em *Holy Book and Holy Tradition* [Livro sagrado e tradição sagrada], eds. F. F. Bruce e E. G. Rupp (Manchester: Manchester University Press, 1968), p. 68-93.

[35]As melhores formulações do princípio da *sola Scriptura* são sensíveis a isso. Veja, por exemplo, a recente proposta de Donald Bloesch, *Holy Scripture: Revelation, Inspiration & Interpretation* [Escritura sagrada: revelação, inspiração e interpretação] (Downers Grove, IL: InterVarsity, 1994), p. 192-96, em que ele retoma o princípio reformador em um sentido mais variado. Eu também observaria o desenvolvimento desses temas em Trevor Hart, *Faith Thinking: The Dynamics of Christian Theology* [Pensando na fé: a dinâmica da teologia cristã] (Downers Grove, IL: InterVarsity, 1995), p. 107-34, em que ele situa isso

Paraíso recuperado

A descrição de Lints acerca das "lentes culturais" opera de maneira similar; ou seja, Lints pode perguntar até que ponto a cultura "deveria" influenciar a teologia. Porém, essa linguagem denuncia, mais uma vez, sua noção da relação acidental entre teologia e cultura, e que é possível separar ambas para, então, "proceder à sua contextualização" mais tarde.[36] Ele diz que Deus pode "atravessar nossas viseiras culturais e, com isso, permitir que vejamos a nós mesmos de maneira mais clara pelo esplendor de sua glória" (*FT*, p. 106). Isso acontece quando a revelação bíblica desafia e transforma nossa "experiência ligada à cultura", revelando seu "significado" (*FT*, p. 115). Como a cultura se opõe à verdade (*FT*, p. 114, 116), a influência dela deve ser superada; afinal, "é a verdade que buscamos" (*FT*, p. 95). (Infelizmente e com muita frequência, é a verdade de alguém que nos persegue, pronto para nos atacar a qualquer instante.)

Ao interpretarmos a Bíblia, argumenta Lints, precisamos ter consciência dessas predisposições culturais; caso contrário, nossa teologia será distorcida por esses parâmetros. A única maneira pela qual podemos de fato ler a Bíblia é quando somos libertados (por Deus) da cultura e estamos purificados da influência distorcida do ser humano. Assim, Lints observa: "Meu argumento é que os horizontes não devem fundir-se [com todo o respeito a Gadamer], mas, sim, que o horizonte da situação histórica seja transformado pelo horizonte do texto" (*FT*, p. 115n33). Mas isso significa ignorar o fato de que o texto é, por si mesmo, produto de outra situação histórica.[37]

---

no contexto do que agora é descrito como "crítica canônica". Mas deve-se admitir que o relato de Lints, bem como muitos outros relatos evangélicos (incluindo Koivisto [*OLOF*, p. 155]), de fato, apelam às "próprias Escrituras" e à sua "clareza", o que minimiza, se não exclui, a necessidade de interpretação.

[36]Veja também Richard Lints, "Two Theologies or One? Warfield and Vos on the Nature of Theology" [Duas teologias ou uma só? Warfield e Vos sobre a natureza da teologia], *Westminster Theological Journal* 54 (1992): 235-53.

[37]Por isso Gadamer sugere que não existem de fato "dois" horizontes, porque o horizonte não está fechado; em outras palavras, diferentes épocas ou culturas não são distintas. Veja Hans-Georg Gadamer, *Truth and Method* [Verdade e método], trad. Joel Weinsheimer and Donald G. Marshall, ed. rev. (New York: Continuum, 1989), p. 304 (daqui em diante, citado no texto como *TM*).

A QUEDA DA INTERPRETAÇÃO

É importante reiterar um ponto em relação à estrutura de Lints e à sua interpretação da interpretação: ao longo de seu livro, ele insiste que as lentes interpretativas definitivas devem ser "as próprias Escrituras". Ele afirma que a Bíblia é a autoridade final para nossas interpretações, e que se opõe às nossas iniciativas hermenêuticas. Ao discutir o movimento do texto para a teologia, ele descreve os critérios para a interpretação:

> O protestantismo conseguiu preservar o senso de que as Escrituras são a autoridade final para a vida do cristão; [o protestantismo] apenas não conseguiu afirmar os parâmetros hermenêuticos que estão devidamente implícitos no princípio da *sola Scriptura*. Se as Escrituras são a autoridade final, então, em um sentido importante, deve-se permitir que elas interpretem as Escrituras — o que implica outro princípio fundamental dos reformadores: a *analogia fidei* (a analogia da fé). A fé definida em qualquer passagem bíblica deve ser interpretada pela fé definida em toda a Escritura. A autoridade das Escrituras está totalmente ligada a uma compreensão adequada dessas Escrituras, e estas devem servir como a corte de apelação final em questões interpretativas. (*FT*, p. 291)

Em primeiro lugar, devemos aceitar o horizonte canônico da interpretação e, nesse sentido, aceitar o princípio da *sola Scriptura* em termos da *analogia fidei*. Parece que as recentes críticas canônicas e o trabalho de figuras como Hans Frei (e até mesmo Walter Brueggemann) têm buscado retomar esse princípio de que as Escrituras sejam consideradas "em seus próprios termos". Como sugerido anteriormente, isso enfatiza a intertextualidade das Escrituras e funciona como um contrapeso ao neoescolasticismo do fundamentalismo protestante, bem como à imposição de critérios modernos de interpretação da forma como são praticados nas visões histórico-críticas do Iluminismo. Além disso, esse princípio define adequadamente o lugar da interpretação dentro da comunidade

Paraíso recuperado

dos que creem, a igreja.[38] Mais uma vez, é preciso notar aqui a contribuição das discussões pós-liberais, que têm renovado nosso apreço pela interpretação bíblica como uma tarefa eclesiástica.[39]

Mas, para Lints e alguns outros evangélicos, o princípio "as Escrituras interpretam as Escrituras" também significa que "nossa matriz interpretativa deve ser a matriz interpretativa das Escrituras" (*FT*, p. 269), que nos serve como mediação da "interpretação divina e apostólica" (*FT*, p. 279); nas páginas das Escrituras, encontramos "interpretações divinas" (*FT*, p. 264). Como tal, a matriz interpretativa das Escrituras acaba por ser a matriz interpretativa de Deus (que, ao que parece, é a mesma que a interpretação dos apóstolos, a qual, por sua vez, é a mesma que a interpretação de Martinho Lutero) que caiu do céu nas mãos de Lints.[40] Assim, de forma um pouco dissimulada, o apelo à interpretação das Escrituras pelas Escrituras acaba por ser um apelo à "interpretação divina e apostólica" (*FT*, p. 279) — que, ao que parece, não seria uma interpretação de modo algum. De fato, o que seria uma interpretação "divina"? Deus precisa interpretar? Deus está condicionado de tal maneira que a interpretação é uma necessidade?

Portanto, o apelo às "próprias Escrituras" é, como em Koivisto, um apelo a alguma espécie de imediação ou clareza. Essa é uma construção evangélica comum, reiterada, por exemplo, na "Declaração de Chicago sobre a Hermenêutica Bíblica" (1982), na qual um grupo de estudiosos evangélicos publicou a seguinte profissão:

---

[38]Para uma discussão instrutiva sobre esse ponto, veja Bloesch, *Holy Scripture*, cap. 6, "Scripture and the Church" [As Escrituras e a igreja] (p. 141-70). [Agora, esse ponto é desenvolvido no capítulo 7, mais adiante.]

[39]Veja uma série de contribuições no volume profícuo *The Nature of Confession: Evangelicals and Postliberals in Dialogue* [A natureza da confissão: evangélicos e pós-liberais em diálogo], eds. Timothy R. Phillips e Dennis L. Okholm (Downers Grove, IL: InterVarsity, 1996).

[40]De maneira prática, isso é visto no tratamento privilegiado que Lints dispensa à interpretação paulina da justificação pela fé (reinterpretada por Lutero) como uma revelação da "essência" do cristianismo. Infelizmente, ninguém disse isso ao apóstolo João. Veja Lints, "A Chasm of Difference: Understanding the Protestant and Roman Views of Salvation" [Uma diferença abismal: entendendo as visões protestante e romana da salvação], *Tabletalk* 18 (dezembro de 1994): 9-10, 53.

A QUEDA DA INTERPRETAÇÃO

> *Artigo XIX*: Afirmamos que quaisquer entendimentos prévios que o intérprete traz às Escrituras devem estar em harmonia com o ensinamento das Escrituras e sujeitos a uma correção por meio delas. Negamos que as Escrituras devam adequar-se a entendimentos prévios estranhos, incompatíveis com elas, como o naturalismo, o evolucionismo, o cientificismo, o humanismo secular e o relativismo.[41]

Mas, em primeiro lugar, isso não é simplesmente aceitar tal proposta como verdadeira para afirmar que o critério para se interpretar a Bíblia é a própria Bíblia? Como podemos submeter nossos entendimentos prévios ao julgamento do "ensinamento das Escrituras" se nunca tivemos o "ensinamento das Escrituras" à parte desses entendimentos prévios? Não há, no apelo de Lints às "próprias Escrituras", uma noção implícita de leitura pura, de simplesmente ler a Bíblia sem interpretação? Assim que apelamos à *sola Scriptura* nesse (segundo) sentido, não temos apenas e sempre interpretações e leituras — o que a *minha* Bíblia diz *claramente*? O problema com essa compreensão de que as "Escrituras interpretam as Escrituras" é que as Escrituras que *interpretam* devem ser *interpretadas*; não há Escrituras "puras" (ou seja, sem interpretação).

Além disso, privilegiar a matriz interpretativa das Escrituras e dos apóstolos é simplesmente propor como princípio uma interpretação tendo outra como contexto, uma cultura tendo outra como contexto.[42] O apelo de Lints às Escrituras como as lentes definitivas de interpretação não reconhece esse duplo efeito da ubiquidade da interpretação, ou seja, que "temos" apenas as Escrituras como algo interpretado e que, além disso, as próprias Escrituras são

---

[41]"A Declaração de Chicago sobre a hermenêutica bíblica (1982)", reproduzida em J. I. Packer, *God Has Spoken* [Deus falou] (Grand Rapids: Baker, 1988), p. 161. Meus agradecimentos a Phillip Smith por me indicar esse documento.

[42]No entanto, isso não significa que os escritos apostólicos não tenham autoridade ou primazia dentro da comunidade dos que creem. Eles são fidedignos e primordiais porque são o testemunho original da comunidade dos que creem, ao que Francis Schüssler Fiorenza se refere como a "constituição fundamental" da igreja. E são recebidos pela igreja, guiados pelo Espírito, *como* autorrevelação de Deus.

Paraíso recuperado

interpretações. Teologia, então, é a tradução de uma tradução — as Escrituras, que, em si, são traduções.

DES TOURS DE BABEL: SOBRE INTERPRETAÇÃO/TRADUÇÃO

A propensão à leitura pura, *sans courrier* e sem interpretação, está totalmente associada à crença em uma interpretação verdadeira: uma interpretação que não é uma interpretação, mas uma oferta da verdade que vem das mãos de um verdadeiro *facteur de la vérité* (provedor/carteiro da verdade), que, no final, é Deus. Isso está enraizado no que Mark C. Taylor descreve como "monológico": uma compreensão da verdade em que "o verdadeiro nunca é plural, múltiplo e complexo, mas sempre unificado, único e simples". Esse "monologismo da verdade é prescrito para aliviar a angústia induzida pela incerteza que surge do jogo polimórfico das aparências".[43]

Diante desse horizonte de imediação e unidade, a pluralidade é um pecado, mais uma maldição do pecado original no Éden; o pluralismo é algo endêmico para um mundo caído pós-lapsariano. Em contrapartida, a "perfeita clareza" do Éden era acompanhada por uma unidade e uma uniformidade incontestáveis. É essa crença fundamental na — e a busca da — unidade que está no cerne da crítica de Lints à teologia pós-moderna.[44] A teologia, por causa dessa pluralidade, está "obstinadamente fragmentada", pois "abandonamos, pouco a pouco, o objetivo de tentar estabelecer uma leitura 'objetiva' da Bíblia e, como resultado, relegamos a teologia ao lamaçal de mil estruturas diferentes" (*FT*, p. 194).[45] Embora

---

[43]Taylor, Mark C., *Erring: A Postmodern A/Theology* [Cometendo um erro: uma/a teologia pós-moderna] (Chicago: University of Chicago Press, 1984), p. 175.

[44]Ao longo de sua discussão sobre a teologia pós-moderna (cap. 6), Lints emprega um modo de exposição que condena uma posição pela simples afirmação dela. Ele parece apropriar-se muito de seu leitor, ou, pelo menos, pressupõe saber quem são seus leitores e as predisposições deles em relação a teologias pós-modernas.

[45]Lints está sobretudo desapontado com as teologias feministas e de libertação (*FT*, p. 194-96).

A QUEDA DA INTERPRETAÇÃO

Lints exija um "pluralismo baseado em princípios", essa pluralidade está ligada a vieses individuais que devem ser superados para se apropriar da "teologia unificadora das Escrituras [...] Não podemos encontrar o caminho da verdade se não estivermos dispostos a reconhecer nossos próprios vieses" (*FT*, p. 98).

Se a interpretação foi o resultado de uma transgressão edênica, essa pluralidade é a herança da revolta babelista e a tentativa de ascender a Deus pelo esforço humano. De acordo com o pensamento evangélico tradicional, a multiplicação de línguas foi um castigo que deu início à necessidade de tradução, a qual está intimamente vinculada à necessidade de interpretação.[46] Assim como a interpretação está ligada à Queda e a um estado de coisas não normativo, as origens da pluralidade são colocadas no horizonte de uma rebelião pecaminosa — daí o desdém de Lints e dos evangélicos em geral pelas estruturas pluralistas.

Uma segunda leitura da história de Babel, no entanto, mostra a *unidade* como o pecado original, e o estímulo necessário à violência que *Yahweh* evita precisamente com a multiplicação das línguas, uma restauração da pluralidade. Nessa leitura, foi uma *ausência* de diferença que ocasionou a intervenção de *Yahweh* no que estava destinado a ser uma história violenta de opressão em nome da unidade.[47] Esse é precisamente o ponto enfatizado no ensaio esclarecedor de Derrida sobre tradução (que é, sem dúvida e necessariamente, um ensaio sobre interpretação), indicando tanto a ubiquidade da interpretação como a violência da unidade.[48] Por exemplo, no que diz respeito à palavra *Babel*, já existe uma confusão: trata-se de um nome adequado? Poderia

---

[46]Para um breve comentário evangélico comum sobre a história, veja John J. Davis, *From Paradise to Prison: Studies in Genesis* [Do paraíso à prisão: estudos em Gênesis] (Grand Rapids: Baker, 1975), p. 144-51.

[47]"E disse o SENHOR: 'Eles são um só povo e falam uma só língua, e começaram a construir isso. Em breve nada poderá impedir o que planejam fazer. Venham, desçamos e confundamos a língua que falam, para que não entendam mais uns aos outros' (Gênesis 11:6-7).

[48]Para uma leitura similar, veja Miroslav Volf, *Exclusion and Embrace* [Exclusão e aceitação] (Nashville: Abingdon, 1996), p. 226-31.

Paraíso recuperado

ser traduzido como *confusão*? Ou significa a Cidade de Deus, a Cidade do Pai, como sugeriu Voltaire? Aqui, agora e sempre, há uma confusão sobre a confusão, uma decisão hermenêutica que deve preceder toda tradução.[49] Mais ainda, quando o texto diz que as pessoas usavam tijolo em vez de pedra, ou seja, usavam tijolo *como* pedra e piche *como* argamassa, já está presente o obstáculo de um espaço hermenêutico, um campo de construção. "Isso já se assemelha a uma tradução", observa Derrida, "uma tradução da tradução" (*TB*, p. 247).

Derrida defende esse ponto discutindo o ensaio de Roman Jakobson "On Linguistic Aspects of Translation" [Aspectos linguísticos da tradução],[50] que, de maneira sutil, oferece uma estrutura semelhante à de Lints. No ensaio, Jakobson estabelece a distinção entre três tipos de tradução:

- *tradução intralinguística*, que interpreta os sinais linguísticos por meio de outros sinais da mesma língua;
- *tradução interlinguística*, que interpreta os sinais por meio de outra língua;
- *tradução intersemiótica*, que interpreta os sinais linguísticos por meio de sinais não linguísticos.

Jakobson continua a traduzir o primeiro e o terceiro tipos de tradução: a tradução intralinguística é descrita como "reformulação", e a intersemiótica, como "transmutação". Mas a segunda, a tradução interlinguística, não recebe essa "interpretação que a define"; é, de modo simples e claro, "a tradução propriamente dita". Como revela Derrida:

---

[49]Derrida, Jacques, "Des Tours de Babel" [Torres de Babel], em *A Derrida Reader: Between the Blinds* [Uma leitura de Derrida: entre as cortinas], trad. Joseph F. Graham, org. Peggy Kamuf (Nova York: Columbia University Press, 1991), p. 245 (daqui em diante, citado no texto como *TB*).
[50]Em Brower, R. A. (ed.), *On Translation* [Sobre tradução] (Cambridge, MA: Harvard University Press, 1959), p. 232-39.

A QUEDA DA INTERPRETAÇÃO

> No caso da tradução "propriamente dita", a tradução no sentido comum, interlinguística e pós-babelista, Jakobson não traduz; ele repete a mesma palavra: "tradução interlinguística ou tradução propriamente dita". Ele parte do pressuposto de que não é necessário traduzir; todos entendem o que isso significa porque todos já tiveram essa experiência; espera-se que todos saibam o que é uma língua, a relação de uma língua com outra e, sobretudo, a identidade ou a diferença de fato da língua. Se há uma transparência que Babel não teria prejudicado, essa certamente é a experiência da multiplicidade de línguas e o sentido "propriamente dito" da palavra *tradução*. (*TB*, p. 252)

Jakobson "pressupõe que, em última análise, é possível saber como determinar rigorosamente a unidade e a identidade de uma língua, a forma decidível de seus limites" (*TB*, p. 252). Mas é precisamente essa "determinação", essa interpretação dos limites de uma língua, que a história de Babel transforma em um problema. "Muito rapidamente: no momento em que pronunciamos 'Babel', sentimos a impossibilidade de decidir se esse nome pertence, de maneira adequada e simples, a *uma* língua" (*TB*, p. 252-53). É essa indeterminação que precede toda decisão e toda determinação, que estou descrevendo como a ubiquidade da interpretação. Jakobson e Lints supõem que exista uma leitura que foge disso, "uma transparência que Babel não teria prejudicado", e que oferece uma leitura pura *sans* (sem, fora da) interpretação. Mas, como mostrou Derrida, e como tentei demonstrar neste capítulo, esse vestígio de imediação é impossível e perigoso.

É esse perigo da imediação e da unidade que ocasiona a intervenção de *Yahweh* em nome dos outros que não falam a "única língua" ou a língua daquele que é. Em nome da unidade, observa Derrida, muitas vezes estamos diante dos universais mais horripilantes que pretendem excluir ou executar os que estão às margens, os particulares que nunca se encaixam bem nesses grandes esquemas.

Paraíso recuperado

> Ao procurarem "ficar famosos", ao criarem ao mesmo tempo uma língua universal e uma genealogia única, os semitas querem trazer o mundo à razão, e essa razão pode significar simultaneamente uma violência colonial (uma vez que, assim, universalizariam seu idioma) e uma transparência pacífica da comunidade humana. Por outro lado, quando Deus impõe e contrasta seu nome, ele rompe com a transparência racional, mas também interrompe a violência colonial ou o imperialismo linguístico. (*TB*, p. 253)

Yahweh, então, acaba por ser um pluralista, alguém que está a favor da diversidade e da multiplicidade de outros. E, por essa razão, a criação é uma ideia pluralista, e uma hermenêutica criacional tenta honrar essa diversidade não como o pecado original, mas, sim, como algo originariamente bom. Além disso, como uma hermenêutica *pneumática*-criacional, meu modelo identifica a multiplicidade de línguas não só com essa transgressão babelista, mas também com a experiência do Pentecostes. Pois, no Pentecostes, o *pneuma* de *Yahweh* afirma a multiplicidade da criação e da era pós-babelista, em contraste direto com a busca pela unidade que deu início à construção da torre (Atos 2:1-12). Uma hermenêutica pneumática-criacional abre as portas para uma compreensão da verdade dissociada do monologismo, que, por si só, abre as portas para aqueles que foram excluídos do reino, por assim dizer — excluídos porque sua interpretação era diferente. A verdade, na criação, é plural.

Neste capítulo, tentei esboçar a relação implícita entre hermenêutica e a Queda da forma como é construída em duas interpretações evangélicas representativas da interpretação. Embora existam diferenças em suas teorias, Koivisto e Lints postulam um modelo de imediação, pelo menos em certos aspectos: para Koivisto, a ortodoxia central está fora da interpretação; para Lints, as próprias Escrituras podem ser lidas à parte da interpretação e, portanto, podem funcionar como um padrão para nossas interpretações. Além disso, as condições da hermenêutica — tradição, cultura, história — são construídas como distorções, barreiras e consequências da Queda.

Contudo, se (como argumentarei em breve) ser humano significa estar necessariamente localizado — situado em uma tradição, como parte de uma cultura e com uma história —, então essas condições são aspectos inevitáveis da existência humana. Mais especificamente, a hermenêutica será vista como um elemento constitutivo do "ser [humano] no mundo", com existência finita, em contraste direto com o sonho evangélico de imediação. Mas, além disso, se a tradicionalidade é um elemento fundamental e inevitável do ser humano e se é, como tal, criada por Deus, então construir tais condições como barreiras e distorções implica desvalorizar uma maneira criacional de ser que, se criada por Deus, deveria ser compreendida como algo originariamente bom.[51] A hermenêutica, portanto, não é uma maldição pós-lapsariana que entra em cena após o Éden; é, em vez disso, parte da bondade original da criação encontrada também no Éden.

---

[51]Não estou negando os efeitos causados à interpretação por um mundo destruído, de que em uma criação caída há distorção, decepção e um terrível mal-entendido. O que quero dizer aqui, no entanto, é que, se a hermenêutica é constitutiva da condição de criatura (ou seja, é um aspecto da criação de Deus) e se acreditamos na bondade originária da criação como algo vindo de Deus (como tenho certeza de que Lints e Koivisto acreditam), então o estado de coisas que ocasiona a interpretação e a má interpretação também deve ser "bom".

capítulo dois

ATRAVÉS DE UM REFLEXO OBSCURO

> *O felix culpa, quae talem ac tantum meruit habere redemptorem!* [Ó feliz culpa, que tem merecido a graça de um tão grande Redentor!]
>
> *Exsultet*, antiga liturgia latina

A busca por uma imediação original que inspire muitas teorias hermenêuticas evangélicas tem sido exposta por outros como uma busca por um Santo Graal que não pode ser encontrado, que ilude os que o buscam e que, no fim, transforma-se em pouco mais do que uma caça epistemológica inútil. Contudo, enquanto reivindicações a tais leituras puras e não interpretadas são típicas em contextos evangélicos, a *esperança* da imediação permanece viva em vários contextos tipicamente não evangélicos e sofisticados na hermenêutica filosófica. O advento do historicismo, sobretudo quando se revelou em Wilhelm Dilthey e foi transformado em "historicidade" em Martin Heidegger,[1] teve impacto sobre todas

---

[1] Para conhecer a importância do pensamento de Wilhelm Dilthey para o projeto de Heidegger, veja Martin Heidegger, "Wilhelm Diltheys Forschungsarbeit und der

A QUEDA DA INTERPRETAÇÃO

as discussões que se seguiram no século 20, eliminando, de modo geral, todos os vestígios do realismo, ou, pelo menos, forçando os pensadores posteriores a concentrarem muito mais atenção na influência que a história, a tradição e o contexto exercem sobre o conhecimento. A situacionalidade e a localidade da existência humana, da forma enfatizada por Heidegger, também revelaram o perspectivismo do "ser no mundo". Em suma, o historicismo e a consciência histórica enfatizaram que a vida é hermenêutica, que sobrevivemos pela construção e a interpretação, e que esses são aspectos inevitáveis do ser humano.

Assim, os pensadores discutidos neste capítulo — Wolfhart Pannenberg, Hans-Georg Gadamer e Jürgen Habermas — não reivindicam no momento a imediação ou a leitura pura, como vimos em Rex Koivisto ou Richard Lints (veja cap. 1). Todos enfatizam a provisionalidade e os limites do conhecimento humano com base na finitude da existência, na finitude do ser humano. No entanto, como tentarei demonstrar, ainda resta no pensamento deles uma predileção latente pelo não mediado, por uma leitura à parte da interpretação. Mas, uma vez que reconhecem e respeitam a condição de "ser no mundo", projetam essa imediação para o futuro, para um futuro *eschaton* que restaurará o paraíso hermenêutico do Éden. Ou seja, eles encontram uma maneira de respeitar a natureza condicionada do conhecimento humano e, *ao mesmo tempo*, continuam a postular um "conhecimento" que supera essa situacionalidade.

Sem dúvida, essa é uma ideia muito paulina, ou, pelo menos, é uma ideia que a tradição reivindicou como tal: "Agora, pois,

---

gegenwärtige Kampf um eine historische Weltanschauung: 10 Vorträge" [O trabalho de pesquisa de Wilhelm Dilthey e a luta atual por uma visão de mundo histórica: 10 palestras], *Dilthey-Jahrbuch* 8 (1992—93): 143-77. Veja também o comentário de Theodore Kisiel em "A Philosophical Postscript: On the Genesis of 'Sein und Zeit'" [Um pós-escrito filosófico: sobre a gênese de 'Ser e tempo'", *Dilthey Yearbook* 8 (1992—93): 226-32, e suas observações incisivas sobre "The Dilthey Draft" [O esboço de Dilthey] em *The Genesis of Heidegger's Being and Time* [A gênese de *Ser e tempo* de Heidegger] (Berkeley: University of California Press, 1993), p. 315-61.

Através de um reflexo obscuro

vemos apenas um reflexo obscuro, como em espelho [*en ainigmati*]; mas, então, veremos face a face" (1Coríntios 13:12a). Um dia, é-nos dito, veremos face a face, sem mediação, em uma fusão de horizontes, e já não precisaremos mais interpretar: a maldição (da hermenêutica) será removida nesse paraíso hermenêutico, do qual a interpretação é banida. Eles leem o "agora" de Paulo como o advérbio que define o *status* ontológico da finitude: agora, ser uma criatura e viver no mundo consistem em ver um reflexo obscuro; mas, então, no futuro, não veremos mais um reflexo obscuro — veremos face a face —, o que é entendido como uma espécie de compreensão imediata.[2]

Assim, nos trabalhos de Pannenberg, Gadamer e Habermas, descobriremos o que descrevi como um *modelo de imediação escatológica*. John Caputo aponta para a mesma estrutura quando (seguindo Joseph Margolis) descreve a hermenêutica filosófica de Gadamer como um "essencialismo particular": "'Particular' — porque, a princípio, há muita veemência no discurso em Gadamer sobre história e mudança, tempo e transformação —, mas ainda 'essencialista' — porque, quando a verdade é dita, tudo isso é apenas fachada para uma teologia de essências duradouras".[3] No final, no *eschaton* e na consumação da história, essa acaba por ser uma versão do fundacionalismo e uma reivindicação velada de imediação,

> porém, de uma forma mais discreta e menos desagradável, porque fez o melhor possível para acomodar as demandas da história e da finitude e manter distância de um transcendentalismo absoluto.

---

[2]Eu gostaria de fazer rapidamente um comentário diferente sobre essa passagem. Pelo que sei, agora vemos um reflexo obscuro não por causa de nossa finitude, mas por causa da Queda. Ver "face a face" não é uma promessa de que a hermenêutica será eliminada, pois mesmo a relação face a face acontece no espaço da interpretação.

[3]Caputo, John D., "Gadamer's Closet Essentialism: A Derridean Critique" [O essencialismo particular de Gadamer: uma crítica derrideana], em *Dialogue and Deconstruction: The Gadamer-Derrida Encounter* [Diálogo e desconstrução: o encontro Gadamer-Derrida], ed. Diane P. Michelfelder and Richard Palmer (Albany: SUNY Press, 1989), p. 259.

A QUEDA DA INTERPRETAÇÃO

> Essa é uma teoria da verdade profunda, o que significa que a tradi-
> ção — *a* tradição? Uma tradição? Qualquer tradição? E, se houver
> muitas tradições, ou muitas tradições dentro *da* tradição? — tem
> o que é bom, tanto a *ousia* [substância] como o *agathon* [Bem].[4]

A diferença entre Koivisto e Pannenberg ou entre Lints e Gadamer é simplesmente um desacordo sobre *quando* essa imediação mítica é restaurada, e não representa uma diferença fundamental em sua natureza. Muitos evangélicos aderem à parte de uma escatologia realizada, por meio da qual podemos agora sair de nossa situação/situacionalidade humana e superar as condições da história e da finitude. Pannenberg, Gadamer e Habermas oferecem uma leitura mais sutil, em que as condições de finitude são precisamente as condições para a possibilidade de superar a finitude. A estrutura é sempre a de "ambos/e", na qual as coisas estão acontecendo ao mesmo tempo. Embora, por um lado, essa seja uma concessão importante, por outro, ainda é algo muito perigoso; além disso, ainda resulta em uma desvalorização básica do ser humano e em uma construção da finitude da existência humana como uma espécie de queda, uma barreira que deve ser superada.

A QUEDA DA CRIAÇÃO: PANNENBERG

O fato de Wolfhart Pannenberg se haver tornado um dos gigantes da teologia do final do século 20 é inegável. No entanto, estou preocupado com a ideia de futuro de Pannenberg, com sua redenção escatológica, com sua posição na/sobre a eternidade. Minha preocupação é que esse gigante esteja destinado a se tornar sobremodo gigantesco: imenso, desmedido, a ponto de se tornar infinito. No futuro de Pannenberg, a humanidade está destinada a se tornar uma raça de gigantes maior que a vida (humana), já não humana, além da finitude, talvez até mesmo infinita, "na transcendência de sua

---

[4]Ibid., p. 258.

Através de um reflexo obscuro

finitude".[5] É claro que eu o interpretei mal. De modo incansável, Pannenberg insiste que, na consumação dos tempos, a participação das criaturas em Deus não é, de modo algum, uma "violação da distinção entre Deus e a criatura" (*ST*, 2:33). A "finitude das criaturas, sua distinção de Deus e umas das outras, continuará na consumação escatológica" (*ST*, 2:95). Contudo, insistirei neste capítulo que, se isso, de fato, for finitude, é uma finitude muito estranha: uma finitude que transcende a finitude e escapa à experiência temporal do tempo. Trata-se de uma finitude infinita — a finitude de gigantes — e está destinada a terminar em gigantomaquia.[6]

Para Pannenberg, a finitude em si é uma espécie de queda, uma falha, mas é uma falha feliz, pois foi o único meio de redenção. Esse retrato da existência humana resulta em uma desvalorização da criação, na medida em que a humanidade é, desde sempre, decaída e finita, e necessita de redenção; ou seja, a *criação* (não a Queda) é o primeiro momento de redenção e o começo do processo pelo qual a humanidade está destinada a participar da divindade de Deus (*ST*, 2:33, 176). Além disso, o retrato de Pannenberg faz do mal uma necessidade para se atingir o objetivo da criação, que é a comunhão com Deus. "Esse objetivo é alcançado apenas no estágio humano e, ainda assim, não se dá de modo direto, mas apenas como resultado de uma história na qual a apostasia

---

[5]Pannenberg, Wolfhart, *Systematic Theology* [Teologia sistemática], vols. 1 e 2., trad. Geoffrey W. Bromiley (Grand Rapids: Eerdmans, 1991 e 1994), 2:174 (daqui em diante, citado no texto como *ST*).

[6][Para obter uma resposta à minha leitura de Pannenberg, veja Benjamin Myers, "The Difference Totality Makes: Reconsidering Pannenberg's Eschatological Ontology" [A diferença que a totalidade faz: reconsiderando a ontologia escatológica de Pannenberg], *Neue Zeitschrift fur systematische Theologie und Religionsphilosophie* 49 (2007): 141-55. Embora Myers apresente ressalvas legítimas, não sei ao certo se ele examinou adequadamente várias das passagens específicas que cito a seguir. Essas passagens ainda devem ser explicadas na resposta de Myers. Para obter uma leitura mais recente que se identifique com minha interpretação, veja John McClean, "A Search for the Body: Is There Space for Christ's Body in Pannenberg's Eschatology?" (Uma busca pelo corpo: há espaço para o corpo de Cristo na escatologia de Pannenberg?), *International Journal of Systematic Theology* 13 (2011): 1-18.]

A QUEDA DA INTERPRETAÇÃO

humana de Deus e todas as suas consequências devem ser superadas" (*ST*, 2:73). Uma vez que a finitude humana é concebida como uma "falta", a discussão de Pannenberg sobre o futuro da humanidade na consumação escatológica também desvaloriza a vida humana ao postular que o objetivo da existência humana é superar a existência humana, transcender a finitude e ser "elevada acima do mundo natural e também das relações sociais nas quais existimos" (*ST*, 2:176). Uma vez que a criação em si mesma precisa de redenção — e, portanto, os seres humanos (simplesmente como seres criados) têm necessidade de redenção —, então essa redenção só pode ser realizada pela transcendência da finitude da existência humana. A redenção não é uma restauração, mas uma conclusão.

Devemos prosseguir com cuidado, contudo, em nossos apontamentos dessas acusações contra Pannenberg; não devemos ter pressa de chamar a polícia, pois ele, inevitavelmente, tem um álibi, uma história incontestável que faz dele um elemento difícil de ser detido. James Olthuis e Brian Walsh se referiram a essa estrutura como o *monismo contraditório* de Pannenberg.[7] O monismo contraditório é uma *coincidentia oppositorum*, uma unidade de opostos, um sistema que devora a diferença em nome da diferença. Existem dois movimentos simultâneos: um em direção à diferenciação, e outro, à unidade. Assim, "o finito e o infinito, o temporal e o eterno, a existência e a essência são, simultânea e mutuamente, exclusivos e complementares. Ao mesmo tempo, a direção da eternidade e da

---

[7] A categoria de ambos surge da tradição da historiografia filosófica que se identifica com o filósofo holandês D. H. Th. Vollenhoven (antes da Vrije Universiteit, em Amsterdã). A descrição e o desenvolvimento mais programáticos são encontrados em James H. Olthuis, *Models of Humankind in Theology and Psychology* [Modelos de humanidade na teologia e na psicologia], ed. rev. (Toronto: Institute for Christian Studies, 1990), p. 46-49. Veja também Brian J. Walsh, *Futurity and Creation: Explorations in the Eschatological Theology of Wolfhart Pannenberg* [Futuridade e criação: explorações na teologia escatológica de Wolfhart Pannenberg] (Toronto: AACS, 1979); idem, "Pannenberg's Eschatological Ontology" [Ontologia escatológica de Pannenberg], *Christian Scholar's Review* 11 (1982): 229-49, e "God as True Infinite: Concerns about Wolfhart Pannenberg's Systematic Theology, Vol. 1" [Deus como verdadeiro infinito: preocupações com a *Teologia sistemática, vol. 1*, de Wolfhart Pannenberg], de Olthuis, *Calvin Theological Journal* 27 (1992): 318-25.

Através de um reflexo obscuro

unidade valida e invalida a direção oposta da temporalidade e da diferenciação".[8] Assim, Pannenberg respeita e, ao mesmo tempo, desvaloriza a finitude; a finitude é um mal necessário — necessário porque é o único caminho para o verdadeiro infinito, mas é um mal porque, por fim, deve ser superado. Ao longo dos trabalhos de Pannenberg, encontramos um sistema do tipo "ambos-e" que coloca sua teoria acima de qualquer crítica.

No entanto, *no fim*, parece haver uma resolução definitiva, uma última reconciliação, um *Aufhebung* (sublimação ou superação) conclusivo que consome o "fim da história". Penso que é bastante útil comparar a acusação de "monismo contraditório", feita por Olthuis e Walsh, com a acusação de "essencialismo particular", feita por Caputo. Ambas, eu diria, estão indicando a mesma estrutura. De maneira muito semelhante à avaliação de Gadamer por Caputo, Olthuis observa que Pannenberg

> parece ter um conceito fundacionalista da verdadeira razão universal que ignora — ou, pelo menos, não leva em conta — as atuais críticas filosóficas ao fundacionalismo. É verdade que esse conceito não consiste em um fundacionalismo simples. Pannenberg insiste não apenas em que a questão da verdade permaneça aberta e nosso entendimento da verdade sempre seja provisional *até o fim*, mas também que a teologia deve começar e terminar com a majestade de Deus.[9]

No início, fala-se muito sobre provisionalidade, história e mudança, mas, *no fim*, há uma revelação final determinante da essência de Deus.[10] "No final da história", continua Olthuis, "será revelada uma harmonia oculta nas contradições e por meio delas".[11] No fim —

---

[8]Olthuis, "God as True Infinite", p. 321.
[9]Ibid., p. 320, ênfase em itálico adicionada.
[10]Compare Caputo, "Gadamer's Closet Essentialism", p. 259.
[11]Olthuis, "God as True Infinite", p. 321.

A QUEDA DA INTERPRETAÇÃO

quando o tempo já não mais existir —, é a unidade que supera o mal da diversidade e da multiplicidade encontrado na criação.

Embora esse "fim" não seja diretamente histórico ou cronológico, mas, sim, *kairológico*, sua estrutura ainda postula um *momento* em que a finitude é transcendida, a interpretação é superada e as condições da história são vencidas. Assim, embora eu descreva esse modelo como um modelo de imediação escatológica, deve-se enfatizar que o *eschaton* não é apenas cronologicamente futuro; de certo modo, o futuro irrompe no presente no momento de *Aufhebung* (suprassunção), e é nesse momento, que Pannenberg descreve como "futuro", que as condições da hermenêutica são supostamente superadas.[12] Embora não possa postular um "período de tempo" em que isso acontece, ele assume, no entanto, um momento (não temporal) em que se dá a *Aufhebung*.

Ao analisar algumas críticas feitas a Pannenberg e participar delas, o indivíduo precisa prosseguir com calma. Algumas de minhas críticas parecerão, evidentemente, interpretações errôneas e negações de afirmações explícitas que ele faz. No entanto, por causa do monismo contraditório de Pannenberg, ou essencialismo particular, é imperativo que consideremos o futuro para revelar suas construções da interpretação. (Só se pode chamar a política no final.) Tentarei demonstrar esses pontos ao analisar, em primeiro lugar, o modo como Pannenberg compreendia a criação e a humanidade, o que levará a uma discussão sobre o mal em seu sistema. Isso preparará o cenário para que eu possa mostrar as implicações desses pontos para sua epistemologia e hermenêutica. Concluirei com uma crítica e uma proposta alternativa.

Problemas no paraíso

Em Pannenberg, como seria de esperar, a própria criação aponta para o futuro, pois os seres finitos existem no nexo da sequência temporal

---

[12]Agradeço a Jim Olthuis por várias discussões que me ajudaram a ver esse futuro kairológico em Pannenberg.

Através de um reflexo obscuro

que "se refere" a um cumprimento futuro, "um futuro que transcende sua finitude" (*ST*, 2:7). "A criação e a escatologia são indissociáveis", argumenta, "porque é apenas na consumação escatológica que o destino da criatura, sobretudo a criatura humana, se cumprirá" (*ST*, 2:139). De acordo com Pannenberg, o destino da criação — estar em comunhão com Deus — não estava contido no Éden, mas permaneceu como uma futura comunhão a ser estabelecida no *eschaton*. Assim, o segundo Adão não *restaura* um relacionamento rompido; antes, ele *completa* o relacionamento que era deficiente "no início", por assim dizer (*ST*, 2:138).[13] Existe uma contradição entre o estado da criação (a partir do próprio *ato* da criação) e o propósito que o Criador estabeleceu para ela, por isso ela gemerá e sentirá dor até que essa contradição seja posta de lado no *eschaton* (*ST*, 2:137).

Então, falta à criação algo que apenas o futuro pode remediar. Mas isso significa que a criação *como algo criado* precisa de redenção. Há uma queda na criação que necessita de algo mais ou de um cumprimento. Não causa surpresa que vejamos Pannenberg muitas vezes citar, em tom de aprovação, o Plotino neoplatonista no que diz respeito à relação entre eternidade e tempo,[14] e antecedentes (um tanto gnósticos) semelhantes podem estar em ação na tradição de Pannenberg, sobretudo em Martinho Lutero.[15] Mas é

---

[13]A "prova textual" favorita de Pannenberg (da qual ele nunca realiza a exegese) nesse sentido é 1Coríntios 15:45-58. Olthuis e Walsh acusam Pannenberg de ignorar a narrativa da história ao usar as Escrituras dessa forma isolacionista. Veja Brian J. Walsh, "Introduction to 'Pannenberg's *Systematic Theology, Vol. 1:* A Symposium'" [Introdução à '*Teologia sistemática*, vol. 1, de Pannenberg: um simpósio'], *Calvin Theological Journal* 27 (1992): 306.

[14]*ST*, 1:222-27, 408-10; 2:92-94; Pannenberg, Wolfhart, *Metaphysics and the Idea of God* [Metafísica e a ideia de Deus], trad. Philip Clayton. Grand Rapids: Eerdmans, 1990, p. 76-79 (daqui em diante, citado no texto como *MIG*).

[15]John van Buren, discutindo o tema da queda no jovem Heidegger (que também é bastante plotiniano, como Pannenberg), observa que noções semelhantes da "privação" do ser-humano podem ser encontradas em *Lectures on Romans* [Exposições sobre Romanos] e *Commentary on Genesis* [Comentários sobre Gênesis], de Lutero. Veja van Buren, "Martin Heidegger, Martin Luther" [Martin Heidegger, Martinho Lutero], em *Reading Heidegger from the Start: Essays in His Earliest Thought* [Lendo Heidegger do início: ensaios em suas primeiras reflexões], eds. Theodore Kisiel e John van Buren (Albany: SUNY Press, 1994), p. 169-70. Esses temas serão examinados em mais detalhes no capítulo 3.

A QUEDA DA INTERPRETAÇÃO

possível falar de uma criação "boa" que seja deficiente? Embora Pannenberg gostasse de responder que sim, o rumo de sua teologia demonstra que as duas ideias não podem ser mantidas: ou a criação é completa (o que não significa "perfeita") e, portanto, boa, ou envolve uma falta que deve ser suprida, o que impugna o *status* original da criação.[16]

O sistema de Pannenberg segue na segunda direção. Isso é visto, por exemplo, em sua discussão sobre finitude humana e tempo. Os seres humanos, como seres criados, são criaturas finitas; e, por serem finitas, experimentam o tempo como uma sequência

---

[16][Eu admitiria agora que há espaço para um pouco mais de nuança nesse ponto. Há, pelo menos, duas maneiras de ver "o futuro" como algo essencial para o desenvolvimento criacional; em outras palavras, há duas maneiras de afirmar uma conexão essencial entre a criação e o *eschaton*. Em um modelo, a criação *como* criação é constituída de certa *falta*, um tipo de ruptura original, de modo que, desde o início, a criação tem necessidade de redenção. Em um segundo modelo, no entanto, mesmo uma criação originalmente boa pede e requer "ser esvaziada" e desenvolvida, ter o desdobramento de potencialidades latentes em uma criação originalmente boa, mas ainda não desenvolvida de todo. Nesse segundo modelo, a criação não é caracterizada por uma falta original, muito menos por alguma ruptura original, mas, sim, por um potencial gestacional que espera para nascer. Nesse cenário, a história e o futuro também são bens em relação à criação, e a consumação escatológica da criação será mais do que uma simples restauração da origem. Então (ao contrário de como eu poderia tê-lo apresentado na primeira edição), não é uma questão de saber se o *eschaton* pode ou não ser visto como uma consumação ou uma conclusão da criação — como se tudo o que se fala sobre "conclusão" indicasse uma noção da queda original; pelo contrário, é uma questão de saber se essa "conclusão" é entendida como, fundamental e necessariamente, a *redenção* de uma criação originalmente caída por causa da falta, ou se seria possível também ver essa "conclusão" como o desenvolvimento de todo esvaziado de uma criação originalmente boa. Ainda acredito que o relato de Pannenberg vê a "conclusão" escatológica como essencial, pois ele postula uma falta, uma privação e uma queda original. Mas eu também concordaria com Herman Bavinck (diante de determinada linha de Kuyper), no sentido de que o *eschaton* é mais do que a simples restauração de uma boa criação original. Em outras palavras, Bavinck poderia afirmar que a história e a consumação escatológica eram essenciais para a criação e que o *eschaton* seria *mais* do que a bondade original da criação, *mesmo que a Queda não tivesse acontecido*. Para obter uma discussão muito útil desse último ponto, com o qual estou em dívida, veja Jon Stanley, "Restoration and Renewal: The Nature of Grace in the Theology of Herman Bavinck" (Restauração e renovação: a natureza da graça na teologia de Herman Bavinck), *Kuyper Center Review*, vol. 2, *Revelation and Common Grace* (Centro de Revisões Kuyper, vol. 2, Revelação e graça comum), ed. John Bowlin (Grand Rapids: Eerdmans, 2011), p. 81-104.]

Através de um reflexo obscuro

de eventos (*MIG*, p. 87-88). Mas, "com a conclusão do plano de Deus para a história em seu reino, o próprio tempo chegará ao fim", e "Deus superará a separação do passado em relação ao presente e ao futuro", que é uma característica do tempo cósmico em distinção da eternidade (*ST*, 2:95). Justapondo essas duas ideias, Pannenberg é forçado a perguntar: O tempo sempre está relacionado também à finitude das criaturas? Ou seja, de que forma os seres humanos — como criaturas finitas que são seres temporais e experimentam o tempo como uma sequência de passado, presente e futuro — existirão na eternidade (que é o fim do tempo) e, ainda assim, permanecerão como criaturas e finitas? "Na consumação escatológica", responde ele,

> não esperamos um desaparecimento das distinções que ocorrem no tempo cósmico, mas a separação cessará quando a criação participar da eternidade de Deus. *Portanto, a distinção dos momentos da vida na sequência do tempo não pode ser a das condições da finitude.* Pois a finitude das criaturas, sua distinção de Deus e umas das outras continuarão na consumação escatológica. Todavia, a distinção dos momentos da vida no tempo tem algo a ver com a finitude da existência típica de uma criatura, mesmo que apenas como uma característica transicional no caminho da consumação. (*ST*, 2:95, ênfase em itálico adicionada)

Pannenberg deseja manter seu bolo finito e comê-lo infinitamente ao mesmo tempo (no bom estilo hegeliano).[17] Assim, na consumação, os seres humanos permanecem finitos (como insiste Pannenberg),[18] mas experimentam o tempo como Deus o

---

[17]Essa natureza voraz do "SA", o *savoir absolu* [saber absoluto], de Hegel, é buscada do início ao fim em Jacques Derrida, *Glas* [Dobre fúnebre], trad. John P. Leavey e Richard Rand (Lincoln: University of Nebraska Press, 1988).

[18]Pannenberg é muito insistente nesse sentido. Acho que ele está sempre fazendo essa ressalva precisamente porque percebe a que ponto sua posição levará. Mas estou argumentando que suas negações não podem deter essa trajetória.

A QUEDA DA INTERPRETAÇÃO

experimenta, sem distinção.[19] Mas devemos considerar a natureza da finitude neste momento. A finitude é uma limitação temporal e espacial, ou talvez seja uma limitação temporal enraizada em uma limitação espacial. Eu experimento o tempo como uma sequência porque sou uma pessoa situada: estou aqui, agora. Se, como afirma Pannenberg, a experiência sequencial do tempo termina com a consumação escatológica, nossa espacialidade também é "superada"? Se isso não acontece (e como poderíamos permanecer criaturas se acontecesse?), como as criaturas espacialmente limitadas (ou seja, finitas) podem experimentar o tempo como algo que não seja uma sucessão, como uma "separação do antes e do depois pela sequência de momentos, para que o presente sempre mergulhe no passado" (*ST*, 2:95)? Mesmo que esse seja um fim kairológico, ainda representa um momento no qual os seres humanos transcendem a experiência humana do tempo.

Permita-me apresentar um pequeno experimento mental, não sobre a "aniquilação do mundo",[20] mas sobre a "consumação do mundo", uma imagem da vida no novo céu e na nova terra. Segundo o raciocínio de Pannenberg, os seres humanos permanecem como seres finitos no *eschaton*, mas não experimentam o tempo como uma sucessão de momentos, distinguindo passado, presente e futuro. Em que consiste, então, sua finitude? Se continuarmos com Pannenberg, a finitude "do futuro" consistirá em uma distinção do Criador e uns dos outros (*ST*, 2:95). Podemos pelo menos dizer, então, que os seres humanos ainda são seres espacialmente limitados no novo mundo de Pannenberg; no final, não

---

[19]"A eternidade de Deus não precisa ser lembrada nem esperada, pois ela é, em si mesma, simultânea a todos os eventos no sentido estrito" (*ST*, 2:91). É importante que a discussão a seguir observe que Pannenberg associa essa experiência de tempo à onipresença. Existe uma conexão importante entre espaço e tempo, entre onipresença e eternidade.

[20]Como em Edmund Husserl, *Ideas Pertaining to a Pure Phenomenology and to a Phenomenological Philosophy* [Ideias para uma fenomenologia pura e para uma filosofia fenomenológica], livro 1 de *General Introduction to a Pure Phenomenology* [Introdução geral a uma fenomenologia pura], trad. F. Kersten (The Hague: Martinus Nijhoff, 1983), p. 109-12.

Através de um reflexo obscuro

nos tornamos onipresentes. Mas agora, em face disso, Pannenberg pode manter a atemporalidade da humanidade remida?

Consideremos Hendrikus, um ser humano que ocupa esse novo céu e essa nova terra. Como criatura remida, ele alcançou o destino que Pannenberg prometeu e "transcendeu sua finitude", mas, é claro, ele ainda não é Deus. Hendrikus falou com Eta, uma de suas irmãs remidas. Mas, quando ele falou com ela? Ontem? Um instante atrás? Essas perguntas não denunciam a realidade de que seres espacialmente limitados devem experimentar o tempo como uma sucessão de momentos? Consideremos a conversa propriamente dita: a articulação de cada palavra segue uma e antecede a outra? Isso não constitui o ato de falar? Contudo, mais uma vez, as palavras que *seguem* e *precedem* não indicam uma experiência de tempo como algo sucessivo, distinguindo passado, presente e futuro? De fato, não é isso que Pannenberg descreve como "nossa experiência humana do tempo", mas uma experiência do tempo que ele afirma ser *superada* pela eternidade (*ST*, 2:92)?[21] Nessa conjuntura, obtemos um vislumbre da anti-humanidade, ou supra-humanidade, do futuro de Pannenberg. Concordo com Pannenberg, no sentido de que os seres humanos experimentam o tempo como algo sucessivo. Mas, precisamente por esse motivo, deve-se sustentar que nossa experiência futura do tempo permanece como tal; caso contrário, deixamos de ser humanos e, assim, deixamos de ser os portadores privilegiados da imagem de Deus.

A teoria de Pannenberg em relação ao futuro da humanidade é o correlato necessário de seu entendimento acerca da origem da humanidade. Em consequência da independência da criatura do Criador na criação, há uma "tendência à desintegração". O tempo, como a "condição para as criaturas alcançarem a independência" (*ST*, 2:92), é ao mesmo tempo aquele que desintegra a unidade de

---

[21]Mesmo que ele não postule de fato uma consumação *histórica* futura, mas, sim, um tipo de *eschaton kairológico* (aqui e agora), sua teoria ainda enfatiza a superação da finitude e a transcendência do ser-humano.

A QUEDA DA INTERPRETAÇÃO

vida da criatura. As apropriações plotinianas que Pannenberg faz são claramente evidentes aqui, como ele confessa:

> De acordo com Plotino, mesmo quando a alma perde a unidade de sua vida e se torna vítima da sucessão do tempo, ainda tem relação com a eternidade e, portanto, com a totalidade de sua vida, mas no modo do interminável esforço por obtê-la, para que a totalidade perdida só possa ser recuperada como uma totalidade futura (*Enéadas* 3.7.11). A eternidade como a totalidade completa da vida é, portanto, observada do ponto de vista do tempo apenas em termos de uma plenitude que é buscada no futuro. Essa foi uma percepção importante para Plotino. (*ST*, 1:408)

Pannenberg lamenta que a teologia cristã "deixe escapar a oportunidade" de adotar a análise de Plotino e continue a mencionar que Heidegger foi o primeiro a "recapturar essa visão", embora ele tenha feito isso do ponto de vista antropológico, e não teológico.[22] O objetivo de Pannenberg é recuperar essa oportunidade perdida, daí sua compreensão da criação da humanidade como algo deficiente e que desintegra a unidade da vida. A humanidade "é vítima" da temporalidade. Portanto, a "unidade da vida que vemos apenas parcialmente na sequência de momentos no tempo, e que pode encontrar o cumprimento como um todo na eterna simultaneidade, pode ser alcançada no processo do tempo somente com o futuro, o que a conduz à totalidade" (*ST*, 2:102). A ênfase no futuro como conclusão e viabilização de uma totalidade é o resultado de uma ênfase na criação como parte de uma queda, de um lapso na temporalidade e na finitude.

---

[22]Observe a comparação mencionada na nota 15 acima entre Pannenberg e Plotino quanto à relação entre eternidade e tempo. Curiosamente, Heidegger ofereceu algumas reflexões (plotinianas) sobre o tempo à Sociedade Teológica de Marburg, em julho de 1924. Na ocasião, Heidegger propôs que, uma vez que o tempo "encontra seu sentido na eternidade", os teólogos, e não os filósofos, é que, de fato, são os especialistas no tempo. Veja Martin Heidegger, *The Concept of Time* [O conceito de tempo], trad. William McNeill, ed. alemão-inglês (Oxford: Blackwell, 1992), p. 1.

A criação como pecado original. Se a criatura deve alcançar independência do tempo para obter participação futura em Deus, e se essa independência só pode ser obtida no tempo, e se o tempo é também a condição da *des*unidade da vida, então a criação, de acordo com o esquema de Pannenberg, torna-se um mal necessário para o destino da humanidade. Embora "Deus não quisesse a iniquidade nem o mal", esses são, no entanto, "fenômenos que acompanham" a criação e, nesse sentido, "são condições para o cumprimento do propósito de Deus para a criatura" (*ST*, 2:167).

O problema, a meu ver, ao longo da discussão de Pannenberg sobre a criação, é que ele não estabelece uma distinção entre o mundo *como é agora* e o mundo *como era antes da Queda*. Por exemplo, em um caso de exegese questionável, ele afirma que, "de acordo com o registro de Gênesis, a forma histórica e a experiência da humanidade não mostram, de modo inequívoco, a bondade que o Criador atribui a ela. No início da história do dilúvio, lemos: 'Viu Deus a terra, e eis que estava corrompida; porque todo ser vivente havia corrompido o seu caminho na terra'" (Gênesis 6:12, ARA; *ST*, 2:163). Mas certamente isso ignora que, entre o pronunciamento da bondade da criação (Gênesis 1:31) e o julgamento da corrupção na narrativa do dilúvio, houve um evento bastante importante: a Queda da humanidade (Gênesis 3).[23] Mas essa corrupção de uma boa criação remete, em Pannenberg, a um aspecto constitutivo da própria criação. Embora admita que a narrativa bíblica aponta na direção de uma criação original perfeita,[24] ele entende que o tema escatológico de 1Coríntios 15:45-58, que

---

[23]Olthuis observa corretamente que o sistema de Pannenberg determina sua exegese, o que resulta em "um método de escolha que parece distorcer a narrativa bíblica em pontos fundamentais" (Olthius, "God as True Infinite", p. 323).

[24]Pannenberg não faz distinção entre "perfeição" e "bondade". Isso o leva a rejeitar a "perfeição original", como se isso fosse equivalente a rejeitar a bondade original, em que a bondade pode ser entendida como "suficiência" ou "plenitude", não ter falta de nada. Essa falta de distinção entre perfeição e bondade também resulta em uma séria leitura equivocada da tradição reformada sobre a imagem de Deus na humanidade. Veja sua discussão em *ST*, 2:211-15.

A QUEDA DA INTERPRETAÇÃO

indica a conclusão futura de uma humanidade incompleta, é o motivo para se rejeitar a noção de um estado "perfeito" original (*ST*, 2:163).[25] Assim, quando Deus declarou que sua criação era "muito boa", tratava-se realmente apenas de "uma antecipação de sua consumação escatológica depois de ser reconciliada e remida pelo Filho" (*ST*, 2:168).

Esse "remeter" do mal à própria criação vem à tona quando Pannenberg discute a seguinte pergunta: Por que Deus permite a maldade e o mal?

> Para responder a essa pergunta, a tradição teológica aponta para a constituição ontológica da realidade criada. Em comparação com o Criador, a criatura é mutável [inconstante, capaz de mudar]. Avaliada pelo ser individual eterno de Deus, a mutabilidade da criatura é uma expressão de sua fraqueza ontológica, de uma falta de poder ôntico. (*ST*, 2:169)

Para Pannenberg, o mal está enraizado na "deficiência ontológica" dos seres humanos (*ST*, 2:169). "Há certa verdade", continua ele, "em remontarmos o mal, incluindo o mal moral do pecado, às condições de existência ligadas à nossa condição de criatura" (*ST*, 2:170). Mas isso não significaria que os seres humanos como criaturas finitas, que não são deuses, são culpados simplesmente por serem finitos? Por que a finitude humana deve ser descrita como uma imperfeição original, a menos que, de fato, se espere que sejamos deuses? Pannenberg, baseando-se expressivamente em Leibniz, observa que a criatura é imperfeita na medida em que "não pode conhecer todas as coisas, pode estar enganada sobre muitas coisas e, portanto, pode ser *culpada* de outras falhas" (*ST*, 2:170, ênfase em itálico adicionada). Culpado? Sou culpado por não saber

---

[25]Pannenberg considera-se a favor da ideia de Ireneu acerca de começos humanos imperfeitos em vez da ênfase agostiniana na bondade de nosso estado original. Veja *ST*, 2:168n43.

Através de um reflexo obscuro

tudo e por cometer erros? Sou culpado por minha condição de ser humano e por não ser Deus?

Há nuances dessa discussão em Pannenberg, quando ele observa que "o limite da finitude ainda não é o próprio mal". No entanto, ele mantém uma forte relação entre a criaturidade e o mal que, em essência, anula essa negação; ou seja, a possibilidade do mal ainda deve ser vista "na própria natureza da criaturidade". Mas, em vez de citar a limitação como raiz, Pannenberg aponta para a "independência" das criaturas (*ST*, 2:171).[26] Devemos lembrar que antes ele insistia na necessidade dessa independência para se alcançar o destino da humanidade (*ST*, 2:96). O mal permanece, então, para Pannenberg, como um elemento estrutural do ato de Deus criar os seres humanos; ou, como disse Hegel, a Sexta-feira Santa *deve* preceder o Domingo de Páscoa. Olthuis levantou uma série de perguntas importantes sobre esse ponto:

> Isso não torna o mal uma dimensão necessária de nossa natureza como criaturas finitas? O eu "dividido" deve ser visto como um óbvio estrutural necessário da criação? Essas visões não assumem uma "deficiência" fundamental na natureza humana desde o início, que é, em princípio, o que torna impossível para nós afirmar sinceramente a bondade de ser criatura? [...] Se o mal é tão necessário para a vida quanto o oxigênio, faz algum sentido falar em liberdade e responsabilidade humanas em relação ao mal? Se o mal é um constituinte normal da existência humana, e não uma condição perversa, não estamos legitimando os próprios males que somos chamados a combater?[27]

---

[26]Proponho mais perguntas: se é isso que acontece — se o pecado e o mal se devem à finitude e à independência da criaturidade —, então a possibilidade do pecado e do mal pode ser removida sem que o indivíduo se torne Deus? No *eschaton*, se ainda mantemos nossa finitude e independência — se não somos deuses —, então não somos atormentados para sempre pela possibilidade do pecado e do mal?

[27]Olthuis, James H. "Be(com)ing: Humankind as Gift and Call" [Tornando-se: a humanidade como dádiva e chamado], *Philosophia Reformata* 58 (1993): 169. O cerne de minha leitura de Pannenberg germinou das sementes plantadas e regadas pelo professor Olthuis.

A QUEDA DA INTERPRETAÇÃO

É nesse contexto de deficiência original da criação que entendemos a insistência de Pannenberg na criação como o primeiro ato de redenção, concluído apenas na reconciliação escatológica do mundo (*ST*, 2:173). Além disso, é em conexão com sua discussão sobre a queda da criação que compreendemos outra importante característica de sua teologia: "Em termos teológicos, a encarnação é simplesmente o exemplo máximo da criação". O envio do Filho[28] é o cumprimento da obra criativa de Deus (*ST*, 2:144), um "cumprimento que transcende nossa primeira fraqueza" (*ST*, 2:211). Somente em Cristo vemos pela primeira vez a conclusão da natureza humana, o que parece sugerir que essa conclusão é encontrada em sua divinização.

Portanto, a criação, por ser deficiente ou carente, é desde sempre mencionada em sua conclusão futura. Isso é visto, por exemplo, na afirmação de Pannenberg sobre a "natureza inacabada" da imagem de Deus na humanidade:

> Na história da raça humana, então, a imagem de Deus não foi alcançada totalmente no início. Ainda estava em processo. Isso se aplica não apenas à semelhança, mas também à própria imagem. Mas, uma vez que a semelhança é essencial para uma imagem, nossa criação à imagem de Deus está implicitamente relacionada à similaridade plena. Essa realização completa é nosso destino, que foi historicamente alcançado com Jesus Cristo e do qual outros podem participar por meio da transformação à imagem de Cristo. (*ST*, 2:217)

A humanidade e a criação, como coisas criadas, desde o início exigiram redenção, uma redenção *da* finitude. Como tal, somos movidos por um "impulso incansável de superar o finito", reconhecendo que "o horizonte final em que vemos o verdadeiro

---

[28]A linguagem de Pannenberg refere-se principalmente à encarnação e pouco à paixão e à crucificação. Não obstante, na medida em que Deus "assume a responsabilidade" pelo mal na cruz, esse envio do Filho como parte da criação também inclui a crucificação do Filho.

Através de um reflexo obscuro

significado dos dados da vida transcende todo o limite do finito" (*ST*, 2:228-29). Um futuro enorme nos espera no *eschaton*.

Um reflexo obscuro, como em espelho, mas...

O mesmo tema — a queda da criação — revela-se na epistemologia e na hermenêutica de Pannenberg. Mais uma vez, a compreensão de seres humanos finitos é (talvez de modo inconsciente) contestada, e somos sempre chamados a ser deuses e temos a promessa dessa esperança na consumação da história. Em outras palavras, Pannenberg está oferecendo uma versão escatológica de uma "hermenêutica do reflexo escuro, como em espelho" (cf. 1Coríntios 13:12), que postula uma imediação da compreensão (sem interpretação) no futuro, embora, ao mesmo tempo, afirme as distorções presentes e a "ruptura" (*ST*, 1:250) do conhecimento humano. Assim, Pannenberg, com frequência, falará da natureza "provisional" e "preliminar" das declarações e interpretações teológicas "enquanto durarem o tempo e a história" (*ST*, 1:16). São provisionais por causa dos limites que lhes são impostos pela historicidade da experiência humana, a qual, continua ele, "constitui o limite mais importante de nosso conhecimento humano de Deus. Somente por causa da historicidade dessa experiência, tudo o que o ser humano fala sobre Deus, inevitavelmente, está aquém do conhecimento pleno e final da verdade de Deus" (*ST*, 1:55). Conceitos e interpretações teológicos, portanto, devem ser compreendidos como *antecipatórios*: sempre se referindo a uma futura revelação definitiva. Em *Metaphysics and the Idea of God* [A metafísica e a ideia de Deus], de Pannenberg, isso está ligado, de maneira mais explícita, à *finitude* da existência humana (*MIG*, p. 91-109), mas também em sua *Systematic Theology* [Teologia sistemática] ele insiste que a parcialidade do conhecimento humano "está ligada como tal às condições de finitude" (*ST*, 1:54). Uma vez que vemos através de um espelho, de modo enigmático,

> o conhecimento da teologia cristã é sempre parcial em comparação com a revelação definitiva de Deus no futuro de seu reino

A QUEDA DA INTERPRETAÇÃO

(1Coríntios 13:12). Os cristãos não necessitariam de ensinamento a esse respeito pela reflexão moderna sobre a finitude do conhecimento que acompanha a historicidade da experiência. Eles podem encontrar instruções no relato bíblico de nossa situação diante de Deus, mesmo como crentes. Reconhecer a finitude e a impropriedade de tudo o que o ser humano fala sobre Deus é uma parte essencial da sobriedade teológica. (*ST*, 1:55)

Mas... embora sejam provisionais, preliminares e antecipatórias, nossas asserções e interpretações se referem a uma "futura revelação definitiva pela qual o mundo em fé está esperando" (*ST*, 1:60). No futuro, a "autorrevelação definitiva" de Deus chegará, superará as condições de provisionalidade e solucionará todos os enigmas, "a manifestação final do que ainda está oculto em Deus" que constituirá uma "revelação universal" (*ST*, 1:207-8). Nesse dia, veremos "face a face". Nesse dia, todos os essencialistas virão a público.

Mas... se a provisionalidade do conhecimento humano está ligada às condições de finitude e se — como insiste Pannenberg — a humanidade permanece finita na consumação da história, então é possível superar a natureza provisional ou "perspectivista" do conhecimento humano? Se a provisionalidade do conhecimento é superada no futuro, isso não requer a superação da finitude? Isso não implica a superação da criaturidade? Não é fato que até mesmo o encontro face a face é mediado por um espaço de interpretação? Ou seja, essa face não vem a mim por meio do espaço da visão? Não vejo apenas aquilo que é outro, aquilo que é separado por um espaço, um espaço que requer interpretação? Não vejo desde sempre a face "como" algo, uma visão precedida pela hermenêutica?

Ao chegar a uma conjuntura abordada anteriormente na discussão sobre finitude e tempo,[29] Pannenberg aqui é forçado a concluir

---

[29]As questões de tempo e epistemologia estão totalmente conectadas, pois o conhecimento é apenas provisional "enquanto durarem o tempo e a história" (*ST*, 1:16). Portanto, assim como Pannenberg foi forçado a concluir que a temporalidade não é constitutiva

Através de um reflexo obscuro

que os seres humanos, a despeito da finitude, de algum modo, superam a natureza hermenêutica e perspectivista de conhecer no futuro, quando o tempo não mais existir. Uma vez mais, devemos perguntar: de que forma seres espacialmente limitados podem escapar da contextualização da finitude? Como posso evitar o fato de que, como criatura finita, estou aqui, agora, e vejo as coisas sob essa perspectiva? Penso que o dilema é intensificado para Pannenberg justamente porque ele admite que esse é o caso "no tempo e na história", mas não no futuro; ou seja, ele enfatiza a finitude como condição para sua superação, mas o que envolve essa superação kairológica? Então, deixamos de ser humanos? Esse paraíso hermenêutico futuro (que é um paraíso precisamente por causa da falta de interpretação) não é uma terra povoada por gigantes maiores que a vida (humana), além da finitude e da provisionalidade? E esse futuro não é uma ideia bastante inumana?

Em um nível fundamental, o que está em pauta é a relação entre criação e redenção. No contexto dessa questão, pode-se dizer que, para Pannenberg, a graça *conclui* ou *aperfeiçoa* a natureza; a redenção, então, consiste na conclusão de uma criação deficiente. Isso ficou evidente ao longo da discussão anterior, como, por exemplo, na afirmação de Pannenberg sobre a criação como o primeiro ato de redenção, a afirmação de que a encarnação (o nexo da redenção) é o ato máximo da criação, a noção da "natureza inacabada" da *imago Dei* e a futura transcendência da finitude como destino da humanidade. A redenção, então, não é uma medida corretiva; antes, é algo de que a criação *como* criação necessita. O ato da criação necessariamente implica a crucificação; o jardim do Éden anuncia desde sempre o jardim do Getsêmani. A criação do "dia" é intrinsecamente atormentada por um período esperado de três horas de escuridão e, de modo seminal, cortado da árvore da vida é o madeiro sobre o qual o Filho será pendurado, amaldiçoado.

---

da finitude humana (*ST*, 2:95), também aqui é forçado a concluir que a provisionalidade não é constitutiva do conhecimento humano, a despeito de suas muitas afirmações de que finitude e provisionalidade estão ligadas.

A QUEDA DA INTERPRETAÇÃO

Mas Pannenberg não deixou escapar nada? A criação é condição necessária para a redenção, ou uma criação destruída e caída, uma criação corrompida e manchada, requer mais a redenção? Em vez de completar a criação, não compete à graça *restaurar* uma criação destruída ao seu *status* original?[30] Não é uma questão de *cura*, em vez de maturidade? O efeito importante dessa ênfase na *restauração*, e não na conclusão, é que ela faz justiça à bondade original da criação de Deus e também enfatiza a ubiquidade e a radicalidade do mal e do sofrimento, em contrapartida com o sistema de Pannenberg, que impugna a criação como já "caída" e necessitada de redenção, negando também o horror do mal e integrando-o à necessidade da criação.

Por fim, uma teologia da restauração, ou uma "teologia da criação", liberta-nos da culpa de sermos humanos. Uma vez que Pannenberg constrói a criação, e, por conseguinte, a humanidade, como algo deficiente em seu *status* de coisa criada, o ímpeto de sua teologia está direcionado a uma supra-humanidade e à "transcendência da finitude". Nesse sentido, a vida humana como finita é insuficiente e deve ser superada, e isso também inclui a situacionalidade do ser-humano e a ubiquidade que acompanha a hermenêutica. Mas isso não nos chama a ser deuses ou, pelo menos, gigantes? E isso não implica uma desvalorização do ser-humano e uma depreciação da vida criacional que nos foi concedida pelo Criador? Em vez disso, não devemos nos contentar com nossa finitude, com nossa humanidade, como uma dádiva de Deus? Não devemos, com Davi (e contra o gigante), dar graças por termos sido feitos de modo especial e admirável (Salmos 139:14a)? Em vez

---

[30] O ímpeto para essa ênfase na restauração é encontrado na obra do teólogo neocalvinista holandês Herman Bavinck. Para uma discussão, veja J. Veenhof, *Revelatie en Inspiratie* (Amsterdã: Buijten & Schipperheijn, 1968), p. 345-65. Veja também Albert Wolters, *Creation Regained* [A criação restaurada] (Grand Rapids: Eerdmans, 1985), p. 57-71. [Como já observei, a ênfase de Bavinck na graça como uma *restauração* da natureza não exclui uma imagem de consumação escatológica, nem mais do que a criação original. Mais uma vez, veja Stanley, "Restoration and Renewal".]

Através de um reflexo obscuro

de construir a criação e a finitude como uma falha (*culpa*), por mais feliz (*felix*) que seja, uma teologia da criação nos desafia a ver em nossa finitude uma dádiva que não deve ser desprezada, mas apreciada e até mesmo celebrada.

Fusão ideal: Gadamer e Habermas

Hans-Georg Gadamer, um dos pais do campo da hermenêutica filosófica, e Jürgen Habermas, um crítico feroz desse campo, certamente formam um par impensável, mas, no fundo, ambos parecem ter uma interpretação comum da interpretação que, *no fim* (sempre que possível), postula uma superação da hermenêutica e a restauração ou o cumprimento da imediação. Uma breve consideração de Gadamer e Habermas indicará sua afinidade comum com um modelo de imediação escatológica como o de Pannenberg.

Dar uma pincelada geral, no entanto, é algo justificável aqui, sobretudo quando levamos em consideração o impacto de Gadamer na hermenêutica filosófica como talvez o filósofo pós-heideggeriano mais influente no que diz respeito a questões de historicidade e à natureza condicionada do saber. O objetivo de Gadamer em *Truth and Method* [Verdade e método] foi precisamente revelar o "preconceito contra o próprio preconceito" do Iluminismo *como* preconceito; Gadamer demonstrou que a rejeição do Iluminismo à autoridade (religiosa), embora pretendesse ser uma rejeição da tradição em favor da razão, era de fato uma rejeição de uma autoridade por outra, de uma tradição por uma tradição diferente.

Sua própria teoria da hermenêutica, então, ensaia uma reabilitação da tradição e uma compreensão do preconceito não como uma barreira ao conhecimento, mas como sua única via. O duplo objetivo de Gadamer é bem ilustrado a seguir:

> A superação de todos os preconceitos, essa demanda global do Iluminismo, provará ser um preconceito em si, e removê-lo abre caminho para uma compreensão apropriada da finitude que domina não apenas nossa humanidade, como também nossa

A QUEDA DA INTERPRETAÇÃO

> consciência histórica. Estar situado dentro das tradições significa estar sujeito a preconceitos e limitado quanto à própria liberdade? Não seria, em vez disso, toda a existência humana, até mesmo a mais livre, limitada e qualificada de várias maneiras? Se isso for verdade, a ideia de uma razão absoluta não é uma possibilidade para a humanidade histórica. (*TM*, p. 276)

Gadamer se posiciona firmemente ao lado da finitude e da situacionalidade, expondo as condições da hermenêutica como ubíquas ao ser-humano. Isso é visto sobretudo em suas discussões sobre a tradição (*TM*, p. 277-85) e a história do efeito (*TM*, p. 300-7) como as próprias condições para a possibilidade de compreensão. Ao contrário de Lints, por exemplo, Gadamer não pensa que a tradição é algo que poderíamos evitar ou até mesmo superar; pelo contrário, é a própria condição necessária à compreensão. Longe de ser uma "distorção" (Lints), a tradição é o que nos permite compreender.

Dada essa ênfase em Gadamer, muitos considerariam um movimento estranho (ou melhor, errôneo) associá-lo a um modelo de imediação hermenêutica, embora escatológica. Afinal, não foi Gadamer quem nos mostrou a natureza condicionada e a tradicionalidade de nossa compreensão? Se houve alguém que tentou respeitar a realidade da mediação, esse alguém não foi ele? Não foi ele quem abriu nossos olhos para o fato de que nossa compreensão é, desde sempre, uma interpretação?

Sim e não. Gadamer certamente respeita a historicidade do saber, e este livro está em dívida para com ele em muitos sentidos.[31]

---

[31][Grande parte de meu modelo construtivo no capítulo 6 se identifica com Gadamer. Para interagir de maneira proveitosa e mais positiva com Gadamer, veja Jens Zimmerman, *Recovering Theological Hermeneutics: An Incarnational-Trinitarian Theory of Interpretation* (Restaurando a hermenêutica teológica: uma teoria encarnacional-trinitária da interpretação) (Grand Rapids: Baker Academic, 2004), e Merold Westphal, *Whose Community? Which Interpretation? Philosophical Hermeneutics for the Church* (De quem é a comunidade? Qual é a interpretação? Hermenêutica filosófica para a igreja) (Grand Rapids: Baker Academic, 2009).]

Através de um reflexo obscuro

No entanto, ao associar Gadamer a um modelo de imediação, estou enfatizando minhas hesitações em relação à sua compreensão da pluralidade e da diferença; ou seja, acho que, por trás da hermenêutica de Gadamer — no particular, se você preferir —, está um monologismo profundo que atribui unidade à Verdade (e à Tradição). Como tal, há um movimento, no processo de conversação e interpretação, rumo à *superação* da interpretação e da finitude, mas apenas, uma vez mais, pelas próprias condições *da* finitude. Gadamer enfatiza, com razão, que a hermenêutica e a interpretação estão fundamentadas na diferença e na alteridade: é porque sou único, porque estou em outro lugar e em outro tempo, que a interpretação se faz necessária. Mas a tarefa da hermenêutica de Gadamer, ao que me parece, consiste em eliminar essa alteridade *no fim*; para Gadamer, o "entendimento" parece ser constituído pela eliminação de diferentes identidades.[32]

Isso vem à tona em sua noção de "fusão [*Verschmelzung*] de horizontes", que surge em uma seção do *Truth and Method* [*TM*] sobre distância temporal. Novamente, por um lado, sinto-me muito próximo de Gadamer quando ele afirma que o tempo "já não é, basicamente, um abismo a ser superado, uma vez que ele separa; na verdade, é o fundamento que sustenta o curso dos eventos em que o presente está enraizado. Portanto, a distância temporal não é algo que deva ser superado" (*TM*, p. 297). Gadamer acrescenta que, em vez de ser um enorme abismo, a distância temporal é "preenchida com a continuidade do costume e da tradição".

É sua persistente ênfase (exagerada) na continuidade que me preocupa. À medida que ele vai desenvolvendo seu raciocínio, há

---

[32]Proponho isso, reconhecendo que Gadamer enfatiza que "nós entendemos de uma maneira diferente, *se é que entendemos de fato*" (*TM*, p. 297). Meu objetivo é tentar mostrar que, por trás de tais afirmações, está uma profunda homogeneidade que une todas as diferenças. Essas "diferentes compreensões", admite Gadamer, são maneiras diferentes de ler a Tradição, "o único grande horizonte" (*TM*, p. 304). Não sei ao certo quanto espaço ele dá à noção de que a própria verdade é constituída pela diferença, à visão nietzschiana de que a verdade é plural (veja Friedrich Nietzsche, *Além do bem e do mal*, em *Basic Writings* [Textos básicos], trad. e ed. Walter Kaufmann [Nova York: Random House, 1968], p. 192).

continuidade porque, no fim, a distância temporal não é composta de horizontes separados ou fechados. *No fim*, não há diferença: "Assim como o indivíduo nunca é simplesmente um indivíduo, porque está sempre se entendendo com os outros, também o horizonte fechado que deveria incluir uma cultura é uma abstração" (*TM*, p. 304). No fim, veremos que o que parecem ser horizontes distintos, "juntos, formam o grande horizonte que se move a partir de dentro e que, além das fronteiras do presente, acolhe as profundezas históricas de nossa autoconsciência" (*TM*, p. 304). Portanto, para Gadamer, efetivar o entendimento requer o deslocamento de nós mesmos — o que envolve "desconsiderar a nós mesmos" e "ascender a uma universalidade superior que *rebaixa* não apenas nossa particularidade, mas também a do outro" (*TM*, p. 305 — ênfase em itálico adicionada). De fato, argumenta ele, reconhecer a alteridade do outro implica suspender a reivindicação da verdade do outro (*TM*, p. 303-4). Assim, *Verschmelzung*, fusão, acaba por ser um sinônimo de *Aufhebung*, outro termo que visa eliminar a diferença em nome da diferença.

Parece-me que o que acaba por acontecer é que a identidade é eliminada em nome da subjetividade, e a diferença é eliminada em nome da convergência (*TM*, p. 292). Enquanto Gadamer, proveitosamente, enfatiza o "milagre da compreensão" (*TM*, p. 292) em contraste com a desconstrução mais radical (por exemplo, Mark C. Taylor),[33] ele faz isso à custa da diferença que fundamenta a hermenêutica e a existência humana. No caminho para a compreensão e a unidade, a interpretação é relegada a uma fase de transição necessária para negociar diferenças. Penso que Susan Shapiro está certa quando observa que, para Gadamer, "são mal-entendidos e interpretações equivocadas que conduzem à necessidade da

---

[33]Incluí Mark C. Taylor ao questionar sua leitura (exagerada) de Derrida em meu ensaio "How to Avoid Not Speaking: Attestations", em *Knowing Other-Wise: Philosophy on the Threshold of Spirituality*, Perspectives in Continental Philosophy, ed. James H. Olthuis (Bronx, NY: Fordham University Press, 1997).

Através de um reflexo obscuro

hermenêutica".[34] O próprio Gadamer parece sugerir o *status* acidental da hermenêutica quando se refere à *solução* do "problema hermenêutico" (*TM*, p. 298). Assim, como sugeriu Caputo, no início fala-se muito sobre mudança, diferença e história, mas, no fim e no particular, a hermenêutica filosófica de Gadamer acolhe uma noção de verdade monológica profunda e um impulso latente por imediação que, de fato, busca a superação da hermenêutica em uma fusão de horizontes. Como observa Caputo em outro trecho:

> *No fim*, em minha opinião, Gadamer permanece ligado à tradição como portadora de verdades eternas, a qual, de certo modo, não faz nada mais do que modificar Platão e Hegel de um ponto de vista heideggeriano. A hermenêutica de Gadamer é o tradicionalismo e a filosofia da verdade eterna levada aos seus limites históricos. Ele nos oferece a forma mais liberal possível de tradicionalismo. Ele introduz o máximo de mudanças possível na filosofia da verdade imutável, o máximo de movimento possível na verdade estática.[35]

Pode haver um argumento favorável ao fato de que Gadamer nunca acredita que a hermenêutica será superada — de que ele está oferecendo "não um *Aufhebung* que atinja ou até mesmo almeje um estado canônico final, mas um *Aufhebung* permanente e contínuo"[36] —, um processo contínuo de ação, desenvolvimento e sublimação *ad infinitum*. No entanto, sua estrutura postula isso como uma esperança e um sonho na fusão de horizontes e, portanto, permanece enraizada em um profundo monologismo.

---

[34]Shapiro, Susan E., "Rhetoric as Ideology Critique: The Gadamer-Habermas Debate Reinvented" [Retórica como crítica à ideologia: reinventando o debate Gadamer-Habermas], *Journal of the American Academy of Religion* 62 (1994): 127.

[35]Caputo, John D., *Radical Hermeneutics: Deconstruction, Repetition, and the Hermeneutic Project* [Hermenêutica radical: desconstrução, repetição e projeto hermenêutico] (Bloomington: Indiana University Press, 1987), p. 111.

[36]Ibid., p. 113. Isso seria um indicativo do monismo contraditório de Gadamer.

A QUEDA DA INTERPRETAÇÃO

Esse apego à tradição é precisamente o foco das críticas de Habermas à hermenêutica filosófica de Gadamer.[37] Ele vê em Gadamer uma submissão perigosa à tradição que deixa alguém desprotegido frente à violência, e, por fim, acaba em violência. Se, como sugerem Gadamer e a hermenêutica, nunca podemos sair de nosso contexto — se apenas podemos saber com base em estruturas dependentes do contexto —, então nunca há possibilidade para críticas, pois ninguém nunca estará em posição de desafiar a tradição se estiver escravizado a ela. Se a tradição for distorcida, a hermenêutica nunca permitirá que se reconheça essa distorção. Isso, sustenta Habermas, aponta para o limite da hermenêutica.

> A autoconcepção da hermenêutica só pode ser abalada se ficar aparente que padrões de comunicação sistematicamente distorcidos também ocorrem na fala "normal" — ou seja, patologicamente imperceptível. Isso, no entanto, aplica-se ao caso da pseudocomunicação, em que uma interrupção da comunicação não é reconhecida pelas partes envolvidas. *Somente um recém-chegado à conversa percebe que um não entende o outro.*[38]

É esse recém-chegado, esse estranho ou essa terceira parte, que é capaz de apontar as distorções; ou seja, as distorções devem ser apontadas por alguém externo à conversa — *de fora do contexto hermenêutico*. Se a consciência hermenêutica fosse verdadeiramente universal, como afirmam alguns, então "não teríamos nenhum critério universal à nossa disposição que nos alertasse quando fôssemos flagrados na falsa consciência de um entendimento pseudonormal" (HCU, p. 303). Essa é a experiência-limite da hermenêutica.

---

[37]Shapiro traça e reinventa esse debate de uma maneira muito útil em sua "Rhetoric as Ideology Critique".

[38]Habermas, Jürgen. "On Hermeneutics' Claim to Universality" [Sobre o direito da hermenêutica à universalidade], em *The Hermeneutics Reader* [A leitura da hermenêutica], ed. Kurt Mueller-Vollmer (Nova York: Continuum, 1985), p. 302 (daqui em diante, citado no texto como HCU).

Através de um reflexo obscuro

Heidegger e Gadamer enfatizam que nossa preconcepção formada pela tradição é constitutiva do saber e inevitável — ou seja, nós temos um "acordo permanente" com nossa tradição. Segundo Habermas, isso aponta para um consenso (que Habermas também deseja) que está além da crítica (da qual Habermas sente muito medo).

> A natureza inerentemente preconceituosa da compreensão torna impossível — de fato, faz parecer inútil — pôr em risco o consenso factualmente alcançado que sustenta, como talvez seja o caso, nossa concepção equivocada ou nossa falta de compreensão. Hermeneuticamente, somos obrigados a fazer referência a prenoções concretas que, em última análise, podem remontar ao processo de socialização, domínio e absorção em contextos comuns da tradição [...] Ao fazermos isso, submetemo-nos, mais uma vez, à obrigação hermenêutica de aceitar por ora, como um acordo permanente, qualquer consenso ao qual a conversa retomada possa levar como sua solução. A tentativa de lançar dúvida, de forma abstrata, sobre esse acordo — que é, sem dúvida, contingente —, como uma falsa consciência, é inútil, *uma vez que não podemos transcender a conversa na qual nos encontramos.* (HCU, p. 313)

Habermas não considera (e suspeito que ele esteja certo) que, para Gadamer, a tradição possa estar "errada" ou "induzir ao erro"; ou seja, Gadamer não vê que "o dogmatismo do contexto tradicional é o veículo não apenas para a objetividade da linguagem em geral, mas também para a restritividade de uma relação de poder que deforma a intersubjetividade da compreensão como tal e distorce de maneira sistemática a comunicação coloquial" (HCU, p. 314).

Habermas oferece — em contrapartida à "ontologização da linguagem" de Gadamer — uma "hermenêutica fundamentalmente autoconsciente [...] que estabelece a distinção entre percepção e ilusão, assimila o conhecimento meta-hermenêutico com relação às condições que possibilitam a comunicação distorcida de forma

A QUEDA DA INTERPRETAÇÃO

sistemática" (HCU, p. 314). Essa hermenêutica fundamentalmente autoconsciente encontra consenso não em um acordo permanente com o que foi transmitido, mas nos princípios universais/compartilhados da comunicação — "regras válidas em termos intersubjetivos" (*HCU*, p. 306) —, que são a base de toda comunicação e que transcendem cada conversação. "Somente esse princípio", continua ele, "é capaz de assegurar que o esforço hermenêutico não seja bruscamente interrompido antes de se perceberem o engano (no caso de um consenso forçado) e o deslocamento sistemático (no caso de um mal-entendido aparentemente acidental)" (HCU, p. 314-15). Uma vez que transcendem a comunicação, esses princípios compartilhados também permanecem independentes e fora de nosso contexto, possibilitando, portanto, a crítica. É essa "racionalidade" que fornece a base para a crítica da tradição.

Aqui vislumbramos sinais da escatologia de Habermas, sua teleologia do ideal. Esse consenso, que é necessário para a crítica, "pode ser alcançado sob as condições vistas como ideais a serem encontradas na comunicação sem restrições e livre de dominância, e que, *no curso do tempo*, é possível afirmar ser existente" (HCU, p. 314 — ênfase em itálico adicionada). No futuro, haverá um "fórum ideal" em que "a comunicação poderá ser realizada e aperfeiçoada" (HCU, p. 315):

> Uma ideia da verdade que se compara ao verdadeiro consenso implica uma ideia da verdadeira vida. Também podemos dizer: inclui a ideia da chegada à maioridade. Somente a antecipação formal da conversa idealizada como um modo de vida futuro assegura o acordo contrafactual permanente e definitivo que nos une de maneira provisional, e, com base em qualquer acordo factual, se for falsa, pode ser criticada como uma falsa consciência. (HCU, p. 315)

Habermas afirma que a linguagem, então, constitui-se por uma distorção sistemática; os efeitos negativos da interpretação

Através de um reflexo obscuro

são elementos *estruturais* da hermenêutica e não são acidentais.[39] Mas a *superação* de tal comunicação sistematicamente distorcida é prevista no futuro, na concretização da comunidade ideal no reino de Deus, onde será efetivado um consenso universal, eliminando as distorções inerentes à interpretação. Embora Habermas não seja evangélico — na esperança de superar a mediação e a "distorção" no *presente* —, permanece, no entanto, uma tendência escatológica que aguarda, de modo desvelado, a chegada da comunidade ideal da fala, a qual pode até mesmo ser experimentada no presente (de forma kairológica).

Em condições ideais, eu discordaria disso. No entanto, a construção feita por Habermas da relação entre hermenêutica e distorção, diante do horizonte do consenso e da razão universal, indica que ele também, embora de maneira diferente, oferece uma interpretação da interpretação não diferente daquela que é encontrada em Pannenberg e Gadamer. Esse modelo de imediação escatológica, em nome da historicidade, oferece uma profunda compreensão monológica da verdade, um monologismo que exclui todos os que não são iguais (*monos*). Em contrapartida, uma hermenêutica pneumática-criacional oferece espaço para diferentes interpretações porque está enraizada em uma criação pluralista e em uma noção plural da verdade. Assim, uma hermenêutica pneumática-criacional (desenvolvida de forma mais programática na terceira parte) está em contraste direto com os modelos da primeira parte, que associam a hermenêutica à queda e à não normatividade.

---

[39] Veja Shapiro, "Rhetoric as Ideology Critique", p. 128.

A HERMENÊUTICA DA QUEDA

SEGUNDA PARTE

capítulo três

A QUEDA NO JARDIM

A primeira parte deste livro correspondeu a uma hamartiologia hermenêutica: uma análise de várias interpretações da interpretação que ligava as negociações significativas sobre a comunicação humana a uma história de queda e, nesse momento ou "no fim", prometia redenção de tais estruturas. O estado de coisas que requer interpretação (situacionalidade, distanciamento — em suma, a finitude da existência humana) é, de algum modo, superado para que a humanidade possa escapar da praga da hermenêutica.

Nosso tópico, embora hermenêutico, também é antropológico: uma investigação sobre a natureza das relações entre as pessoas (e textos) à luz da "natureza" do ser-humano.[1] Como tentei demonstrar, ambas as teorias na primeira parte, representadas por Rex Koivisto, Richard Lints, Wolfhart Pannenberg, Hans-Georg Gadamer e Jürgen Habermas, resultam em uma desvalorização fundamental do ser-humano ao construir as condições disso

---

[1] Isso vem à tona mais tarde em "A Dialogue on Language between a Japanese and an Inquirer" [De uma conversa sobre a linguagem entre um japonês e um pensador], de Martin Heidegger (em *On the Way to Language* [A caminho da linguagem], trad. Peter D. Hertz [New York: Harper & Row], p. 1-54), em que "a linguagem é o traço fundamental na relação hermenêutica da natureza humana com a duplicação da presença e dos seres presentes" (p. 32).

A QUEDA DA INTERPRETAÇÃO

como algo a ser superado. Assim, a hermenêutica é anormativa, acidental e decaída (daí o título da primeira parte, "A queda da hermenêutica"). Mas, se a interpretação é um aspecto constitutivo da experiência e do ser-humano,[2] então é impossível superá-la (sem nos tornarmos deuses); e, além disso, o desejo de escapar da finitude da própria existência humana indica a essência da Queda, a busca por "ser como Deus". A posse do fruto proibido, em vez de iniciar a história da hermenêutica, foi uma tentativa de superar essa mediação e de "saber" como Deus sabe, *sans courrier*. Ofereci uma inversão similar ao ler a narrativa da torre de Babel.

À medida que vamos avançando na segunda parte, no entanto, deparamos com vários teóricos que se recusam a acreditar em qualquer mito de imediação ou leitura pura. Foi precisamente Martin Heidegger (e, depois dele, Jacques Derrida)[3] quem tematizou a natureza hermenêutica da existência humana, bem como a inevitabilidade disso. Em suma, Heidegger e Derrida são filósofos que acentuam o que estou descrevendo como a "ubiquidade da interpretação" sem o sonho de superar esse estado de coisas. No entanto, Heidegger e Derrida mantêm a categoria da queda para descrever esse estado de coisas — não uma queda em contrapartida a um paraíso original ou uma cidade celestial (como na primeira parte), mas uma queda essencial, que é, desde sempre, uma queda *na* [presença], em vez de uma queda *da* [presença]. Enquanto a mediação e a situacionalidade do ser-humano são reconhecidas como condições necessárias e inevitáveis de existência, Heidegger e Derrida afirmam que essas condições estão, contudo, associadas a uma queda que resulta em violência. Assim, em vez de postularem

---

[2]Mais uma vez, peço ao leitor que tenha paciência de esperar um desenvolvimento mais completo dessa afirmação na terceira parte.

[3]Jacques Derrida, sem dúvida, não é heideggeriano e não é, de modo algum, membro do conselho da "Heidegger, Inc.". No entanto, seu pensamento tem uma dívida incalculável com Heidegger, embora possa representar a radicalização de Heidegger, o lado esquerdo da herança heideggeriana. (John D. Caputo, *Radical Hermeneutics: Deconstruction, Repetition, and the Hermeneutic Project*] [Bloomington: Indiana University Press, 1987], p. 95.)

A Queda no Jardim

a "queda da hermenêutica", Heidegger e Derrida oferecem uma "hermenêutica da queda".

Mas, se a hermenêutica e o espaço da interpretação são aspectos constitutivos do ser humano, por que esse estado de coisas *deve* ser interpretado como violento? Além disso, se o ser humano deve ser uma criatura e se a interpretação é parte essencial dessa criaturidade, então construir tal estado de coisas essencialmente decaído é ontologizar a Queda e desvalorizar a bondade fundamental da criação. Embora eu concorde com Heidegger e Derrida, no sentido de que a interpretação é parte essencial do ser humano, discordo da construção que fazem de que essa interpretação é, necessária ou estruturalmente, decaída e violenta. Além disso, argumentarei que eles entendem essa questão dessa forma precisamente porque continuam a ser atormentados por uma nostalgia pela imediação e pelo "fantasma da presença total".[4]

Neste capítulo, concentro-me nos primeiros textos de Heidegger (1919–27), tentando esboçar tanto sua contribuição positiva em relação à natureza constitutiva da hermenêutica como sua construção como um aspecto da queda da existência humana. Isso exigirá uma consideração extensa da antropologia de Heidegger e de sua análise da intersubjetividade, seguida por uma tentativa de mitologizar de maneira diferente do que Heidegger costuma fazer. Essenciais para minha análise são as fontes do pensamento de Heidegger nesse sentido, sobretudo seus antecedentes cristãos em Martinho Lutero e Søren Kierkegaard. Então, encerrarei o capítulo com uma crítica a esse início teológico e uma primeira tentativa de ler o Novo Testamento de maneira diferente de Heidegger.

A interpretação do *Dasein* [ser-aí]

A essência dos primeiros trabalhos de Heidegger, e do que provavelmente teve o maior impacto na história subsequente da filosofia no

---

[4]Olthuis, James. "A Hermeneutics of Suffering Love" [Uma hermenêutica do amor sofredor], em *The Very Idea of Radical Hermeneutics* [A ideia da hermenêutica radical], ed. Roy A. Martinez. (Atlantic Highlands, NJ: Humanities Press, 1997).

A QUEDA DA INTERPRETAÇÃO

século 20, é a revelação de sua interpretação do "ser [humano] no mundo"; ou seja, a natureza hermenêutica da existência humana como algo condicionado pelo "ser-aí/aqui" (*Dasein*).[5] O trabalho de Heidegger está em dívida com pesquisas anteriores de Friedrich Schleiermacher e Wilhelm Dilthey (e, até certo ponto, de Friedrich Nietzsche),[6] mas seu projeto foi uma radicalização das noções técnicas desses pensadores e uma tentativa de "colocar a interpretação originalmente na própria vida".[7] Embora *Being and Time* [Ser e tempo] (sua apresentação mais sistemática desses temas) tenha caído como uma bomba na comunidade filosófica, em 1927 — aparentemente sem uma genealogia —, nos últimos anos temos nos familiarizado com a história da gênese desse trabalho fundamental, sobretudo com a publicação das primeiras palestras do jovem Heidegger na Universidade de Freiburg (1919–23) no que ainda estava sendo desenvolvido como *Gesamtausgabe* (trabalhos coletados), bem como a recuperação de manuscritos perdidos e desconhecidos.[8]

Um desses primeiros manuscritos é "Aristotle-Introduction" [Introdução a Aristóteles], de Heidegger, de 1922, que nos oferece um primeiro vislumbre de seu delineamento da "situação hermenêutica", ou das condições de interpretação. Nesse trabalho, ele enfatiza que todas as interpretações "estão sob determinadas condições de interpretação e de entendimento". Assim, "toda interpretação,

---

[5]O uso técnico do termo alemão *Dasein* por Heidegger normalmente não é traduzido nas várias edições de suas obras, principalmente porque a multivalência do termo não permite uma tradução satisfatória. Para uma discussão útil, veja "Translator's Appendix: A Note on the Da and the Dasein" [Apêndice do tradutor: uma nota sobre *Da* e *Dasein*", de Albert Hofstadter, em Martin Heidegger, *Basic Problems of Phenomenology* [Os problemas fundamentais da fenomenologia] (Bloomington: Indiana University Press, 1982), p. 333-37.
[6]Como sugere Gadamer em *TM*, p. 257.
[7]van Burren, John, *The Young Heidegger: Rumor of the Hidden King* [O jovem Heidegger: rumor do rei escondido] (Bloomington: Indiana University Press, 1994, p. 177).
[8]Não me preocuparei aqui com essa história em detalhes. Ela foi narrada com maestria por Theodore Kisiel em *The Genesis of Heidegger's Being and Time* [A gênese de Heidegger em *Ser e tempo*] (Berkeley: University of California Press, 1993) e por van Buren em *The Young Heidegger*. Eu me aprofundarei apenas nos detalhes históricos que são essenciais para a tese deste capítulo.

A Queda no Jardim

cada uma de acordo com um campo específico e uma reivindicação de conhecimento, tem o seguinte":

- uma *postura visual*, mais ou menos expressamente assumida e fixa;
- uma *direção visual*, motivada por uma postura visual e dentro da qual são determinados o "como o que" e o "aquilo a respeito do qual" [*das "woraufhin"*] da interpretação. O objeto da interpretação é compreendido de maneira antecipada no "como o que" e é interpretado de acordo com o "aquilo a respeito do qual";
- uma *amplitude visual*, que é limitada pela posição visual e a direção visual, e dentro da qual se move a reivindicação de interpretação à objetividade (PIRA, p. 358).[9]

Assim, toda interpretação é condicionada pelos seguintes aspectos:

- *tradicionalidade*, que transmite as possibilidades de interpretação (a "posição prévia" [*Vorhaben*] de *Being and Time* [*Ser e tempo*]);
- a *situacionalidade* ou a *horizontalidade* do ser-humano, que cria os horizontes do intérprete, além dos quais ele não pode ver (a "visão prévia" [*Vorsicht*] de *Being and Time* [Ser e tempo]);
- *delineamento prévio*, pelo qual o intérprete entende alguém ou algo "como" algo, que é condicionado pela tradicionalidade (*grosso modo*, a "concepção prévia" [*Vorbegriff*] de *Being and Time* [Ser e tempo]).

Assim, quando interpreto algo (um texto, uma frase que minha esposa me disse), minha interpretação é regida por vários fatores

---

[9]Heidegger, Martin, "Phenomenological Interpretations with Respect to Aristotle: Indication of the Hermeneutical Situation" [Interpretações fenomenológicas com relação a Aristóteles: indicação da situação hermenêutica], trad. Michael Baur, *Man and World* 25 (1992): 358 (daqui em diante, citado no texto como PIRA).

A QUEDA DA INTERPRETAÇÃO

constitutivos da finitude e do ser humano. Existem "limites" de interpretação que são *transmitidos* por uma tradição (como, por exemplo, a língua que falo, as interpretações que me foram ensinadas em vários momentos da vida, o mundo sociocultural em que vivo etc.) e *habitados* como parte de minha finitude (o fato de eu estar aqui, e não lá). Mas tais "limites" também são dádivas: todos esses aspectos colocam-se diante de toda interpretação como "condições determinadas" que possibilitam a interpretação e, ao mesmo tempo, regem as possibilidades interpretativas. Não há leitura que não seja, ao mesmo tempo, uma "leitura com significado atribuído" (PIRA, p. 359).

A interpretação é sempre local, de uma localidade específica, de uma situação específica. Em *Being and Time* [Ser e tempo], Heidegger descreve isso como uma "espacialidade existencial",[10] que se refere à (o que descrevi como) situacionalidade do ser-humano. Essa espacialidade, ou situacionalidade, refere-se a uma posição situada que tem dois lados: (1) um limite *físico-espacial*, na medida em que eu estou "aqui", "neste lugar", vendo coisas dessa perspectiva, e (2) uma condição *temporal*, na medida em que estou aqui "agora", "neste momento".[11] Como ele explica:

> A entidade que é, em essência, constituída pelo "ser no mundo"
> é, em todos os casos, seu "lá". De acordo com o significado bem

---

[10] Heidegger enfatiza que é uma espacialidade *existencial* e não simplesmente "espacial" (ou seja, física). Veja *BT*, p. 94, 138-40.

[11] A noção de *différance* de Derrida tem uma dualidade similar, como diferença espacial e diferimento temporal. Essa ideia foi desenvolvida em contrapartida com a dupla ideia de *presença* como um presente temporal ("agora") e um "presente para" físico-espacial. Em minhas primeiras anotações até chegar a este livro (setembro de 1993), propus uma "hermenêutica da hesitação", que enfatizava que toda interpretação deveria ser mantida de modo provisório e estava enraizada em uma dualidade similar: (1) uma limitação *quantitativa* e (2) uma limitação *temporal*. Essa ideia surgiu de minha experiência em me apegar firmemente a uma interpretação específica e tê-la destruído mais tarde por um texto completamente novo, algo que eu não havia lido nem havia sido escrito. Devemos sempre manter nossas interpretações de modo provisório, porque não podemos ler tudo — haverá sempre um livro que não lemos (limite quantitativo) — e descobertas posteriores podem "refutar" nossas crenças e interpretações (limite temporal). Toda bibliografia é uma demonstração dessa situacionalidade: sua duração ou brevidade, as datas de publicação, os idiomas lidos — tudo isso indica a "situação hermenêutica" de uma pessoa.

A Queda no Jardim

conhecido da palavra, o "lá" aponta para um "aqui" e um "mais além" [...] A espacialidade existencial do *Dasein*, que determina, assim, sua "posição", é fundamentada no "ser no mundo". (*BT*, p. 171)

Heidegger ainda diz que, "por sua própria natureza, o *Dasein* traz o 'lá' consigo".

Uma vez que o ser-humano é caracterizado por essa espacialidade e por essa situacionalidade, o intérprete nunca pode dar um passo fora de sua localidade, fora do "lá". Eu sempre vejo algo "daqui", desta perspectiva e desta situação, do lugar em que me encontro: em relação ao que é interpretado, em relação àqueles com quem estou me comunicando e em relação às tradições das quais sou herdeiro. Na medida em que essa localidade não é algo que eu possa escolher (ou seja, não posso escolher onde e quando nascerei, a cultura na qual emergirei, o idioma que me será ensinado), Heidegger descreve esse "ser no mundo" como o *estar-lançado* (*BT*, p. 174-83).

Como seres humanos que existem no mundo, o mundo é um aspecto constitutivo de nosso ser; o mundo não é algo junto a — ou diferente de — nós, como a relação entre sujeito e objeto ou entre duas substâncias cartesianas distintas, *res cogitans* (substância mental) e *res extensa* (substância física extensa).[12] Assim, encaramos as "coisas" no mundo não como coisas "em si mesmas", mas como coisas que usamos, como coisas voltadas *para* algo. Por isso os gregos denominavam "coisas" como *pragmata*, coisas a serem usadas na *práxis* (*BT*, p. 96-97). Uma vez que encontramos entidades no mundo como coisas "para" algo, também as encontramos desde sempre "*como*" algo.[13] Assim, Heidegger refere-se (em PIRA) ao

---

[12]As seções iniciais de *Being and Time* [Ser e tempo] são dedicadas ao ponto fundamental de que os seres humanos não são distintos do mundo. Veja *BT*, seções 12—24.

[13]Eu sugeriria que a noção de "estruturas como" de Heidegger é uma "tradução" da doutrina de "constituição" de Edmund Husserl dentro da estrutura de uma fenomenologia hermenêutica. Como tal, está enraizada no "Ser no mundo", que corresponde à "intencionalidade" de Husserl. Para Husserl, a consciência é sempre consciência *de* algo: não há "mundo" sem consciência, nem consciência sem um mundo. Como tal, este mundo

A QUEDA DA INTERPRETAÇÃO

"como o que", que, em *Ser e tempo*, torna-se a "estrutura como", pela qual algo "é entendido em termos de uma totalidade de envolvimentos" (*BT*, p. 189). É essa compreensão de *algo como algo* que constitui a interpretação fundamental da existência, uma interpretação que precede toda afirmação.

> Quando temos relação com algo, a simples visão das coisas que estão mais próximas de nós tem em si mesma a estrutura da interpretação, e de uma maneira tão primitiva que a simples compreensão de algo *livre*, por assim dizer, do *"como"*, demanda certa readaptação. [...] Na interpretação, não lançamos, por assim dizer, um "significado" sobre a nudez de algo que está "à mão", nem damos valor a ele; mas, quando algo "dentro do mundo" é encontrado como tal, esse algo em questão já tem um envolvimento que é revelado em nossa compreensão do mundo, e esse envolvimento é exposto pela interpretação. (*BT*, p. 190-91)

Nesse ponto, Heidegger retorna às três condições determinadas que foram apresentadas em "Phenomenological Interpretations" [Interpretações fenomenológicas] como fundamento dessa "interpretação cotidiana da circunvisão". Em suma, "toda vez que algo é interpretado como algo, a interpretação será baseada, essencialmente, na posição prévia, na visão prévia e na concepção prévia. A interpretação nunca é uma apreensão isenta de pressuposições

---

é "dado" na intuição, mas isso envolve um ato de "constituição" na percepção, por meio do qual o observador reúne as peças — as perspectivas parciais — no contexto do que Heidegger mais tarde chamará de "uma totalidade de envolvimentos". Por exemplo, quando vejo a frente de uma casa, entendo-a como a frente, conectada a dois lados e a uma parte de trás, mesmo não vendo esses outros lados. É porque percebo o que está na frente *como* a frente *de* uma casa que, desse modo, eu o constituo como tal. No que diz respeito à doutrina da intuição de Husserl que consiste em dar o dado, Caputo observa que "a injunção de permanecer com o dado inclui o lembrete de que o dado é dado apenas *como* algo" (*Radical Hermeneutics*, p. 43). Segundo Heidegger, então, o mundo é constitutivo do *Dasein* como "ser no mundo" e é, portanto, entendido *como* algo diante do horizonte de uma totalidade de envolvimentos (o que ele descreve como "significado").

A Queda no Jardim

acerca de algo que nos é apresentado" (*BT*, p. 191-92). Toda interpretação é uma *decisão* para uma maneira de conceber, uma maneira de ler, "com finalidade ou com reservas" (*BT*, p. 191).

Essa revelação da natureza condicionada de toda interpretação e o papel das pressuposições na hermenêutica estão entre as contribuições fundamentais que Heidegger fez à teoria no século 20. Mas a essência de seu trabalho está não apenas nessa discussão sobre a *natureza* da interpretação, mas também no *escopo* da interpretação. Em vez de limitar a hermenêutica a disciplinas especiais, como direito, estética e teologia, os primeiros trabalhos de Heidegger se dedicam a sinalizar o papel primordial da interpretação em todo o "ser [humano] no mundo". A hermenêutica é uma negociação não apenas entre um leitor e um texto, mas também entre um carpinteiro e seu martelo, ou entre uma esposa e o marido. "Ser no mundo" é interpretar. A "vida factícia", como Heidegger descreve a existência cotidiana em 1922, "move-se sempre dentro de determinada *interpretação* que foi trans-mitida, revisada ou reformulada. A circunvisão dá à vida seu mundo como algo interpretado de acordo com aqueles aspectos nos quais se espera e se encontra o mundo como objeto de preocupação [...] A interpretação do mundo é, de modo factício, essa interpretação dentro da qual a própria vida se encontra" (PIRA, p. 363).[14]

Ser humano é interpretar, encarar o mundo e as entidades den-tro dele "como" algo — um encontro condicionado pela situacio-nalidade da finitude humana. Na linguagem da fenomenologia, a interpretação é *pré-teórica* e, portanto, precede toda tematização ou articulação teórica. A afirmação teórica, de fato, é um modo *derivado* de interpretação, que se tornou possível apenas pela cons-trução primordial da existência. O exemplo favorito de Heidegger é o do carpinteiro e o martelo:

---

[14]A circunvisão (*Umsicht*) está relacionada à estrutura básica do *Dasein* como uma estrutura de "cuidado" (*Sorge*): uma maneira de "ser no mundo" em que o mundo é uma preocupa-ção para mim, dentro da qual me "relaciono" com o mundo. Essa é a estrutura que serve de base à discussão anterior sobre coisas como *pragmata*, como coisas "para" algo, coisas que eu uso. A estrutura básica de cuidado será discutida de forma mais extensiva adiante.

A QUEDA DA INTERPRETAÇÃO

> Antes de toda análise, a lógica já entendeu "de maneira lógica" o que é considerado um tema sob o título da "declaração categórica" — por exemplo, "o martelo é pesado". A pressuposição inexplicada é que o "significado" dessa frase deve ser entendido como: "Essa coisa — um martelo — tem a propriedade de pesar". Na circunvisão em questão, não existem tais afirmações "a princípio". Mas tal circunvisão tem, sem dúvida, suas maneiras específicas de interpretar, e essas, em comparação com o "julgamento teórico" que acabei de mencionar, podem assumir uma forma do tipo: "O martelo é pesado demais", ou apenas: "Pesado demais!" "Dê-me o outro martelo!" A interpretação é realizada, de modo primordial, não em uma afirmação teórica, mas em uma ação da preocupação da circunvisão — deixando de lado a ferramenta inadequada ou trocando-a, "sem desperdiçar palavras". Pelo fato de as palavras estarem ausentes, não se pode concluir que a interpretação também esteja. (*BT*, p. 200)

A interpretação acontece todos os dias, no cotidiano, em qualquer relação. Muitas vezes, acontece na ausência de palavras e, em grande parte, na ausência de afirmações teóricas. A própria vida é uma empreitada hermenêutica, e é assim por causa da natureza do ser-humano como finito, como localizado e situado. Heidegger representa uma espécie de profeta da ubiquidade da interpretação, uma tradição profética que remonta a Nietzsche. E, como profeta nessa tradição, ele também está, eu sugeriria, chamando a tradição a retornar a uma compreensão mais humana da humanidade, a uma razão mais razoável que respeita a finitude (e a criaturidade?) do ser-humano.

A QUEDA DO COTIDIANO

No entanto, tendo dito isso, e a despeito de todas as dívidas que minha hermenêutica criacional tem para com este projeto, um aspecto fundamental da teoria de Heidegger denuncia que, no fim (embora sua filosofia seja, sem dúvida, uma filosofia de finitude),

A Queda no Jardim

ele tem uma filosofia da Queda. Não uma filosofia caída,[15] mas uma que vê a Queda como estrutural — uma ontologia ou, se você preferir, uma *ontologização* da Queda.

É fundamental que a noção de queda de Heidegger (antes chamada de "ruína")[16] seja entendida em relação com as estruturas hermenêuticas antes descritas. Como já observado, o *Dasein* entende as coisas "como" algo "para" algo porque, como "ser no mundo", está preocupado e tem uma estrutura básica de cuidado. Mas esse "cuidado com o mundo" tem uma tendência embutida a se tornar absorvido pelo mundo. Já em 1922, Heidegger propôs que

> permanece viva no movimento de cuidado uma *inclinação* de cuidar voltada para o mundo como uma *tendência* à absorção por ele, uma tendência a "deixar-se levar" pelo mundo. Essa tendência de preocupação é a expressão de uma tendência factícia básica da vida, uma tendência a se *afastar* do próprio ser e, assim, a *cair nas garras* do mundo e, portanto, a *se desintegrar* de si mesmo. Que o caráter básico do movimento de cuidado seja, de forma terminológica, definido como uma *inclinação* da vida factícia *em direção à queda*. (PIRA, p. 363)

Essa queda não é um "evento objetivo" ou algo que "acontece"; em vez disso, é "um Como intencional" que é "constitutivo da facticidade" (PIRA, p. 364; cf. *PIA*, p. 133). Em vez de levar a vida factícia do *individual*, o *Dasein*, como decaído, "move-se dentro de uma *medianidade* particular de cuidado, de relação, de

---

[15]Embora, como observa van Buren, "para Paulo, como para o jovem Heidegger, a filosofia seja uma expressão da vida caída" (*Young Heidegger*, p. 178).

[16]Conforme desenvolvido na palestra do semestre, no inverno de 1921—22 (Martin Heidegger, *Phänomenologische Interpretationen zu Aristoteles: Einführung in die Phänomenologische Forschung* [Interpretações fenomenológicas sobre Aristóteles: introdução à pesquisa fenomenológica], ed. Walter Bröcker and Kate Bröcker-Oltmanns, vol. 61 de *Gesamtausgabe* [Frankfurt: Vittorio Klostermann, 1985]), p. 131-55 [daqui em diante citado no texto como *PIA*]).

circunvisão e de compreensão do mundo. Essa medianidade é a do *público em geral* [*Öffentlichkeit*] em qualquer momento, da área circundante, da tendência dominante, do 'Assim como muitos outros também'. São 'eles' [*das 'Man'*] que vivem, de modo factício, a vida individual" (*PIRA*, p. 365). Um ano mais tarde, no semestre do verão de 1923, Heidegger associa, pela primeira vez, essa atenção dada a "eles" (o "Um", o "Qualquer Um e Todos") à *cotidianidade* [*Alltaglichkeit*] do *Dasein* (*OHF, p.* 85).

É essa conexão entre queda, cotidianidade e "eles"[17] que é explicada em *Being and Time* [Ser e tempo]. É importante reconhecer que essa construção da queda está enraizada na antropologia de Heidegger e em seu entendimento das relações intersubjetivas. "Estar um com o outro", começa ele, "tem o caráter de *espaçamento*" (*BT*, p. 164). Em outras palavras, as relações humanas caracterizam-se por uma espécie de alienação e distância. Esse é um componente necessário das relações humanas, na medida em que os seres humanos mantêm sua identidade na relação — cada um se relaciona, mas tem seu próprio espaço. No entanto, Heidegger continua a afirmar que esse espaçamento, que é constitutivo do *Dasein*, resulta em uma violência fundamental.

> Mas esse espaçamento que pertence ao "Ser com" é tal que o *Dasein*, como o "Estar um com o outro" cotidiano, fica *sujeito* a Outros. Ele próprio não *é*; seu Ser é levado pelos Outros. As possibilidades cotidianas de Ser do *Dasein* servem para os Outros disporem como bem entenderem. Esses Outros, além disso, não são Outros *definidos*. Pelo contrário, qualquer Outro pode representá-los. O que é decisivo é justamente esse domínio dos Outros que, sem surpresa, já foi assumido sem que o *Dasein*, como "Ser com", se dê conta disso. (*BT*, p. 164)

---

[17]Manterei a tradução mais antiga de *das Man* como "eles", de acordo com a tradução de Macquarrie e Edwards (veja a seção de abreviações para obter uma citação completa). No entanto, os estudos mais recentes sobre Heidegger enfatizam que "o 'Um'" ou "o 'Qualquer Um'" oferecem um sentido melhor.

A Queda no Jardim

As relações humanas são constituídas por uma violência e uma dominação primitivas. Para Heidegger, isso acontece toda vez que lemos o jornal que os outros leem ou embarcamos no mesmo metrô no qual outras pessoas embarcam. "Esse 'Estar um com o outro' dissolve completamente o próprio *Dasein* de alguém, transformando-o no tipo de Ser dos 'Outros'", e é por causa dessa sujeição que o *Dasein* se torna vítima da "ditadura do 'eles'".[18] O "eles" determina as possibilidades do *Dasein*; e, como tal, o *Dasein* fica emaranhado na medianidade, e suas possibilidades são "niveladas" ao que todos estão fazendo. O *Dasein* torna-se controlado pelas "pessoas" e pelo modo como o público compreende o mundo. O "eles", além disso, torna as coisas fáceis demais; "tira o peso" da dificuldade da vida que está sobre o *Dasein*, e o *Dasein* torna-se um "ninguém", um "como todos os outros". Essa rendição ao "eles" está diretamente relacionada à "absorção no mundo" do *Dasein* como um aspecto da queda e da tendência de cuidado (*BT*, p. 164-67).

Uma vez que a situação hermenêutica do *Dasein* é determinada pelo que lhe é transmitido, o *Dasein* é, "de modo proximal e em sua maior parte", dominado pelo "eles", confia no "eles" e aceita sua interpretação. Mas, precisamente neste ponto, vemos que aquelas condições determinadas que são constitutivas da interpretação também são, para Heidegger, exemplos da queda. O que é transmitido ao *Dasein* como "tradicional" agora está ligado à medianidade do público. Por exemplo, a linguagem, em vez de ser entendida como uma condição necessária que possibilita a interpretação (embora, ao mesmo tempo, governe as possibilidades interpretativas), é construída como uma "inteligibilidade média", uma "interpretação" à qual o *Dasein* é "entregue" (*BT*, p. 212, 211). Embora uma tradição linguística seja um aspecto necessário do ser-humano, é, ao mesmo

---

[18]Isso apresenta uma notável semelhança com o uso que John Stuart Mill faz da expressão "tirania da maioria" (que ele tomou emprestada de Alexis de Tocqueville) em seu tratado sobre individualismo, intitulado *On Liberty* [Sobre a liberdade] (ed. Gertrude Himmelfarb [New York: Penguin, 1985], p. 62). Mais diretamente, no entanto, a noção está fundamentada na crítica de Kierkegaard à "presente era" (veja Kisiel, *Genesis*, p. 334).

A QUEDA DA INTERPRETAÇÃO

tempo, um exemplo da queda, outra maneira pela qual o "eles" arrasta o eu para a medianidade e a impropriedade. A queda de fato é "uma tendência essencial do Ser — uma tendência que pertence à cotidianidade" (*BT*, p. 210). Como tal, "essa maneira cotidiana pela qual as coisas têm sido interpretadas é aquela em que o *Dasein* cresce, em primeiro lugar, sem nunca ter tido a possibilidade de se libertar. Nela, a partir dela *e contra ela*, toda compreensão, toda interpretação e toda comunicação genuína, toda redescoberta e nova apropriação se cumprem" (*BT*, p. 213 — ênfase em itálico adicionada).

"Ser no mundo", ser humano, é estar decaído, pois esse é um "tipo básico de Ser que pertence à cotidianidade" (*BT*, p. 219); em outras palavras, "o 'Ser no mundo' é sempre uma decadência" (*BT*, p. 225). Ao se perder na natureza pública do "eles", ao ouvir os outros, o *Dasein* decaiu na *impropriedade*; "*decaiu no mundo*" ao se tornar, motivado pela preocupação, absorvido pelo mundo (*BT*, p. 220 — ênfase em itálico adicionada). O *Dasein* não decaiu *de* um "'estado original', mais puro e superior", mas, desde sempre, esteve decaído: "A decadência é uma determinação existencial do próprio *Dasein* [...] A decadência revela uma estrutura ontológica *essencial* do próprio *Dasein*. Longe de determinar seu lado noturno, ela constitui todos os dias do *Dasein* em sua cotidianidade" (*BT*, p. 220, 224). Embora Heidegger tenha sido um dos pioneiros em ressaltar a ubiquidade da interpretação, vemos agora que sua categoria de decadência constrói apenas esses elementos como momentos inevitáveis da decadência. Esses elementos do ser-humano que são os fundamentos da hermenêutica — a situacionalidade, o espaçamento (e a intersubjetividade) e a tradicionalidade da existência humana —, embora sejam "constitutivos" do ser humano, são, ao mesmo tempo, retratados como aquelas características pelas quais o *Dasein*, enquanto for o que *é*, "está envolto no turbilhão da impropriedade do 'eles'" (*BT*, p. 223).

Assim, as relações humanas ("estar um com o outro"), que fazem parte da "constituição" do *Dasein*, são desde sempre estruturas de domínio pelas quais o *Dasein* é dominado pelo "eles". "*O 'eles'*",

146

A Queda no Jardim

prossegue Heidegger, "*é um existencial; e, como um fenômeno originário, pertence à constituição positiva do Dasein [...]* O Eu do *Dasein* cotidiano é o *eu-eles*, que distinguimos do *Eu em sua propriedade* [autêntico] —, ou seja, do Eu apreendido como próprio" (*BT*, p. 167). Mas, lamenta Heidegger, isso facilita demais as coisas; tira o *Kampf* [luta] da vida — e ele aprecia uma boa luta. Quando o *Dasein* ouve o "eles" — e não consegue evitar isso —, torna-se mediano, como os demais. Heidegger, por outro lado, está nos convidando a ser heróis, a nos levantar e lutar, a estar acima da média.

Essa mesma tensão — a tensão entre as condições de nossa existência e a decadência dessas condições — também pode ser vista nas estruturas prévias da interpretação. Por um lado, Heidegger se dedica a demonstrar que toda interpretação é regida pelas condições determinadas do que nos é transmitido (a postura visual), pela maneira como aprendemos a interpretar (a direção visual) e pelos horizontes que essas condições produzem (a amplitude visual). A maneira como interpretamos depende de nossa localidade, de nossa tradição e de nosso contexto. Por outro lado, quando somos influenciados pela "área circundante" e "pela tendência dominante", tornamo-nos vítimas da medianidade da interpretação do público (PIRA, p. 365). "Desse modo, a compreensão do 'eles' pelo *Dasein* é sempre *falha* em seus projetos", e é esse tipo de Ser que domina o "estar um com o outro" (*BT*, p. 218-19). A tradicionalização, que é parte essencial do ser humano, é a mesma característica que impede o *Dasein* de ser seu próprio eu, de estar em sua propriedade [ser autêntico].[19] Por essa razão, toda interpretação "genuína" é uma leitura *contra* (*BT*, p. 213). Por causa da tendência essencial do

---

[19][Para minha crítica à noção de propriedade [autenticidade] de Heidegger — seguindo o relato de Jean-Luc Marion sobre a *autarquia* (autonomia radical) do *Dasein* —, veja James K. A. Smith, "The Call as Gift: The Subject's Donation in Marion and Levinas" [O chamado como dádiva: o doar-se do indivíduo em Marion e Levinas], em *The Hermeneutics of Charity: Interpretation, Selfhood, and Postmodern Faith* [A hermenêutica da caridade: interpretação, individualidade e a fé pós-moderna], eds. James K. A. Smith e Henry Venema (Grand Rapids: Brazos, 2004): 217-27.]

A QUEDA DA INTERPRETAÇÃO

Dasein à interpretação decaída, da qual ele nunca pode libertar-se, a hermenêutica genuína é "naturalmente" violenta.

> A razão disso está na própria cura [cuidado]. Nosso Ser junto às coisas com as quais nos preocupamos mais de perto no "mundo" — um Ser que está decaindo — guia a maneira cotidiana pela qual o *Dasein* é interpretado e encobre, onticamente, o Ser próprio [autêntico] do *Dasein* [...] A liberação do Ser originário do *Dasein* deve ser *arrancada* do *Dasein*, seguindo *corrente oposta* àquela seguida pela tendência de interpretação ôntico-ontológica da decadência. (*BT*, p. 359)

Uma vez que o *Dasein* decaiu no mundo, essencialmente, a "análise existencial [...] sempre tem a característica de *causar violência*". Isso não é apenas verdade no que diz respeito à análise fundamental do *Dasein* por Heidegger; "pertence apropriadamente a qualquer interpretação" (*BT*, p. 359) e é direcionado contra as estruturas da cotidianidade, que são uma característica essencial do ser-humano.

Mas, se a interpretação e as condições determinadas de interpretação são aspectos necessários e "essenciais" da existência humana, por que devem ser descritas como decaídas e violentas? Como Heidegger nos levou a esse ponto? Quando essas estruturas se tornaram momentos de decadência, e quando a interpretação se tornou violenta? Se traçarmos nosso caminho de volta por esse discurso, descobriremos que a queda da cotidianidade — e, portanto, a violência da hermenêutica — está enraizada na construção das relações intersubjetivas de Heidegger como resultados inevitáveis de estruturas de domínio (*BT*, p. 164-65). Uma vez que "estar um com o outro" é algo que sujeita o *Dasein*, a escuta do "eles" torna-se uma queda na impropriedade. Ou seja, por trás da interpretação da interpretação de Heidegger, está um individualismo acentuado, além de uma autoafirmação militarista que desvaloriza a intersubjetividade — um individualismo resoluto que assumiu um estranho

A Queda no Jardim

caráter *Volklich* em 1933.[20] Acho que Jürgen Habermas está correto quando sugere que,

> desde o início, [Heidegger] degrada as estruturas contextuais do "mundo da vida" que vão além do *Dasein* isolado como estruturas de uma existência cotidiana mediana, ou seja, do *Dasein* impróprio. Sem dúvida, o co-*Dasein* de outros parece primeiro ser uma característica constitutiva do "ser no mundo". Mas a prioridade da intersubjetividade do mundo da vida sobre o caráter do *Dasein* de ser sempre seu escapa de qualquer estrutura conceitual ainda com traços do solipsismo da fenomenologia husserliana.[21]

Robert Dostal negou-se a ler Heidegger como um solipsista particular, argumentando que "'Estar com os outros' é básico para a definição do *Dasein* por Heidegger". Na verdade, ele observa: "A sociabilidade ou a comunalidade são constitutivas do *Dasein* da maneira mais fundamental".[22] De fato, "estar um com o outro" é constitutivo do *Dasein*, mas é, ao mesmo tempo, uma existência *imprópria*. Como tal, a análise de Habermas permanece válida: ser *Dasein* em sua propriedade [de modo autêntico] é libertar-se da influência do "eles", o que exige que uma pessoa, de certo modo, escape do domínio do "estar com" (embora isso nunca seja possível).

---

[20]Em seu discurso na reitoria de 1933, Heidegger chamou a universidade (e o *Volk* alemão) a afirmar seu caráter autêntico e a legar a essência da universidade alemã por meio do trabalho, do serviço militar e do serviço dedicado ao conhecimento. Então, e somente então, disse ele, o povo alemão (como *Dasein* coletivo) perceberá sua autenticidade e sua missão histórico-espiritual. Veja Martin Heidegger, "The Self-Assertion of the German University" [A autoafirmação da universidade alemã], em *Martin Heidegger and National Socialism: Questions and Answers* [Martin Heidegger e o nacional-socialismo: perguntas e respostas], eds. Gunther Neske e Emil Kettering (Nova York: Paragon House, 1990), p. 5-13.

[21]Jürgen Habermas, *The Philosophical Discourse of Modernity* [O discurso filosófico da modernidade], trad Frederick Lawrence (Cambridge, MA: MIT Press, 1987), p. 149. Habermas segue afirmando que, "em *Being and Time* [Ser e Tempo], Heidegger não constrói a intersubjetividade de maneira diferente de Husserl nas *Cartesian Meditations* [Meditações cartesianas]" (p. 149-50).

[22]Dostal, Robert J. "The Public and the People: Heidegger's Illiberal Politics" [O público e o povo: a política iliberal de Heidegger], *Review of Metaphysics* 47 (1994): 520.

A QUEDA DA INTERPRETAÇÃO

Uma vez que as relações intersubjetivas — que são parte essencial do ser humano — são construídas como estruturas de violência e queda, o *Dasein* é, em essência, uma decadência — desde sempre, uma decadência como um "estar com" intersubjetivo relacionado.

Mas por que a "distância" entre as pessoas — o espaço da identidade — deve ser entendida como "inquietada" (*BT*, p. 164)? Com que fundamento essa violência da intersubjetividade é introduzida de maneira clandestina, ou o que está por trás de sua introdução? Na verdade, deparamos com um vestígio do sujeito cartesiano, um "traço do solipsismo husserliano"? O *Dasein em sua propriedade [autêntico]* é, de fato, um *res cogitans* particular? Sartre teria sido um leitor fiel de Heidegger?

Encontro poucas justificativas para essa *interpretação* da intersubjetividade à parte das que foram anteriormente sugeridas, ou seja, um compromisso persistente com um eu solipsista e imparcial ao mesmo tempo que reconhece a relação inevitável do ser-humano. Mas a própria *Destruktion* dessa ontologia por Heidegger também não levaria à desconstrução de tal construção de relações intersubjetivas?

Somente no horizonte de um individualismo latente é que as relações humanas são entendidas como prejudiciais para o eu, sobretudo quando uma pessoa reconhece que não pode escapar dessas relações. Com respeito à situação hermenêutica, é essa relação do ser-humano que está por trás da tradicionalização da interpretação: aprendo a interpretar dentro de uma tradição da qual faço parte e que é composta pela *comunidade* da qual faço parte. Eu interpreto, em geral, a forma como "eles" interpretam. Mas por que isso deve ser retratado como impróprio se é um aspecto inevitável do ser humano? Não é definido como tal apenas porque Heidegger ainda é atormentado pela presença, embora uma presença que nunca esteja presente, um *Geist* da presença total? Ou seja, o discurso de Heidegger — sua interpretação da interpretação — não se deixa governar por seu fantasma, embora não tenha a ilusão da imediação? Não é o espectro da presença que define as regras do jogo?

A Queda no Jardim

A crítica de Heidegger ao homem moderno permanece confinada em um paradigma moderno?[23] Neste momento, não nos é permitido (não somos chamados a?) interpretar de maneira diferente da de Heidegger,[24] seguir um caminho diferente?

E se "estar em relação" fosse entendido como um aspecto fundamental de ser *autenticamente* humano? É essa outra leitura da intersubjetividade humana que está no cerne de uma hermenêutica pneumática-criacional, pois, se "estar em relação" é um aspecto de ser uma criatura, então deve ser entendido como uma modalidade

---

[23]O que estou tentando dizer aqui é que Heidegger, ao forçar os limites do projeto moderno, não fez algumas perguntas fundamentais (perguntas que Derrida também não faz). Não estou sugerindo que é possível sair completamente da tradição metafísica; no entanto, Heidegger parece fazer muitas concessões ou não perguntar o suficiente. Isso é análogo à crítica de Jean-Luc Marion à crítica de Heidegger à ontoteologia. Enquanto Heidegger leva a pergunta novamente para além — e por trás — da metafísica, sua crítica permanece no horizonte da ontologia, ou na "imagem do Ser"; é simplesmente "*outra* idolatria" na medida em que assume a "anterioridade essencial da questão ontológica sobre a chamada questão ôntica de 'Deus'". O Ser ainda define as regras, e quem faz as regras vence o jogo. Veja Marion, *God without Being*, trad. Thomas A. Carlson (Chicago: University of Chicago Press, 1991), p. 37-52. Veja também Marion, "The Final Appeal of the Subject [*L'interloque*]" [O apelo final do sujeito], em *Deconstructive Subjectivities* [Subjetividades desconstrutivas], eds. Simon Critchley e Peter Dews, trad. Simon Critchley (Albany: SUNY Press, 1996), p. 85-104. Infelizmente, até mesmo Marion, apesar de sua maravilhosa ênfase no amor, entrega o jogo ao Ser com respeito aos seres humanos, pois "ficamos — na qualidade de seres — sob o governo do Ser". Assim, por fim, ser finito é ser pecador, estar sob a "economia" pecaminosa "da criatura" (*God without Being*, p. 108-9). Para minha própria crítica de Marion sobre assuntos correlatos, veja James K. A. Smith, "Respect and Donation: A Critique of Marion's Critique of Husserl" [Respeito e doação: uma crítica da crítica de Marion a Husserl], *American Catholic Philosophical Quarterly* 71 (1997): 523-38, e "How to Avoid Not Speaking: Attestations", em *Knowing Other-Wise: Philosophy on the Threshold of Spirituality*, Perspectives in Continental Philosophy, ed. James H. Olthuis (Bronx, NY: Fordham University Press, 1997), p. 221-23. Veja também Graham Ward, "The Theological Project of Jean-Luc Marion" [O projeto teológico de Jean-Luc Marion], em *Post-secular Philosophy: Between Philosophy and Theology* [Filosofia pós-secular: entre a filosofia e a teologia], ed. Phillip Blond (Nova York: Routledge, 1998), p. 229-39.

[24]Compare R. J. Sheffler Manning, *Interpreting Otherwise than Heidegger: Emmanuel Levinas's Ethics as First Philosophy* [Interpretando de maneira diferente de Heidegger: a ética de Emmanuel Levinas como primeira filosofia] (Pittsburgh: Duquesne University Press, 1993). Manning propõe que Emmanuel Levinas ofereça outra interpretação, diferente da de Heidegger. Mas, como sugerirei no capítulo 4, com relação à violência da intersubjetividade, Levinas, Heidegger e Derrida estão de acordo.

A QUEDA DA INTERPRETAÇÃO

de bondade criacional, da bondade da criação. Em vez de ser, desde sempre, dominado pelo outro, o Outro e os outros são essenciais para meu ser (para meu tornar-me) humano. É precisamente essa outra leitura de "Estar com", uma leitura diferente da de Heidegger, que foi desenvolvida por James Olthuis em sua construção de um modelo antropológico que respeita a intersubjetividade inerente ao ser humano e ao ser uma criatura.[25]

> Uma pessoa individual é sempre um "Eu" do "Nós". A individuação — o "Eu-próprio" — e a comunalidade — o "Nós-próprios" — não são fundamentalmente opostas. São os dois lados, por assim dizer, da unidade diferenciada da humanidade. Fazer injustiça a um dos lados distorce o outro e destrói o todo. Não existe um eu solitário. Todo eu é um "eu conectivo".[26]

Em vez de serem aspectos da queda e da impropriedade, as relações com os outros são fundamentais para a existência autêntica, para sermos nós mesmos (*Eigentlichkeit*). "Ser humano", argumenta Olthuis, em contrapartida a Heidegger, "é algo completamente relacional. E tornar-se um eu é um processo de interconexão de uma rica variedade de maneiras e formas. O eu é, portanto, constitucionalmente um eu conectivo em processo, muitos fios tecidos e que estão sendo tecidos".[27]

---

[25]Olthuis, James H. "God-with-Us: Toward a Relational Psychotherapeutic Model" [Deus-conosco: em direção a um modelo psicoterapêutico relacional], *Journal of Psychology and Christianity* 13 (1994), p. 37-49; idem, "Being-With: Toward a Relational Psychotherapy" ["Estar com": em direção a uma psicoterapia relacional], *Journal of Psychology and Christianity* 13 (1994): 217-31; idem, "Be(com)ing: Humankind as Gift and Call", *Philosophia Reformata* 58 (1993); idem, "Crossing the Threshold: Sojourning Together in the Wild Spaces of Love" [Cruzando o limiar: permanecendo por um tempo juntos nos espaços profundos do amor], *Toronto Journal of Theology* 11 (1995): 39-57, esp. p. 40-41, e *idem*, "A Hermeneutics of Suffering Love" [A antropologia filosófica de Olthuis foi sucintamente articulada em *The Beautiful Risk: A New Psychology of Loving and Being Loved* (O belo risco: uma nova psicologia do amar e ser amado) (Grand Rapids: Zondervan, 2001).]

[26]Olthuis, "Be(com)ing", p. 161.

[27]Olthuis, "Being-With", p. 217.

A Queda no Jardim

A construção da intersubjetividade de Heidegger permanece confinada em uma ontologia de poder e de domínio, em que "ser um eu é ter inimigos. Implícita, se não explicitamente, o indivíduo está sempre em guerra".[28] Mas isso, sem dúvida, é apenas uma interpretação condicionada por determinada tradição ontológica, e está aberta, e até mesmo convida, a questionar. Se o mundo é criação — uma boa dádiva da mão de Deus — e se "estar com outros" é um aspecto constitutivo da bondade criada, então podemos entender as relações humanas não necessariamente como estruturas de domínio (embora certamente haja casos em que são), mas, em vez disso, como redes de conexão que são tão essenciais para a vida humana quanto o oxigênio que respiramos. Em vez de ser uma violação de mim mesmo, "estar com outros" é ser humano. Estar "sozinho", estar "fechado em mim mesmo, sem contato interior com os outros — a solidão —, é contra a natureza humana".[29] A "distância" e o "espaçamento" (*BT*, p. 164), que são características do "estar um com o outro", não são lacunas "inquietadas". Antes, são os "espaços profundos do amor", que é outra maneira de ler, outra maneira de construir, o mundo, uma interpretação alternativa da interpretação (e intersubjetividade).

O amor como dádiva cria um "espaço que reúne", que convida parcerias e que nasce de modo coletivo, e, fundamentalmente, que questiona a ideia desconstrutiva de que as estruturas são necessariamente violentas. Ele sugere uma nova tematização do significado e da verdade como boas conexões, em contraste com o

---

[28]Olthuis, "Crossing the Threshold", p. 41. Isso será examinado com mais detalhes em conexão com Emmanuel Levinas no próximo capítulo. Paul Ricoeur também pode ser incluído aqui, quando afirma que "é difícil imaginar situações de interação nas quais um indivíduo não exerce poder sobre outro pelo próprio fato de agir". Portanto, "a violência contamina todas as relações de interação" (*Oneself as Another* [O si-mesmo como outro], trad. Kathleen Blamey [Chicago: University of Chicago Press, 1992], p. 220, 351). Mas por que as relações iguais são tão difíceis de imaginar, a menos que se parta de uma ontologia de domínio? Não poderia ser de outra maneira? Não poderíamos imaginar isso de forma diferente?

[29]Olthuis, "Be(com)ing", p. 161.

A QUEDA DA INTERPRETAÇÃO

poder, o controle e o julgamento da modernidade, e a interrupção e a disseminação de qualquer reivindicação de direito ao significado e à verdade do pós-modernismo [...] Temos um convite para nos encontrar e permanecer nos espaços profundos do amor como alternativas ao distanciamento ou ao domínio modernistas e à fluidez e à fusão pós-modernas.[30]

Nessa leitura, o outro não é necessariamente uma diminuição do meu ser, ou aquele por quem sou dominado, mas, sim, o outro que enriquece o meu ser.

No que diz respeito à hermenêutica, então, recuperamos a tradicionalização do ser-humano da esfera da "existência cotidiana imprópria" para ser respeitado como um aspecto importante e capacitador da intersubjetividade humana. A comunidade da qual faço parte não é o "eles" que distorce minhas interpretações, mas precisamente a comunidade que compreende a(s) tradição(ões) da(s) qual(is) faço parte — a comunidade que me ensinou a falar, ler e escrever (minha "tradição linguística") e que, com isso, abre possibilidades para a interpretação. É o "eles" que me ensinou a interpretar e, sem esse "eles", eu estaria perdido; de fato, nunca estou sem "eles". Ouvir o "eles" é simplesmente ser humano, embora certamente admita-se que, às vezes, ouvir a interpretação dominante é algo violento (como, por exemplo, na Alemanha na década de 1930). Mas não é *necessariamente* violento ler o jornal ou usar o transporte público, como afirma Heidegger (*BT*, p. 164).

Essa outra leitura da intersubjetividade e da espacialidade que requer a hermenêutica é, de fato, uma interpretação diferente da de Heidegger, mas é também uma leitura de Heidegger contra si mesmo, uma "demitologização" de Heidegger que afeta sua construção de relações humanas com sua compreensão da natureza constitutiva da hermenêutica para o ser-humano.[31] O objetivo des-

---

[30]Olthuis, "Crossing the Threshold", p. 49-50.

[31]Esse é o projeto que Caputo se propõe a realizar em seu livro *Demythologizing Heidegger* [Desmitologizando Heidegger] (Bloomington: Indiana University Press, 1993), p. 1-8.

A Queda no Jardim

sa demitologização não é a eliminação do mito, como enfatiza John Caputo, mas a criação de outro mito — um mito que não seja o da violência originária. Interpretar a vida como criação é apenas um mito, uma boa história (*eu-angelion*), um relato de cura. A criação é uma narrativa hebraica libertadora, contada das margens — do exílio[32] —, e é precisamente o que Caputo (seguindo Derrida) descreve como um mito "greco-judeu" da justiça.[33]

Uma vez que é um mito — uma interpretação, uma construção —, alguns serão rápidos em desconsiderar a criação. Mas deve-se reconhecer que a história de Heidegger sobre a queda e a violência também é um mito, uma decisão hermenêutica atormentada pela indecidibilidade. Devemos escolher entre mitos e interpretações, pois

> não se trata de ir além do mito ou deixar totalmente de lado a mitologização, o que não é mais possível do que ir além da metafísica ou deixá-la de lado, mas, sim, de inventar mitos novos e mais benéficos, ou de recuperar outros — e mais antigos — mitos, mitos para combater os mitos destrutivos da violência, do domínio, do patriarcado e da hierarquia.[34]

Como argumenta John Milbank, a "ontologia diferencial [de Heidegger e Derrida] é apenas mais um *mythos*" ao qual oferecemos um contramito, "uma 'ontologia da paz', que concebe as diferenças como tendo uma relação analógica, em vez de serem equivocadamente divergentes".[35] Milbank faz precisamente a pergunta que fiz à construção da intersubjetividade de Heidegger:

---

[32]Veja a introdução, nota 36.
[33]Caputo, *Demythologizing Heidegger*, p. 7.
[34]Ibid., p. 3.
[35]Milbank, John. *Theology and Social Theory: Beyond Secular Reason* [Teologia e teoria social: além da razão secular] (Oxford: Blackwell, 1990), p. 279. Milbank faz um excelente trabalho no sentido de demonstrar os compromissos *religiosos* que estão por trás de uma ontologia da violência (p. 280-89). [Para mais explicações sobre a "ontologia da paz"

A QUEDA DA INTERPRETAÇÃO

> É preciso interpretar todo distúrbio, todo evento, como um evento de guerra? Apenas, eu argumentaria, se alguém, de modo transcendental, entendeu todas as diferenças como tendo uma relação negativa [...] Se não se constrói tal pressuposto, então seria possível entender o ato da diferença afirmativa, quando ela passa para o outro, como um convite para que o outro aceite essa diferença por causa de sua desejabilidade objetiva.[36]

Se começarmos com uma decisão diferente, com uma decisão de interpretar *e acreditar* de maneira diferente, então as relações entre os entes, que são a condição para a hermenêutica, podem ser entendidas como, primordial e fundamentalmente, "boas" ou "pacíficas" (Milbank), embora ainda abertas à possibilidade de violência. Mas a violência, em contraste com Heidegger, não seria um aspecto constitutivo dessas relações; sua invasão, na guerra, é interpretada "como uma absoluta intrusão, uma anomalia ontológica" que não tem "lugar" na criação.[37]

RESSALVAS DE HEIDEGGER

Até agora, sugeri outra interpretação da intersubjetividade na tentativa de ler de outra forma que não o mito da violência intersubjetiva e do individualismo latente de Heidegger, mito que reforça sua construção da decadência do *Dasein*. Mas, ao que parece, há ainda outro mito em ação por trás de seu discurso sobre a queda: a saber, determinada leitura da doutrina cristã tradicional da Queda e do pecado original. Sem dúvida, eu o interpretei mal, pois o trabalho inicial de Heidegger está repleto de ressalvas que impossibilitam uma sugestão desse tipo. A interpretação da queda oferecida em

---

de Milbank e sua crítica à "ontologia da violência", veja James K. A. Smith, *Introducing Radical Orthodoxy: Mapping a Post-secular Theology* [Introduzindo a ortodoxia radical: mapeando uma teologia pós-secular] (Grand Rapids: Baker Academic, 2004), p. 195-97].
[36]Milbank, *Theology and Social Theory*, p. 289.
[37]Ibid., p. 294.

156

A Queda no Jardim

Being and Time [Ser e tempo] é "puramente ontológica em seus objetivos e está muito longe de qualquer crítica moralizante do *Dasein* cotidiano" (*BT*, p. 211). Além disso, a categoria da queda — e sua manifestação no falatório, na curiosidade e na ambiguidade — não tem por objetivo "expressar qualquer avaliação negativa" (*BT*, p. 220, 265); simplesmente faz parte da estrutura ontológica essencial do *Dasein* (*BT*, p. 224). "Portanto", continua ele, "também não devemos tomar a decadência do *Dasein* como uma 'queda' de um 'estado original' mais puro e superior. Não apenas nos falta, onticamente, alguma experiência disso, como também, do ponto de vista ontológico, não temos nenhuma possibilidade ou pista para interpretar dessa forma" (*BT*, p. 220). O *Dasein* não decaiu *de* algo nem *de* algum lugar, mas é desde sempre uma decadência — em termos essenciais e existenciais — "no mundo".

Acima de tudo, a análise ontológica das estruturas fundamentais do *Dasein* não deve ser confundida com um discurso ôntico/teológico sobre a Queda da humanidade. Heidegger afirma:

> Conclui-se que nossa Interpretação ontológica-existencial não faz uma afirmação ôntica sobre a "corrupção da Natureza humana", não por faltarem as evidências necessárias, mas porque a problemática dessa Interpretação é *anterior* a qualquer afirmação sobre corrupção ou incorrupção. A Queda é concebida, do ponto de vista ontológico, como uma espécie de movimento. Onticamente, não decidimos se o homem está "embriagado com o pecado" e no *status corruptionis*, se caminha no *status integritatis* ou se ele se encontra em um estágio intermediário, o *status gratiae*. Mas, na medida em que qualquer fé ou "visão de mundo" faz tais afirmações, e se afirma algo sobre o *Dasein* como Ser no mundo, deve voltar às estruturas existenciais que estabelecemos. (*BT*, p. 224)

As características que Heidegger descreve como decaídas são essenciais para o *Dasein* e, portanto, precedem qualquer comentário teológico sobre o pecado; a interpretação da queda em *Being*

A QUEDA DA INTERPRETAÇÃO

and Time [Ser e tempo] é, fundamentalmente, neutra, antes de qualquer compromisso de fé e, portanto, não corrompida por ele. Heidegger foi mais enfático sobre esse ponto em sua palestra no verão de 1925, afirmando categoricamente que

> o que está envolvido aqui é uma pura consideração de estruturas, que *precede* todas essas considerações. Nossa consideração deve ser nitidamente diferenciada de qualquer consideração teológica. É possível, talvez até mesmo necessário, que todas essas estruturas se repitam em uma antropologia teológica. Não estou em posição de julgar como isso ocorre, uma vez que não entendo nada dessas coisas. É claro que estou familiarizado com a teologia, mas ainda falta muito para se chegar a um entendimento. Uma vez que essa análise incorre repetidamente nesse mal-entendido, deixe-me enfatizar que ela não propõe nenhuma teologia secreta e, em tese, nada tem a ver com teologia.[38]

Do outro lado do *campus* de Marburg, Rudolf Bultmann estava acreditando na história — a história que está por trás de seu próprio mito de demitologização, cujo objetivo era classificar as camadas de mito no Novo Testamento para desvendar as estruturas essenciais do evangelho e apresentá-las ao mundo moderno. Uma vez que, para Bultmann, é bastante óbvio que é "impossível usar a luz elétrica e o telégrafo sem fio, e aproveitar as descobertas médicas e cirúrgicas modernas e, ao mesmo tempo, acreditar no mundo de espíritos e milagres do Novo Testamento",[39] é necessário retirar o *kerigma* (a pregação) da estrutura mítica [do Novo Testamento] para se chegar a uma expressão não mítica do evangelho. O cosmos

---

[38]Heidegger, Martin, *History of the Concept of Time: Prolegomena*, [A história do conceito de tempo: prolegômenos] trad. Theodore Kisiel (Bloomington: Indiana University Press, 1985), p. 283.

[39]Bultmann, Rudolf. "New Testament and Mythology" [Novo Testamento e mitologia], em *Kerygma and Myth* [Kerigma e mito], de Bultmann et al., ed. Hans Werner Bartsch, trad. Reginald H. Fuller (Nova York: Harper & Row, 1961), p. 5.

A Queda no Jardim

de três camadas — a noção de que a morte é a punição do pecado, a doutrina da expiação e a ressurreição de Jesus — é um aspecto problemático do Novo Testamento que Bultmann afirma ser inaceitável para o "homem moderno". O projeto de Bultmann consistia em revelar a interpretação do Novo Testamento da *existência* humana e, em seguida, determinar se esse entendimento é verdadeiro. A fé que afirma que esse entendimento é verdadeiro "não deve estar ligada às imagens da mitologia do Novo Testamento".[40]

O projeto de Bultmann era, fundamentalmente, apologético. Em essência, parece que ele estava trabalhando com uma teologia natural revisada, uma espécie de teologia fundamental protestante pela qual ele queria tirar o Novo Testamento do mito e chegar à interpretação de existência [do Novo Testamento] para que ela fosse "aceitável até mesmo para a mente não mitológica de hoje".[41] Assim, para demonstrar que essa interpretação da existência era verdadeira, o que é a "verdadeira questão",[42] Bultmann recorre à disciplina "pura" da filosofia para agir como árbitro. Isso não é totalmente diferente do projeto tradicional tomista de recorrer à filosofia — ou seja, a razão natural — para confirmar os preâmbulos da fé. Assim, é possível ler "New Testament and Mythology" [Novo Testamento e Mitologia], de Bultmann, como uma espécie de *Summa Contra Gentiles* do século 20, um projeto erguido com a esperança de despertar uma geração para a fé, estabelecendo um ponto de contato na razão (ou seja, na filosofia).[43] Assim como

---

[40]Ibid., p. 11.

[41]Ibid., p. 16.

[42]"A verdadeira questão é se esse entendimento da existência é verdadeiro" (ibid., p. 11).

[43]Para insistir ainda mais na analogia, Bultmann também enfatiza que há um ponto em que a fé deve atravessar o abismo onde a razão falha; ou seja, a interpretação da existência no Novo Testamento não é idêntica ao "existencialismo" de Heidegger, pois o Novo Testamento afirma que não se resolve esse enigma por meio de uma resolução, mas pela graça (ibid., p. 28-33). Assim, também para Tomás de Aquino, há muito que se pode saber sobre Deus por meio da razão. Um conhecimento "salvífico" de Deus requer fé. Para uma discussão bastante sucinta, veja o comentário de Tomás de Aquino sobre *De Trinitate* [A trindade], de Boécio, em *Faith, Reason and Theology* [Fé, razão e teologia], trad. Armand Maurer (Toronto: Instituto Pontifício de Estudos Medievais, 1987), Q1.A4; Q3.A1, 4.

um se refere ao "Filósofo", o outro se refere ao testemunho dos "filósofos" em busca de respaldo.

O que acontece no processo dessa demitologização é uma história notável: de forma surpreendente, quando toda a demitologização chega ao fim, Bultmann se surpreende com o fato de que o Novo Testamento, em linguagem mítica, está dizendo precisamente o que Heidegger disse no início do século 20 na linguagem neutra da filosofia. "Sobretudo", observou ele, "a análise existencialista de Heidegger da estrutura ontológica do ser parece não ser mais do que uma versão filosófica secularizada da visão da vida humana no Novo Testamento".[44] Mas, uma vez que Bultmann estava acreditando na história de Heidegger sobre a neutralidade e a natureza não teológica de sua filosofia, Bultmann sabia que *não era* uma secularização do Novo Testamento. Era, na compreensão de Heidegger, uma análise estritamente neutra, e até mesmo ateísta, das estruturas ontológicas. Bultmann continua a dizer:

> Alguns críticos se opõem à ideia de que estou tomando emprestadas as categorias de Heidegger e impondo-as ao Novo Testamento. Receio que isso apenas sirva para mostrar que eles estão fechando os olhos ao problema real. Quero dizer, seria melhor se surpreender com o fato de que a filosofia está dizendo o mesmo que o Novo Testamento *e dizendo isso de maneira muito independente.*[45]

Assim, quando, finalmente, chegou às estruturas fundamentais do *kerigma* do Novo Testamento como coisas encapsuladas na ansiedade e na propriedade [autenticidade], Bultmann teve certeza de que isso não era simplesmente mitologia, mas parte das próprias estruturas da existência humana, uma vez que Heidegger estava dizendo o mesmo — e dizendo isso "de forma bastante independente".

Mas a demitologização de Bultmann funcionou apenas porque ele acreditava no mito de Heidegger da neutralidade religiosa na filosofia,

---

[44] Bultmann, "New Testament and Mythology", p. 24.
[45] Ibid., p. 25, ênfase em itálico adicionada.

A Queda no Jardim

que está enraizado em seu trabalho metodológico anterior, no qual ele desenvolveu a noção de "ateísmo metodológico". Esse não é um ateísmo simples, mas talvez até mesmo um ateísmo cristão, o ateísmo de quem tem talento para ser filósofo e cristão, o que significa ser ateu e, ainda assim, religioso. O que está em jogo é a relação entre fé e filosofia, e é aqui que Heidegger prega o ateísmo. Por exemplo, no semestre do inverno de 1921/22, Heidegger insistiu que

a questionabilidade [*Fraglichkeit*] não é religiosa, mas pode, no entanto, levar-me a uma posição na qual devo tomar uma decisão religiosa. Não me comporto religiosamente ao filosofar, mesmo que eu, como filósofo, possa ser um homem religioso. "Mas aqui está a arte": filosofar e, com isso, ser genuinamente religioso, ou seja, assumir de modo factício a tarefa histórica e mundana em filosofar, em ação e em um mundo de ação, não em ideologia e fantasia religiosas. A filosofia, na questionabilidade radical que postulou para si mesma, deve ser, a princípio, *ateísta*. (*PIA*, p. 197)

A filosofia é um questionamento radical, mas, para, de fato, questionar — levar o questionamento de uma pessoa à beira do abismo —, é preciso ser ateu, pois a fé dá respostas muito cedo. Mesmo na década seguinte, em 1935, Heidegger manteve esse princípio de ateísmo metodológico, argumentando que

qualquer pessoa para quem a Bíblia é a revelação divina e a verdade tem resposta à seguinte pergunta: "Por que existem entes em vez do nada?", mesmo antes de a pergunta ser feita: tudo o que existe, exceto o próprio Deus, foi criado por ele [...] Quem se apega a essa fé pode, de certo modo, fazer conosco a pergunta, mas não pode de fato questionar sem deixar de crer e aceitar todas as consequências desse passo. Ele só será capaz de agir "como se".[46]

---

[46]Heidegger, Martin, *Introduction to Metaphysics* [Introdução à metafísica]. trad. Ralph Manheim (New Haven: Yale University Press, 1959), p. 7. Caputo vê uma descontinuidade entre essa crítica e as das primeiras palestras de Freiburg, mas eu sugeriria que

A QUEDA DA INTERPRETAÇÃO

Ele está dizendo que fé e filosofia são inimigos mortais; de fato, "a fé é um inimigo tão mortal que a filosofia nem se dá ao trabalho de querer lutar contra ela".[47] "O filósofo não crê"[48] que não possa crer, porque a fé está em oposição radical à própria natureza da filosofia como aquela que faz perguntas. Se a filosofia vai "fazer a vida factícia falar por si mesma", deve ser *fundamentalmente ateísta*" (PIRA, p. 367). É por isso que a ideia de uma "filosofia cristã" é um "círculo quadrado" e um "quadrado circular".[49] Ademais, e ainda mais importante para a presente consideração, é por isso que as análises ontológicas da queda, da cura [cuidado] e da consciência não devem ser confundidas com relatos teológicos. O discurso de Heidegger é "puro", imaculado ou descontaminado de qualquer vestígio de fé e religião.

A FÉ DE HEIDEGGER

Eu, por exemplo, não acredito nessa história. Como demonstraram as pesquisas de Theodore Kisiel, John van Buren e Caputo, Heidegger não chegou a essas estruturas de maneira tão independente quanto Bultmann acreditava. A partir de 1917, Heidegger passou a ler a teologia protestante e ficou particularmente encantado com a obra

---

ambas as críticas a uma filosofia cristã estão arraigadas no entendimento da filosofia de Heidegger como um questionamento radical. Veja Caputo, *Demythologizing Heidegger*, p. 43, 174-78. A propósito, é precisamente o privilégio da "pergunta" que é levantada no livro *Of Spirit*, de Derrida, uma linha de questionamento que o leva, por fim, à fé (Derrida, Jacques. *Of Spirit: Heidegger and the Question*, trad. Geoffrey Bennington and Rachel Bowlby [Chicago: University of Chicago Press, 1989], p. 129-30 [daqui em diante, citado no texto como *OS*]).

[47]Heidegger, Martin, *Phanomenologie und Theologie* [Fenomenologia e teologia] (Frankfurt: Vittorio Klostermann, 1970), p. 32. Essa oposição está arraigada no discurso de Paulo sobre a loucura da fé (1Coríntios 1:18-25), conforme retomada por Martinho Lutero. Para uma discussão, veja John van Buren, "Martin Heidegger, Martin Luther", em *Reading Heidegger from the Start: Essays in His Earliest Thought* [Lendo Heidegger desde o início: ensaios em seu pensamento tardio], eds. Theodore Kisiel e John van Buren (Albany: SUNY Press, 1994), p. 167-68.

[48]Idem. *The Concept of Time* [O conceito de tempo], trad. William McNeill, ed. alemão--inglês (Oxford: Blackwell, 1992), p. 1.

[49]Idem, *Phanomenologie und Theologie*, p. 32; e idem, *Introduction to Metaphysics* [Introdução à metafísica], p. 7.

A Queda no Jardim

de Lutero.[50] Sua "Aristotle-Introduction" [Introdução a Aristóteles] assumiu sua tarefa de "destruir de modo fenomenológico" o "período teológico inicial de Lutero"; de fato, toda a análise estava arraigada nas implicações da "teologia da Reforma" (PIRA, p. 372-73). Além disso, é em *Lectures on Romans, Heidelberg Disputation* [Leitura sobre Romanos, a disputa de Heidelberg] e *Commentary on Genesis* [Comentário de Gênesis] de Lutero, que encontramos muitos dos termos usados na descrição da decadência de Heidegger, incluindo *queda, cura [cuidado], ansiedade, fuga* e *consciência*.[51] E, mais recentemente, vemos a gênese das análises "ontológicas" de Heidegger no trabalho desenvolvido sobre as *Confissões* de Agostinho.[52]

Não é necessário, no presente contexto, relatar o grande volume de dados reunidos por Kisiel e van Buren. Neste momento, é indiscutível nos estudos de Heidegger que a leitura teológica de Paulo, Agostinho, Lutero e Kierkegaard teve influência decisiva nas primeiras reflexões de Heidegger, um fato que ele mesmo sustentou em 1959, quando observou que, sem sua formação teológica, nunca teria chegado ao tema da hermenêutica.[53] No entanto, Heidegger insistiu que suas conclusões filosóficas foram alcançadas "de maneira muito independente" de suas influências teológicas ou religiosas. Afinal, isso é filosofia, e a filosofia nada tem a ver com fé. Parece, talvez, que Heidegger nega veementemente aquilo que está no cerne de seu projeto.[54]

---

[50]Veja a bibliografia da lista de leitura de Heidegger sobre a fenomenologia da religião (1917—1919) em Kisiel, *Genesis*, p. 525-26.

[51]van Buren, "Martin Heidegger, Martin Luther", p. 170.

[52]Essas análises estão incluídas em um dos volumes publicados mais recentemente de *Gesamtausgabe*, vol. 60, *Phanomenologie des Religiosen Lebens*, que inclui a palestra de Heidegger no semestre do verão de 1921, *Augustinus und der Neuplatonismus*, ed. Claudius Strube (Frankfurt: Vittorio Klostermann, 1995), p. 157-299. [Para a análise desses textos, veja Smith, *Speech and Theology* (Discurso e teologia), p. 94-102.]

[53]Heidegger, "A Dialogue on Language between a Japanese and an Inquirer" [De uma conversa sobre a linguagem entre um japonês e um pensador], p. 9-10.

[54]Compare com *BT*, p. 151: "Ao se interpelar diretamente a si mesmo, talvez o *Dasein* sempre diga: 'Eu sou este ente', e, no final, diz isso também em alto e bom som quando ele 'não' é esse ente".

A QUEDA DA INTERPRETAÇÃO

Contudo, mais uma vez, não acredito nessa história, precisamente porque não acredito na história do ateísmo metodológico. *Being and Time* [Ser e tempo] equivale exatamente ao que alguns sugeriram, mas Bultmann rejeitou: a saber, uma secularização (Heidegger diria uma "formalização") do Novo Testamento. Como Caputo bem resume:

> Quando examinaram as páginas de *Being and Time* [Ser e tempo], os teólogos cristãos se viram olhando para sua própria imagem formalizada, ontologizada ou, o que equivale à mesma coisa, "demitologizada" [...] Quando Bultmann "aplicou" *Being and Time* à teologia cristã, ele estava "*des*formalizando" a analítica existencial e articulando-a em termos de um ideal existencial e historicamente específico, a saber, o cristianismo histórico. A razão pela qual essa desformalização funcionou tão bem foi que a analítica existencial era, em primeiro lugar e em grande parte, a questão de uma formalização da vida factícia cristã. Bultmann estava invertendo amplamente o processo que viabilizou *Being and Time* em primeiro lugar.[55]

Uma vez reconhecido isso, conclui-se que a interpretação da queda de Heidegger — sua interpretação da interpretação e sua construção da intersubjetividade —, afinal, não é tão "neutra" ou "pura". Pelo contrário, é um mito que nos convida a demitologizar e a remitologizar.

---

[55]Caputo, *Demythologizing Heidegger*, p. 173. Derrida faz uma observação similar: "O mesmo pensamento heideggeriano muitas vezes consiste, notadamente em *Being and Time* [Ser e tempo], em repetir em um nível ontológico temas e textos cristãos que foram 'descristianizados'. Tais temas e textos são, em seguida, apresentados como tentativas ônticas, antropológicas ou forçadas que deixam de súbito de recuperar ontologicamente sua própria possibilidade originária (sejam, por exemplo, o *status corruptis*, a diferença entre o próprio [autêntico] e o impróprio [inautêntico] ou a queda [*Verfallen*] no *Um*, sejam o *sollicitudo* e a cura [cuidado], o prazer da visão e da curiosidade, do próprio [autêntico] ou o conceito vulgar de tempo, dos textos da Vulgata, de Santo Agostinho ou de Kierkegaard)" (Derrida, Jacques, *The Gift of Death* [A dádiva da morte], trad. David Wills [Chicago: University of Chicago Press, 1995], p. 23).

A Queda no Jardim

Nessa conjuntura, podemos começar uma segunda demitologização de Heidegger, lendo Heidegger contra Heidegger, refutando o mito da neutralidade religiosa. A filosofia é assim tão pura? A noção de uma filosofia autônoma não é exatamente o demônio que o próprio trabalho de Heidegger tinha o compromisso de combater? Não foi Heidegger quem insistiu no papel das pressuposições e do entendimento prévio na filosofia? Essa supressão da fé do *Dasein* não é semelhante à redução a um ego lógico-transcendental — o animal que Heidegger declarou ser mítico? Posso parar de acreditar quando estou filosofando? Eu paro?

Aqui eu proporia que Heidegger, ao discutir fé e filosofia, recua do ponto ao qual a trajetória de seu próprio pensamento levaria. Todo o trabalho inicial de Heidegger tende a demonstrar que não somos egos desencarnados, mas, sim, seres humanos no mundo impedidos de ultrapassar os limites desse ambiente. A filosofia, portanto, não é uma ciência transcendental pura, embora seja uma disciplina teórica (*Wissenschaft*). Como demonstrou seu próprio trabalho, a teoria não está livre de preconceitos, de compromissos "extrafilosóficos" e, ainda assim, é precisamente esse jovem Heidegger quem insiste em excluir da filosofia a influência da fé. Mas, nessa conjuntura, não encontramos mais um vestígio do racionalismo iluminista no trabalho desse homem que desempenhou um papel tão fundamental no sentido de desconstruir esse raciocínio? Uma fenomenologia hermenêutica mais insistente não respeitaria o papel desempenhado pela fé no ato de filosofar?[56]

Lendo o Novo Testamento de forma diferente de Heidegger

Na seção anterior, meu objetivo foi desvendar o mito — o compromisso religioso — que age por trás da leitura supostamente neutra

---

[56]Para um desenvolvimento mais detalhado dessa crítica e uma proposta construtiva alternativa, veja meu ensaio "The Art of Christian Atheism: Faith and Philosophy in Early Heidegger" [A arte do ateísmo cristão: fé e filosofia no jovem Heidegger], *Faith and Philosophy* 14 (1997): 71-81.

A QUEDA DA INTERPRETAÇÃO

de Heidegger da intersubjetividade e da hermenêutica. Fiz isso para abrir espaço a um mito diferente, a outra história de inter-subjetividade. Mas, em seguida, após apreciar que a interpretação da interpretação de Heidegger deve seu ímpeto à tradição cristã, é preciso enfatizar que essa influência vem de um *lado* particular da tradição cristã, uma tradição dentro da tradição, embora seja uma das mais influentes. A genealogia dessa tradição remonta a Paulo, conforme interpretação de Agostinho, Lutero e Kierkegaard — uma linhagem traçada em *Being and Time*: "Agostinho [...] Lutero [...] Kierkegaard [...]" (*BT*, p. 492, nota iv) —, fazendo eco à genealogia de Lutero na abertura da *Disputa de Heidelberg*, em que ele apela a "Paulo, o vaso e o instrumento especialmente escolhido por Cristo, e também a Agostinho, seu intérprete mais confiável".[57] Assim, a leitura de Heidegger do cristianismo histórico e do Novo Testamento passou pelas lentes de uma tradição interpretativa em particular, uma tradição que exclui outras narrativas da história. Enquanto Kisiel e van Buren afirmam que Heidegger estava recuperando o "cristianismo primitivo", eu perguntaria: o cristianismo primitivo *de quem?*

Nos capítulos que se seguem, sugerirei que a dependência de Heidegger dessa tradição interpretativa em particular conduz à des-valorização do ser-humano ao absolutizar e ontologizar a Queda e seu efeito na interpretação. No entanto, é importante observar que essa tradição interpretativa, que afirma estar na linhagem de Paulo, parece representar uma leitura seletiva do trabalho paulino. E o que é mais importante para meu projeto: as reivindicações de uma herança "agostiniana" constituem distorções de Agostinho que não veem o modo segundo o qual o ímpeto bíblico de seu pensamento afeta as categorias neoplatônicas que ele empregava. No capítulo 5, sugerirei que essa leitura incorreta de Agostinho seja atribuída à tradição de Port-Royal, de Blaise Pascal e Antoine

---

[57]Lutero, Martinho, *Heidelberg Disputation* [Disputa de Heidelberg] em *Luther's Works* [As obras de Lutero], ed. J. Pelikan (St. Louis: Concordia, 1955), 31:39.

A Queda no Jardim

Arnauld, discípulos de *Augustinus*, de Jansênio — que, em nome de Agostinho, apresenta-nos um "sistema" nada agostiniano. O resultado é o que poderíamos descrever como uma "naturalização" ou "ontologização" da Queda.

Meu objetivo será ler o Novo Testamento de modo diverso do de Heidegger, pelas lentes de uma tradição interpretativa diferente — e, por conseguinte, suprimida e marginalizada — que não seja essa linha privilegiada. Essa tradição interpretativa diferente, com uma genealogia que inclui os nomes de Jacobus Arminius e John Wesley, é descoberta por meio de uma arqueologia de conhecimentos subjugados (vozes da margem), sobretudo as tradições pentecostais e o Movimento de Santidade.[58] Essa alternativa ou contra-história em si oferece outra leitura de Paulo, questionando a linhagem interpretativa luterana antes citada: ou seja, a recuperação de Heidegger não é uma simples recuperação do "cristianismo primitivo"; nem mesmo uma simples apropriação da tradição paulina, pois Paulo e a própria tradição paulina constituem um trabalho pluriforme.

---

[58]Nessa reconstrução de uma história alternativa, sigo Michel Foucault, "Two Lectures" [Duas palestras], em *Critique and Power: Recasting the Foucault/Habermas Debate* [Crítica e poder: reformulando o debate Foucault/Habermas], ed. Michael Kelly (Cambridge, MA: MIT Press, 1994), p. 17-46. Para um relato sobre a marginalização dessas vozes pela teologia evangélica, veja James K. A. Smith, "Closing the Book: Pentecostals, Evangelicals, and the Sacred Writings" [Fechando o livro: pentecostais, evangélicos e escritos sagrados], *Journal of Pentecostal Theology* 11 (1997): 49-71, e do mesmo autor, "Scandalizing Theology: A Pentecostal Response to Noll's *Scandal*" [Teologia escandalizante: uma resposta pentecostal ao *Escândalo*, de Noll], *Pneuma: Journal of the Society for Pentecostal Studies* 19 (1997): 225-38. [Como ficará claro a seguir, no entanto, esse apelo a Arminius e Wesley é mais decorativo do que substancial. Eu os trouxe ao debate como antecessores de uma sensibilidade pentecostal e, em grande parte, para mostrar que desaprovava uma tradição escolástica "reformada" que eu estava rejeitando. O que eu não conseguia ver na época era que essa versão "escolástica" da tradição reformada não era a única maneira de ser reformada. Como eu estava preso em um falso binário, era como se rejeitar *essa* teologia "reformada" significasse optar por uma tradição "arminiana". Isso não era apenas uma dicotomia falsa; o "arminiano" é uma resposta de *ressentimento* dentro do mesmo escolasticismo. Em resumo, eu ainda não havia visto como a tradição reformada era uma tradição *católica*. Para um relato mais maduro sobre esses assuntos, veja James K. A. Smith, *Letters to a Young Calvinist: An Invitation to the Reformed Tradition* (Cartas a um jovem calvinista: um convite à tradição reformada) (Grand Rapids: Brazos, 2010).]

A QUEDA DA INTERPRETAÇÃO

Enquanto seguia Lutero em sua *Destruktion* do cristianismo aristotélico, Heidegger deixou o platonismo intacto. Portanto, ser no mundo é decair, ser absorvido pelo mundo. A Queda é uma queda bastante plotiniana no próprio Jardim, na medida em que o mundo/a criação são, essencial e estruturalmente, decadência, razão pela qual o estado de coisas que necessita da hermenêutica é decaído e violento.[59] Seguindo Lutero, no semestre do verão de 1923, Heidegger enfatizou que a Queda é, "como tal, *constitutiva*",[60] e em suas notas daquele curso ele descreve a Queda como "absoluta" e se refere "sobretudo" a Paulo (*OHF*, p. 111). "Ser no mundo", tanto para Lutero como para Heidegger, caracteriza-se por uma decadência essencial, uma noção que ambos (erroneamente) atribuem a Paulo.

A atribuição dessas ideias a Paulo não é inteiramente injustificada. Como observou Jürgen Becker, em Paulo, assim como em Heidegger, não há consideração de um mundo anterior a uma Queda; o Adão de Paulo já é um representante de uma humanidade decaída.[61] E, embora isso represente apenas um "lado" de Paulo, é um lado da tradição que persiste em Lutero e Heidegger, na medida em que Milbank ouve os ecos de Valentim em Heidegger:

> Ao tentar discutir a diferença ontológica em termos não metafísicos e não ontológicos, Heidegger parece apenas ter conseguido inventar sua própria religião. De fato, na noção de uma queda ontológica e não histórica, há muitos ecos da gnose valentiniana,

---

[59]Edith Wyschogrod também sugere um momento neoplatônico em Heidegger. Veja *Saints and Postmodernism* [Santos e pós-modernismo] (Chicago: University of Chicago Press, 1990), p. 90-92.

[60]Heidegger, Martin, *Ontologie (Hermeneutik der Faktizitat)* [Ontologia (hermenêutica da fatualidade)], ed. Kate Bröcker-Oltmanns, vol. 63 de *Gesamtausgabe* (Frankfurt: Vittorio Klostermann, 1988), p. 27 (daqui em diante, citado no texto como *OHF*).

[61]Becker, Jürgen, *Paul: Apostle to the Gentiles* [Paulo: o apóstolo dos gentios], trad. O. C. Dean Jr. (Louisville: Westminster John Knox, 1993), p. 381. [Esse, no entanto, é o tipo de conclusão que se pode ter justamente por causa da falta de uma estrutura canônica para a interpretação].

A Queda no Jardim

com sua ideia de desastre original no *pleroma* divino, ou de Jacob Boehme, com suas ideias do mal surgindo nas manifestações de desejo na própria Trindade.[62]

A hermenêutica, portanto, é um aspecto inevitável do ser-humano, mas, para Heidegger, a Queda também é um momento constitutivo ou estrutural do mundo. Embora essa leitura recorra a um lado de Paulo ou à tradição paulina, minha hermenêutica pneumática-criacional tenta recuperar uma tradição interpretativa alternativa não platônica, também originária de Paulo e de *outro* Agostinho, mas depois traçando sua genealogia por um caminho mais marginal. Segundo essa tradição (que será discutida mais detalhadamente no capítulo 5), a Queda não é um aspecto estrutural ou ontológico do mundo, mas, sim, um rompimento histórico e acidental que se abate sobre uma boa criação. Como tal, a hermenêutica não é construída como necessariamente violenta, mas como o espaço que abre a possibilidade de conexão. A interpretação não é um sinal de Queda no Jardim; ao contrário, é um convite para a comunhão com o outro.

---

[62]Milbank, *Theology and Social Theory* [Teologia e teoria social], p. 302.

capítulo quatro

VIOLÊNCIA EDÊNICA

A interpretação da interpretação de Martin Heidegger representa a semente do que, anteriormente, descrevi como um modelo de mediação violento da hermenêutica, que afirma a ubiquidade da interpretação como um aspecto inevitável do ser humano, mas, ao mesmo tempo, constrói essas condições como a fonte de violência inevitável. "No princípio, há a hermenêutica", escreve Jacques Derrida.[1] Ou seja, no Éden, na criação, há interpretação, a negociação do ser-humano, Adão interpretando (e interpretando mal) Eva (e Deus).

No entanto, a interpretação da interpretação de Derrida ainda não é meu modelo pneumático-criacional, pois, como este capítulo tentará demonstrar, quando ele afirma que, "no princípio, há a hermenêutica", está, ao mesmo tempo, declarando que, "no princípio, há violência". Enquanto a interpretação está *no Éden* — ao contrário dos modelos descritos na primeira parte, que relegaram a hermenêutica a uma história pós-lapsariana acidental —, o próprio Éden está, desde sempre, contaminado pela Queda, embora

---

[1] Derrida, Jacques, "Edmond Jabès and the Question of the Book" [Edmond Jabès e a questão do livro], em *Writing and Difference* [A escritura e a diferença], trad. Alan Bass (Chicago: University of Chicago Press, 1978), p. 67.

Violência edênica

seja uma queda *na* [presença], e não uma queda *da* [presença]. O Jardim é, desde sempre, atormentado pela violência, e as relações intersubjetivas humanas são, "essencial" e necessariamente, uma violação do outro. Ser humano é ser um hermeneuta selvagem, desde sempre e inevitavelmente culpado pela leitura e, portanto, pela prática da violência.

Neste capítulo, quero explorar a interpretação da hermenêutica por Derrida, concentrando-me sobretudo no início de seu livro *Of Grammatology* [Gramatologia], mas também fazendo referência a outros ensaios. A primeira parte do capítulo será, em grande parte, uma exposição da ligação entre escrita, violência e intersubjetividade em Derrida (e, em segundo lugar, em Emmanuel Levinas), seguida de uma crítica de Derrida à metafísica do "suplemento", tentando captar um espírito/fantasma que continua a assombrar sua proposta.

A LEITURA DA ESCRITA POR DERRIDA

A construção da escrita e da interpretação por Derrida é uma leitura sustentada de uma tradição filosófica e teológica em particular que molda suas próprias propostas "construtivas". Seus pensamentos sobre a escrita se expressam diante do horizonte do que ele descreve como a tradição "logocêntrica" da metafísica ocidental. Trata-se de uma tarefa minuciosa separar as vozes segundo o modo desconstrutivo de crítica, mas esse trabalho é necessário para evitar atribuir a Derrida precisamente o que ele está desconstruindo.[2]

Desde *Fedro*, de Platão, passando pela *Enciclopédia*, de Hegel, até o *Curso de linguística geral*, de Saussure, Derrida vê a tradição filosófica ou ontoteológica ocidental privilegiando a *voz*, e não a *escrita*, sancionando a voz como o ponto de acesso imediato à

---

[2][Para uma introdução a Derrida e, em particular, ao seu relato da linguagem e da escrita, veja James K. A. Smith, *Jacques Derrida: Live Theory* [Jacques Derrida: teoria viva] (Londres: Continuum, 2005).]

"presença total", em que a presença está associada à compreensão e à negação do mistério. Investigações ocidentais sobre a relação entre pensamento, discurso e escrita parecem ser uma série de notas de rodapé para a máxima de Aristóteles:

> As palavras faladas são os símbolos da experiência mental, enquanto as palavras escritas são os símbolos das palavras faladas. Assim como todos os homens não têm a mesma escrita, também não emitem os mesmos sons ao falar, mas as experiências mentais, que estes simbolizam de forma direta, são idênticas para todos, assim como ocorrem com aquelas coisas das quais nossas experiências são as imagens.[3]

A fala "simboliza de forma direta" o pensamento, enquanto as palavras escritas são símbolos de símbolos, duplamente removidas da realidade, local de uma secundariedade degenerativa. Na estrutura da linguística saussuriana, a fala é o significante de um significado, enquanto a escrita é o significante de um significante.[4] Acredita-se que a voz (*phonè*) seja um espelho da realidade, apresentando o mundo como ele de fato é. Nessa história do logo/fonocentrismo, a escrita se limita a uma posição secundária e instrumental:

> tradutora de um discurso pleno que estava totalmente *presente* (presente para si próprio, para seu significado, para o outro, a

---

[3]Aristóteles, *De interpretatione* [Da interpretação], 16a3-8, em *The Basic Works of Aristotle* [As obras básicas de Aristóteles], ed. Richard McKeon (Nova York: Random House, 1941).
[4]O livro de Kerryl Lynne Henderson, "Ferdinand de Saussure: Friend or Foe?" [Ferdinand de Saussure: amigo ou inimigo?], Glass 8 (1993): 12–29, ajudou-me a entender Ferdinand de Saussure; e também o primeiro capítulo de Stephen D. Moore, *Poststructuralism and the New Testament* [Pós-estruturalismo e o Novo Testamento] (Filadélfia: Fortress, 1994), p. 13-41. Sobre o estruturalismo, que oferece o contexto de *Of Grammatology* [Gramatologia], o que me ajudou foi o livro de Bill Stancil, "Structuralism" [Estruturalismo], em *New Testament Criticism and Interpretation* [Críticas e interpretação do Novo Testamento], eds. David Alan Black e David S. Dockery (Grand Rapids: Zondervan, 1991), p. 319-44.

Violência edênica

> própria condição do tema da presença em geral), técnicas a serviço da linguagem, *porta-voz*, intérprete de um discurso originário em si protegido da interpretação. (*OG*, p. 8)

Na tradição, então, a escrita está associada à interpretação e à mediação, enquanto acredita-se que a fala tem acesso não mediado a "coisas" à parte da interpretação. "A época do logos", continua ele, "deprecia, assim, a escritura tida como a mediação da mediação e como uma queda na exterioridade do significado" (*OG*, p. 12-13). "Assim, nessa época, a leitura e a escrita, a produção ou a interpretação de sinais, o texto em geral como tecido de signos, são relegados à secundariedade" (*OG*, p. 14). A escritura e, portanto, a interpretação são relegadas a uma secundariedade e a um estado secundário de decadência, como meramente "um sinal que significa um significante em si, que significa uma verdade eterna, eternamente pensada e falada na proximidade de um logos presente" (*OG*, p. 15). Na medida em que se acredita que a fala está livre de interpretação, acredita-se também que as relações humanas intersubjetivas estão livres de superestruturas interpretativas e da mediação da hermenêutica, uma praga provocada pela escrita. É essa "contaminação pela escrita" que é denunciada pelo pregador de Genebra (Saussure) como uma heresia violenta, "uma violência arquetípica: erupção do *exterior* dentro do *interior*", uma violência produzida pela usurpação da alma pelo corpo (*OG*, p. 34-35).

A escrita, na tradição, depara com a linguagem como uma violência, embora talvez, como sugere Jean-Jacques Rousseau, uma violência necessária, um suplemento para a fala que acaba por substituí-la (*OG*, p. 144-52). A escrita, embora seja um desenvolvimento inevitável, marca a corrupção da pureza da fala; é *exterior* à linguagem, acidental, algo de fora forçando sua entrada. "Rousseau", observa Derrida, "considera a escrita um meio perigoso, um auxílio ameaçador, a resposta crítica a uma situação de angústia. Quando a Natureza, como autoproximidade, passa a ser proibida ou interrompida, quando a fala não protege a presença, a

A QUEDA DA INTERPRETAÇÃO

escrita se torna necessária. Ela deve *ser acrescentada* à palavra com urgência". A escrita "não é natural. Desvia a presença imediata do pensamento para a escrita na representação" (*OG*, p. 144). A escrita é secundária porque é *re*presentativa.

Esse logocentrismo do Ocidente é o horizonte diante do qual Derrida assume seu projeto. Sua desconstrução se propõe a perturbar esse mito de uma voz pura — uma fala que não é inibida pela interpretação e a mediação —, revelando a interpretação de todo discurso humano; ou seja, "a secundariedade que parecia possível atribuir apenas à escrita afeta todos os significados em geral, e afeta-os desde sempre" (*OG*, p. 7). O *significado* é, desde sempre, um *significante*; portanto, "o significante do significante" — a definição tradicional de escrita — "já não define mais a duplicação acidental nem a secundariedade decaída"; pelo contrário, é a própria origem da linguagem e, assim, também caracteriza a fala (*OG*, p. 7). Derrida não questiona a definição tradicional da escrita e sua ligação com a violência; o que ele está desafiando é a atribuição disso apenas à escrita "no sentido comum".

> Portanto, desconstruir essa tradição não consistirá em invertê-la, em inocentar a escritura. Antes, mostra por que a violência da escritura não *sobrevém* a uma linguagem inocente. Há uma violência originária da escritura porque a linguagem é, em primeiro lugar, em um sentido que revelarei aos poucos, a escrita. A "usurpação" já teve início. (*OG*, p. 37)

Sua "revelação" para nós é que existe uma escrita — e, portanto, uma necessidade de interpretação — que *precede* a fala, que ele descreve como "arquiescrita" (*OG*, p. 56), uma escrita da qual toda a linguagem é composta. A escrita, em vez de ser exterior a uma fala pura, é desde sempre interior à linguagem, em essência e não acidentalmente, como sua própria possibilidade (*OG*, p. 52).

Enquanto a tradição logocêntrica deprecia a escrita como um "acidente" e uma "queda", na medida em que é mediada e

Violência edênica

*re*presentativa, Derrida traz essa discussão mais uma vez para a própria linguagem. Enquanto Rousseau entendia o complemento da escrita como exterior, a análise de Derrida tenta revelar que a suplementaridade é inerente à linguagem, que sempre há mediação, que, "no princípio, há a hermenêutica". "*Não existe*", insiste ele, em itálico, "*nada fora do texto*", nenhuma referência diante da qual a linguagem "se detenha" (*OG*, p. 158). Não há nada além da escritura; "não há nada além de suplementos, significados substitutivos que só poderiam surgir em uma cadeia de referências diferenciais, o superveniente 'real', e ser adicionados apenas enquanto assumiam o significado de um traço e de um apelo ao suplemento etc." (*OG*, p. 159). Em vez de marcar um momento acidental, a suplementaridade é uma questão *estrutural* (*OG*, p. 219): "A *différance* originária é a suplementaridade como *estrutura*" (*OG*, p. 167).

A "Queda",[5] então, para Derrida, é estrutural — um tema que se repete em outras passagens. Na coleção de "Envois", em *The Post Card* [Cartão-postal], por exemplo, ele enfatiza que, "tão logo haja, há diferença [...] e há manipulação postal, turnos, atraso, antecipação, destino, telecomunicação, rede, possibilidade *e, portanto, a necessidade fatal* de se desviar etc." (*PC*, p. 66 — ênfase em itálico adicionada).[6] Mas, quando uma possibilidade se tornou uma "necessidade fatal"? Por que, uma vez que é possível que uma carta nunca chegue, é *necessário* que, de fato, nunca chegue?

Derrida admite que não pode demonstrar que algo nunca chega ao seu destino; antes, ele sempre dirá: "Uma carta *nem* sempre *pode* chegar ao seu destino". Essa é certamente uma leitura mais fraca, mas, no final, ele de fato não está dizendo isso. Ele mostra isso em

---

[5]Isso deve ser abordado por um discurso cuidadoso. É certo que Derrida se apropria da linguagem da decadência da tradição logocêntrica que construiu a escrita como acidental, como decaída de uma fala plena, pura e originária. No entanto, Derrida mantém essa categoria, trazendo-a de volta à "origem". A "queda" é "original" — mais uma vez, um tipo de momento plotiniano como em Martin Heidegger. Para uma sugestão similar, veja Edith Wyschogrod, *Saints and Postmodernism* (Chicago: University of Chicago Press, 1990), p. 21—24, 90—92.
[6]Lembre-se de minha discussão sobre "Envois" no capítulo 1.

A QUEDA DA INTERPRETAÇÃO

um posfácio (a um posfácio), observando que, "para *poder* não chegar, ela deve trazer em si uma força e uma estrutura, um afastamento do destino, de tal modo que também não *deva* chegar de forma alguma" (*PC*, p. 123). Para Derrida, o problema está embutido na própria *estrutura* do sistema postal, o que também significa que é um elemento inerente à estrutura do signo e do sistema de significantes. A "possibilidade" de se desviar é uma questão estrutural, o que significa que deve (necessariamente) ser o caso.

A mediação da hermenêutica, que a tradição relegou apenas à escrita "no sentido comum", é empurrada de volta à própria "origem" da linguagem. Mas, para Derrida, isso significa que a origem está fraturada desde o começo.[7]

> Se considerarmos a diferença que fraturou a origem, deve-se dizer que essa história, que é decadência e degeneração total, não tinha pré-história. A degeneração como separação, rompimento da voz e do som existe desde sempre. Veremos que o texto inteiro de Rousseau *descreve* a origem como o começo do fim, como a decadência inaugural. No entanto, a despeito dessa descrição, o texto gira em torno de uma espécie de esforço oblíquo para agir *como se* a degeneração não fosse prescrita na gênese e como se o mal *sobreviesse a* uma boa origem. (*OG*, p. 199)

O projeto de Derrida é deixar de agir "como se" e enfrentar a realidade da decadência originária. Assim, *Of Grammatology* [Gramatologia], sugere ele, pode ser lido como uma "teoria da necessidade estrutural do abismo" (*OG*, p. 163). A arquiescrita constitui a fissura e a ruptura na origem da linguagem, a "lei severa do espaçamento", que é "um acessório originário e um acidente essencial" (*OG*, p. 200).

Ao longo dessa desconstrução, então, Derrida continua a aceitar a análise tradicional da escrita como algo representativo e mediado

---

[7]"A quebra das Tábuas articula, em primeiro lugar, uma ruptura com Deus como a origem da história" (Derrida, "Edmond Jabès", p. 67).

Violência edênica

e, portanto, que requer interpretação; sua "mudança inesperada" (*volta*, "truque, virada, tropeço") consiste em enfatizar que esses elementos são constitutivos da própria linguagem, e, portanto, postula uma arquiescrita ou escrita pré-originária. Um segundo aspecto da tradição de que ele se apropria é a ligação entre escrita e violência. Enquanto Rousseau e Claude Lévi-Strauss entendem a escrita como uma violação da fala totalmente presente, Derrida afirma que a arquiescrita, antes da fala, mantém esse caráter violento. "Nem por um momento" desafiando Rousseau ou Lévi Strauss, ele enfatiza que a violência

> *não sobrevém*, de fora, sem uma linguagem inocente a fim de surpreendê-la, uma linguagem que sofre a agressão da escrita como o acidente de sua doença, sua derrota e sua queda; mas é a violência originária de uma linguagem que é desde sempre uma escrita. Rousseau e Lévi-Strauss não são desafiados nem por um momento sequer quando relacionam o poder da escrita ao exercício da violência. Contudo, ao radicalizar esse tema, ao deixar de considerar essa violência como *derivativa* em relação ao discurso naturalmente inocente, inverte-se todo o sentido de uma proposição — a unidade da violência e da escrita. (*OG*, p. 106)

Em vez de ser acidental, a violência é originária; assim, podemos "escrever" *escrita/violência* — "violência é escrita [...] um acidente fatal que nada mais é do que a própria história" (*OG*, p. 135). De uma maneira necessariamente relacionada, ler e interpretar também implicam praticar violência.

VIOLÊNCIA INTERSUBJETIVA

A violência da escrita/interpretação, ou escrita/interpretação como violência, está arraigada na guerra primitiva, "o confronto essencial que permite a comunicação entre os povos e as culturas"

A QUEDA DA INTERPRETAÇÃO

(*OG*, p. 107). Essa consideração surge no meio de um diálogo prolongado com o antropólogo Lévi-Strauss sobre a impossibilidade do nome próprio. O ponto inicial para a discussão é uma página do caderno de anotação de Lévi-Strauss, compilada no período em que ele permaneceu com a tribo dos nambiquaras, um povo indígena do Brasil, em um estudo antropológico — que foi dificultado pelo fato de os nambiquaras não poderem usar nomes próprios. Os visitantes europeus, então, lhes impõem apelidos por conveniência. Mas ele relata:

> Um dia, quando eu estava brincando com um grupo de crianças, uma garota foi atingida por uma de suas colegas. Ela correu até mim em busca de proteção e começou a sussurrar algo, um "grande segredo", em meu ouvido. Como eu não entendi, tive de lhe pedir para repetir aquilo várias vezes. Por fim, sua adversária percebeu o que estava acontecendo, aproximou-se de mim com raiva e tentou, por sua vez, contar-me o que parecia ser outro segredo. Algum tempo depois, consegui entender a razão do incidente. A primeira garota estava tentando me dizer o nome de sua inimiga, e, quando a inimiga percebeu o que estava acontecendo, decidiu me dizer o nome da primeira garota, a título de represália. (Citado em *OG*, p. 111)

Enquanto Lévi-Strauss interpreta a cena, essa nomeação violenta é ocasionada por um estranho, um espectador do Ocidente. É uma violência induzida quando a bondade natural é interrompida por algo ou alguém *de fora*. A pureza da tribo é contaminada pela presença de alguém de fora. A partir disso, Lévi-Strauss extrai uma "lição de escrita": a violência da nomeação, ocasionada pelo estranho, assemelha-se à violência da escrita, ela mesma estranha à linguagem, representando sua exterioridade, seu caráter "de fora". Mas, como tal, a violência da escrita é *acidental*.

Assim como Derrida desafia a construção da escrita como linguagem "externa", de maneira análoga, desconstrói a noção de

Violência edênica

violência como um acidente que sobrevém a uma bondade fundamental. Antes, o nome próprio representa a primeira violência. *Antes* da violência "empírica", há a violência da arquiescrita, que se apresenta como sua possibilidade. A impossibilidade do nome absolutamente próprio — e, portanto, todo nome é uma violação da singularidade — está inscrita na própria estrutura da linguagem.

> A morte de um nome absolutamente próprio, reconhecendo em uma linguagem o outro como um outro puro, invocando-o como aquilo que ele é, é a morte da expressão idiomática pura reservada para o único. Anterior à possibilidade de violência no sentido atual e derivativo, o sentido usado em "A Writing Lesson" [Uma lição de escrita], há, como espaço de sua possibilidade, a violência da arquiescrita, a violência da diferença, da classificação e do sistema de denominações. (*OG*, p. 110)

Na medida em que a escrita/linguagem não permite que o outro permaneça como o outro "puro" (*OG*, p. 110-11), sua nomeação é uma violação do outro, uma violência praticada contra o outro. Além disso, trata-se de uma violência inevitável, essencial para o ser humano, pois não podemos sair da linguagem nem nos abster de nomear.[8] Derrida comenta o episódio da seguinte forma:

> Houve, de fato, uma primeira violência a ser nomeada. Nomear, dar nomes cuja pronúncia, ocasionalmente, será proibida, tamanha é a violência originária da linguagem que consiste em se inscrever

---

[8]Por isso também Derrida acredita que a teologia negativa — que tenta honrar a Deus não falando sobre ele — ainda é um discurso violento, pois o silêncio é um ideal impossível. Veja Jacques Derrida, "How to Avoid Speaking: Denials" [Como evitar falar: negações], em *Derrida and Negative Theology* [Derrida e a teologia negativa], eds. Harold Coward e Toby Foshay (Albany: SUNY Press, 1992), p. 73-142. Critiquei essa valorização do silêncio feita por Derrida e Caputo em "How to Avoid Not Speaking: Attestations", em *Knowing Other-Wise: Philosophy on the Threshold of Spirituality*, Perspectives in Continental Philosophy, ed. James H. Olthuis (Bronx, NY: Fordham University Press, 1997), p. 228-29.

A QUEDA DA INTERPRETAÇÃO

dentro de uma diferença, em classificar, em suspender o vocativo absoluto. Pensar o único *dentro* do sistema, inscrevê-lo ali, tal é o gesto de arquiescrita: arquiviolência, perda do próprio, da proximidade absoluta, da autopresença, na verdade, a perda do que nunca ocorreu, de uma autopresença que nunca foi dada, apenas sonhada e desde sempre dividida, repetida, incapaz de aparecer para si mesma, exceto em seu próprio desaparecimento. (*OG*, p. 112)

"Uma primeira violência a ser nomeada"; uma primeira violência: ser nomeado — uma violência que começa no nascimento, uma violação dos pais contra os filhos que os atormenta por toda a existência, uma [violência] reencenada a cada dia.

É, no fim (ou melhor, desde o começo), uma violência inerente às relações intersubjetivas, uma violência de "estar com os outros", uma violência quase familiar. A escrita — ou seja, a arquiescrita — é "a exploração do homem pelo homem" (*OG*, p. 119). Isso é seguido por uma confissão: "Se é verdade, como eu de fato acredito, que a escrita não pode ser pensada fora do horizonte da violência intersubjetiva, existe algo, até mesmo a ciência, que escape radicalmente desse horizonte?" (*OG*, p. 127). Aqui temos as "Confissões" de Derrida, seguindo a tradição de Rousseau (e de Agostinho),[9] sua profissão de fé, aquilo em que ele "de fato" *acredita*: "A escritura não pode ser pensada fora do horizonte da violência intersubjetiva".

A intersubjetividade sinaliza a própria origem do eu, mas é uma origem que está corrompida desde o começo: "Afetando-se por outra presença, o indivíduo se *corrompe* (torna-se outro) por si mesmo" (*OG*, p. 153). Mais uma vez, Derrida faz uma confissão: "Eu não *professo* que a escritura não possa desempenhar — e *de fato* não desempenha — esse papel [da violência], mas daí a atribuir à

---

[9]Desde essa confissão inicial, Derrida escreveu suas próprias *Circumfessions* [Circonfissões], que contam a história desse argelino que foi criado na rue Saint Augustin, não muito longe de Hipona. Veja Derrida, *Circumfession* [Circonfissão], em *Jacques Derrida* [Jaques Derrida], de Geoffrey Bennington e Jacques Derrida, trad. Geoffrey Bennington (Chicago: University of Chicago Press, 1993).

Violência edênica

escritura [no sentido comum] a especificidade desse papel e concluir que a fala está isenta dela é um abismo que não se deve pular tão facilmente. (*OG*, p. 133 — ênfase em itálico adicionada.)

Em sua construção da intersubjetividade, temos um vislumbre de como o pensamento levinasiano de Derrida se desenvolveu desde 1967, em vez de "mudar" para tal nos trabalhos posteriores.[10] Com Derrida (e antes dele), Emmanuel Levinas compartilha um compromisso filosófico com a primitividade da guerra, e, portanto, a relação com o Outro é de violência (como em Heidegger). Essa guerra é o resultado de uma totalidade, do Outro sendo forçado a entrar em um sistema contra sua vontade, feito para "encaixar". Assim, quando Derrida observa que a linguagem impede que o Outro seja reconhecido como Outro puro, faz eco à abertura de Levinas em *Totality and Infinity* [Totalidade e infinito], em que escreve: "A guerra não manifesta exterioridade e o outro como outro; ela destrói a identidade do mesmo. A imagem do ser que se mostra em guerra é fixada no conceito de totalidade, que domina a filosofia ocidental" (*TI*, p. 21). O projeto de Levinas é mostrar que essa totalidade é interrompida pelo infinito; a interioridade do eu egoísta é afetada pela exterioridade do Outro, a face transcendente do Outro que vem do "alto".

Para Levinas, essa relação com o Outro é "primitiva", o que podemos traduzir, *grosso modo* (de acordo com a terminologia anterior adotada neste livro), como "constitutiva do ser humano". A infinitude é "tão primitiva quanto a totalidade" (*TI*, p. 23). Isso significa, então, que a totalidade é primitiva, e, na medida em que a totalidade representa violência, deparamos com uma "violência

---

[10]A influência de Emmanuel Levinas no trabalho "ético" posterior de Derrida é amplamente reconhecida. Veja Jacques Derrida, "Force of Law: The 'Mystical Foundation of Authority'", trad. Mary Quaintance, em *Deconstruction and the Possibility of Justice*, ed. Drucilla Cornell et al. (Nova York: Routledge, 1992), p. 3—67 (daqui em diante citado no texto como FL), e idem, *The Gift of Death*, trad. David Wills (Chicago: University of Chicago Press, 1995). Em *Of Grammatology* [Gramatologia], Derrida atribui sua noção do "traço" a Levinas (*OG*, p. 70).

A QUEDA DA INTERPRETAÇÃO

essencial" (*TI*, p. 27). Enquanto, para Levinas, eu sou desde sempre chamado à responsabilidade pelo Outro, o que significa que a intersubjetividade é "essencial" para o ser-humano, esse chamado é aquele que sempre vem violentamente sobre mim, perturbando meu "deleite" egoísta. A análise das relações intersubjetivas começa com o suposto egoísmo necessário do ser, do "eu".

> No deleite, estou absolutamente voltado para mim mesmo. Egoísta sem referência ao Outro, estou sozinho sem solidão, inocentemente egoísta e sozinho. Não contra os Outros, não "como a favor de mim [...]"— mas com os ouvidos completamente fechados ao Outro, fora de toda comunicação e de toda recusa em comunicar — sem ouvidos, como um estômago faminto. (*TI*, p. 134)

É porque sou egoísta em meu deleite, argumenta Levinas, que a face do Outro vem sobre mim violentamente, fazendo-me refém, perturbando o "estar à vontade com o próprio eu" (*TI*, p. 39). "Ser eu mesmo, ateu, estar à vontade com o próprio eu, separado, feliz, criado — tudo isso é sinônimo" (*TI*, p. 148). No entanto, é precisamente a interioridade do deleite que é a condição para a possibilidade de o Outro vir sobre mim: "A interioridade deve ser fechada e, ao mesmo tempo, aberta" (*TI*, p. 149).

Levinas alega que, por causa do deleite/egoísmo do "eu", a face do Outro se apresenta como uma violação. Mas, em *Otherwise than Being: Or, Beyond Essence* [Além do ser, ou além da essência], a ordem da necessidade parece ser invertida: devo ser egoísta porque o Outro se apresenta como uma violação. Sem dúvida, sei que inverti as coisas; sei que o Outro vem de forma violenta sobre mim *precisamente porque* sou egoísta com grande deleite. Ou seja, Levinas insiste na violência do Outro, que vem sobre mim *porque* sou egoísta. Sua análise descritiva revelou que sou complacente em minha interioridade e em meu deleite, e, portanto, o Outro vem como um ladrão, como um ladrão durante a noite. Mas parece que Levinas às vezes inverte a ordem. Observe o comentário em que ele afirma que

Violência edênica

[significado] é a passividade do "ser para o outro", que só é possível na forma de dar o próprio pão que como. Mas, para isso, é necessário ["deve-se"] primeiro saborear o pão, não para ter o mérito de dá-lo, mas para dá-lo com o coração, para se doar ao dá-lo. O deleite é um momento evitável de sensibilidade. (*OBBE*, p. 72)

Aqui, a necessidade de o egoísmo preceder a passividade do significado é postulada para dar sentido à tese de Levinas. Isso é necessário para sua tese, mas é claro que também é um dado básico, ou algo óbvio. Somos egoístas, ele descreve (e nunca prescreve). Mas seria esse o caso? O que estou tentando ressaltar é que toda a tese de Levinas sobre a relação violenta ou assimétrica com o Outro *pressupõe* sua discussão sobre o deleite e o egoísmo do "eu". Mas minha vida poderia ser descrita como algo diferente do deleite egoísta, como algo além da interioridade? Devemos assumir que a descrição dele está correta? Isso é necessário?

Essa mesma construção da intersubjetividade está no cerne da crítica de Levinas à hermenêutica (como a de Derrida). Quando a face do Outro é tida "como um tema para interpretação", é violada e colocada em uma totalidade de envolvimentos, em vez de se anunciar *kath-auto*, em seus próprios termos (*TI*, p. 65).[11] Toda tematização ou conceituação é necessariamente um ato de violência que reduz o Outro ao mesmo. "Tematização e conceitualização", continua ele, "que, além disso, são inseparáveis, não são paz com o outro, mas supressão ou posse do outro" (*TI*, p. 46). Ao mesmo tempo, essa tematização é "inevitável" (*OBBE*, p. 151).[12] (Nessa conjuntura, também ouvimos a discussão de Derrida sobre a inevitável violência do nome próprio.)

---

[11]Essa é uma crítica ao significado e à "estrutura como" de Heidegger em *Time and Being* [Ser e tempo]. Para uma discussão, veja a seção intitulada "A interpretação do Dasein", no capítulo 3.

[12][Para mais esclarecimentos sobre minha crítica à crítica de Levinas à hermenêutica, veja Smith, *Speech and Theology*, p. 157-61. De fato, o tema mais amplo do "conceito" como algo inerentemente violento é o que é contestado do começo ao fim de *Speech and Theology*.]

A QUEDA DA INTERPRETAÇÃO

Mas meu relacionamento com o Outro é necessariamente de violência? Não é construído como tal apenas diante do horizonte da interpretação de Levinas do eu como algo primordialmente egoísta? No nível da "violência intersubjetiva", não chegamos ao mito de apoio de Derrida, à sua *crença* "de fato"? Não somos livres para interpretar de outra forma, para acreditar de outra forma? O próprio Derrida prescreve esse tipo de questionamento, que podemos transpor para questionar Derrida:

> Alguém poderia fazê-lo dizer algo muito diferente. E o texto [de Derrida] deve ser constantemente considerado uma estrutura complexa e com muitos níveis; nele, certas proposições podem ser lidas como interpretações de outras proposições que somos, até certo ponto e com certas precauções, livres para ler de outra maneira. [Derrida] diz A, então, por razões que devemos determinar, ele interpreta A em B. A, que já era uma interpretação, é reinterpretado em B. Depois de tomarmos conhecimento disso, podemos, sem deixar o texto [de Derrida], isolar A de sua interpretação em B e descobrir possibilidades e recursos ali que, de fato, pertencem ao texto [de Derrida], mas não foram produzidos nem explorados por ele, o que, por motivos igualmente legíveis, ele *preferiu abreviar* por um gesto não intencional nem inconsciente. (*OG*, p. 307)[13]

Tentei isolar A de B, demonstrar que existe uma primeira interpretação sobre a violência da intersubjetividade, que, então, é lida em B, a violência da interpretação. Mas, no nível dessa primeira interpretação, somos "livres para ler de outra maneira", somos capazes de oferecer um mito alternativo de intersubjetividade, algo bem semelhante ao que foi oferecido anteriormente em relação a Heidegger. De fato, não identificamos aqui, como acontece com

---

[13]Esse é um resumo dos comentários de Derrida sobre a leitura de Jean-Jacques Rousseau. Inseri o nome de Derrida nos lugares do de Rousseau ("Jacques", por assim dizer, no lugar de "Jean-Jacques").

Violência edênica

Heidegger, um vestígio peculiar da tradição que ele está tentando desconstruir, uma "recaída" (*OG*, p. 14, 21) à tradição?

O que Derrida e Levinas herdaram da modernidade é precisamente o que deve ser contestado.[14] Derrida é honesto no sentido de não desafiar nem por um momento sequer a leitura da violência de Rousseau e de Lévi-Strauss; sua própria análise é apenas uma "radicalização" da tese deles (*OG*, p. 106). E parece que a estrutura de Levinas também é a adoção genérica de uma ontologia moderna (como encontrada, por exemplo, em Thomas Hobbes), mesmo que seja apenas para invertê-la. Mas, como já tentei argumentar, a intersubjetividade é violenta só se mantivermos algo de um solipsismo ou de um egoísmo cartesiano latente. Mas, se, em contrapartida, entendermos o ser-humano como essencialmente inter--relacional, isso pode ser entendido como "bom", como exemplo de uma boa criação, como algo não fundamentalmente violento. É certo que essa é uma "crença", mas descobrimos que a interpretação de Derrida também é.

O PASSADO DO INFINITO E DO FANTASMA DA METAFÍSICA

Nomear, ler, interpretar, falar, escrever — tudo isso é violência, argumenta Derrida. Mas por que o ato de dar nome a uma criança é uma violência? Ou por que a interpretação deve ser violenta? Além disso, se esse é um aspecto inevitável do ser humano — como acredita Derrida —, por que isso deve ser construído como necessariamente uma violação? Eu sugeriria que sua interpretação da interpretação como violência revela outro vestígio da tradição moderna da imediação, pois apenas quando alguém está

---

[14]Ele também aceita, sem contestação, a atribuição tradicional da interpretação à escrita. Mas, uma vez que acredita que a presença total e a ausência de interpretação são um sonho (como eu acredito), ele postula uma "escrita" mais originária, uma arquiescrita. Mas, ao fazer isso, ele mantém o confinamento tradicional da interpretação à escrita. Em contrapartida, eu enfatizaria a interpretação da fala.

A QUEDA DA INTERPRETAÇÃO

procurando a imediação e a presença total é que a finitude de interpretar "como" algo é considerada uma falha, uma queda, uma impureza. A lógica da suplementaridade, a despeito de todas as intenções de Derrida, ainda é uma espécie de metafísica do infinito. Isso não quer dizer que Derrida esteja buscando uma presença total ou que tenha algum sonho de imediação, de escapar da interpolação do sistema postal ou de dar um passo fora do espaço da interpretação. Ele abandonou qualquer "sonho de uma presença total e imediata fechando a história, a transparência e a totalidade de uma *parousia*, a supressão da contradição e da diferença" (*OG*, p. 115). O sonho está morto.

No entanto, esse fantasma continua a assombrar seu trabalho. É claro que "fantasmas não existem" (*OS*, p. 62); a presença não *existe*, *não* existe, nunca existiu. Mas seu fantasma permanece, um espectro à espreita por trás do discurso de Derrida, moldando, de forma inconsciente, o enredo da história. Um sonho que se tornou um pesadelo macabro [*Geistlich*], uma assombração recorrente de um desejo nostálgico. É um fantasma que ele vê no discurso de outros: "A metafísica sempre retorna, quero dizer, no sentido de um *revenant* [fantasma], e *Geist* é a figura mais fatal desse *revenance* [retorno, assombração]" (*OS*, p. 40). É o *Geist* que Heidegger não conseguiu evitar. Mas Derrida não consegue ver esse fantasma à espreita em seu próprio trabalho, "o fantasma da subjetividade" (*OS*, p. 41).[15]

Por exemplo, a escrita era tradicionalmente construída como decaída e violenta porque sacrificava a presença total. A radicalização de Derrida disso consiste em empurrá-la de volta à origem

---

[15]Temos também uma nota de Derrida em que ele confessa haver invocado o fantasma de Heidegger. Embora ele não aceite a chamada de Heidegger ("O que ele fará com o fantasma ou *Geist* de Martin?"), "tudo isso não deve levar você a acreditar que nenhuma comunicação telefônica me liga ao fantasma de Heidegger, quanto mais a outro. Muito pelo contrário, a rede de minhas conexões, tem-se a prova disso aqui, está do lado oneroso, e é necessário mais de uma central telefônica para digerir a sobrecarga" (*PC*, p. 21, nota). No capítulo 6, considerarei outro fantasma — ou melhor, *pneuma* — que atormenta o discurso de Derrida, aquele com quem ele ainda tem de acertar suas dívidas.

Violência edênica

da linguagem, às próprias estruturas da linguagem. Mas isso não é manter a presença total como um horizonte? Em outros lugares, ele associa a violência da linguagem ao fato de que impede o reconhecimento do outro como um outro *puro*, porque a pureza é impossível (*OG*, p. 110). Ou, como diria Levinas, a interpretação não consegue fazer justiça ao infinito e, de fato, viola a alteridade do outro.[16] A violência indica a própria origem da linguagem porque aponta para a "perda do que é próprio" (*OG*, p. 112).

Mas e se desistíssemos de uma expectativa de pureza? E se não quiséssemos ser assombrados por esse fantasma da presença total e abandonássemos quaisquer pretensões à pureza? Por que isso deve ser visto como perda? Interpretá-lo como tal não é fomentar uma noção de finitude como limitação diante do infinito? De fato, não é Derrida quem acompanha seu discurso com "a metafísica mais tradicional do infinito" e "uma filosofia do ilimitado".[17] Isso parece ficar claro em seu texto "Force of Law" [Força de lei], em que a decisão ética é uma violência interpretativa, pois é uma decisão que é "estruturalmente finita" e nunca pode atender às demandas de uma "'ideia de justiça' infinita" — "por natureza", injusta.[18]

---

[16]Permita-me reconhecer aqui uma dívida que tenho com Jeffrey Dudiak, cujo artigo "Infinite Hauntings" [Assombrações infinitas] foi lido como resposta a uma versão anterior deste capítulo apresentada à Society of Christian Philosophers [Sociedade de Filósofos Cristãos] — na Universidade de Brock, no Canadá, em maio de 1996. A análise profunda e as críticas construtivas de Jeff me ajudaram a ver exatamente o que está em jogo no debate entre Levinas e Husserl/Heidegger. Eu só espero ter feito justiça às suas observações. [Veja agora a leitura magistral de Levinas, feita por Dudiak, em *The Intrigue of Ethics: A Reading of the Idea of Discourse in the Thought of Emmanuel Levinas* [A intriga da ética: uma leitura da ideia do discurso no pensamento de Emmanuel Levinas] (Nova York: Fordham University Press, 2001).]

[17]Caputo, John D., *Against Ethics: Contributions to a Poetics of Obligation with Constant Reference to Deconstruction* [Contra a ética: contribuições à poética da obrigação com referência constante à desconstrução] (Bloomington: Indiana University Press, 1993), p. 264n80.

[18]Derrida, Jacques. "Force of Law: The 'Mystical Foundation of Authority'" [Força da lei: a "fundação mística da autoridade"], trad. Mary Quaintance, em *Deconstruction and the Possibility of Justice* [Desconstrução e possibilidade de justiça], ed. Drucilla Cornell et al. (Nova York: Routledge, 1992), p. 24-26 (daqui em diante, citado no texto como *FL*).

A QUEDA DA INTERPRETAÇÃO

A decisão é violenta porque é finita; toda decisão é uma incisão apenas porque não pode corresponder ao infinito, "não pode se munir de informações infinitas e do conhecimento ilimitado das condições".[19]

Mas isso não torna a finitude uma violência, e isso não é violência apenas quando se espera que sejamos deuses, mesmo que seja impossível — apenas um sonho morto? E se, em vez de construir as decisões interpretativas como *incisões* finitas, o momento hermenêutico fosse entendido como "tudo o que temos", um aspecto inevitável do ser de quem nada mais se espera? Não estou sugerindo que "desistamos do infinito" ou de nossas tentativas de fazer justiça à alteridade do outro. Não se trata de "desistir do infinito", mas, sim, de desistir da suposição de que a única maneira de "fazer justiça" ao infinito é falar dele em sua infinitude — o que, obviamente, é impossível (FL, p. 26).

O que estou sugerindo é que abandonemos determinado critério de interpretação: qual seja, o critério de que, na medida em que é finito, consiste em uma violação. Em vez disso, e seguindo Derrida, podemos entender a "estrutura como" da interpretação como uma estrutura de *respeito*, como uma maneira de fazer justiça ao outro, reconhecendo que isso excede nossa compreensão finita.[20] Tal finitude não seria algo como a *différance* sem ser atormentada pelo fantasma da presença total ou pelo passado do infinito e do fantasma da metafísica? Seguindo essa construção, a interpretação não é uma violação da pureza, mas, sim, um modo de conexão, um modo de "estar com" o que é essencial para ser (e se tornar) humano. Em vez de ser a primeira violência, receber um nome é ser

---

[19][Esse ponto é totalmente desenvolvido em James K. A. Smith, *Speech and Theology: Language and the Logic of Incarnation* (Londres: Routledge, 2002).]

[20]Esse é o argumento de Derrida "em defesa" de Husserl em "Violence and Metaphysics: An Essay on the Thought of Emmanuel Levinas" [Violência e metafísica: um ensaio sobre o pensamento de Emmanuel Levinas], em *Writing and Difference* [A escritura e a diferença], trad. Alan Bass (Chicago: University of Chicago Press, 1978), p. 120-22. Apropriar-se dessa estrutura ainda significaria certa desconstrução da "violência e metafísica", na medida em que Derrida continua a sustentar que a economia da violência é originária.

Violência edênica

amado, é fazer parte de uma comunidade.[21] Uma vez abandonado o mito da violência intersubjetiva essencial — ou seja, uma vez que mitologizamos de maneira diferente —, o terreno para a violência da hermenêutica é transformado na possibilidade de conexão e no espaço profundo do amor — o campo de criação e o terreno de uma hermenêutica criacional.

---

[21]Tenho em mente aqui o nascimento de nossos filhos. É difícil entender que o momento de lhes dar o nome na sala de parto foi o primeiro ato de violação contra eles. Antes, era o momento de recebê-los, de lhes conceder uma identidade, de lhes oferecer uma família e um lar. [E parece-me que apenas uma noção ocultamente libertária de autonomia poderia construir esse acolhimento e essa construção de um lar como uma imposição violenta. Somente um liberalismo latente poderia condenar esse paternalismo como uma violência, valorizando efetivamente a falta de um lar. Para um relato alternativo que repercute minha afirmação aqui, veja Steven Bouma-Prediger e Brian J. Walsh, *Beyond Homelessness: Christian Faith in a Culture of Displacement* [Além da falta de um lar: a fé cristã em uma cultura de deslocamento] (Grand Rapids: Eerdmans, 2008).]

RUMO A HERMENÊUTICA CRIACIONAL
TERCEIRA PARTE

capítulo cinco

INTERPRETANDO A QUEDA

"O sistema que geralmente recebe o nome de agostinianismo é, em grande parte, uma paródia cruel do pensamento mais profundo e vital de Agostinho."

John Burnaby, *Amor Dei:
A Study of the Religion of Saint Augustine*

Nessa conjuntura, sou obrigado a cumprir uma série de promessas, a validar uma série de notas promissórias espalhadas pelos capítulos anteriores sobre minha própria proposta, série que foi repetidas vezes postergada para este capítulo. Espero que o formato de minha própria proposta tenha sido suficientemente esboçado ou sugerido nas duas primeiras partes deste livro, a fim de fundamentar minhas críticas. A tarefa da primeira e da segunda partes foi expor duas interpretações básicas da interpretação: um modelo de imediação ou presença (primeira parte) e um modelo de mediação violento (segunda parte). De acordo com esses modelos básicos, duas variações foram consideradas: o modelo evangélico da imediação presente e o modelo de imediação escatológica de Wolfhart Pannenberg.

A QUEDA DA INTERPRETAÇÃO

Essas interpretações da interpretação, uma vez expostas, foram submetidas a críticas diante do horizonte de minha própria proposta construtiva, que será explicada e desenvolvida de forma mais detalhada aqui. Minha proposta — uma hermenêutica criacional — não tem relação dialética com os modelos da primeira e da segunda partes; ou seja, não deve ser entendida como uma nova síntese constituída pela sublimação (*Aufhebung*) de uma tese evangélica e uma antítese desconstrutiva. Minha proposta contrasta com os dois modelos e, ainda assim, está em dívida com ambos; está muito próxima e, ao mesmo tempo, muito longe de Richard Lints *e* Jacques Derrida. Assim, o leitor atento não desconsidera meu modelo pneumático-criacional como sendo *simplesmente* evangélico *ou* desconstrutivo.

RUMO A UMA HERMENÊUTICA AGOSTINIANA

Meu modelo criacional não é simplesmente evangélico nem desconstrutivo porque tenta "exorbitar" (na medida do possível) o paradigma que acredito sustentar ou fundamentar esses dois modelos. Eu argumentaria que todas as interpretações anteriores da interpretação consideradas neste livro, de Rex Koivisto a Derrida, seguem uma tradição interpretativa bastante distinta e respeitável cuja genealogia decorre dos primórdios da filosofia ocidental, passando pelos primórdios do cristianismo, pelos primórdios da igreja medieval e pelos primórdios da Reforma, até os primórdios da era moderna.[1]

Na raiz (e as raízes, é claro, normalmente estão enterradas e escondidas, e não podem ser vistas), a ligação da interpretação com a decadência pode ser entendida como o produto de uma tradição interpretativa ocidental dominante, um entendimento amplamente neoplatônico da criação e da Queda, um entendimento que é, em si mesmo, uma *interpretação*. Acredito que essa tradição, que

---

[1][Essa afirmação abrangente é um floreio derrideano da juventude: Hoje, eu daria todos os tipos de espaço para nuances aqui.]

Interpretando a Queda

influenciou, de forma significativa, alguns aspectos da tradição cristã, continua atormentada por um neoplatonismo (ou gnosticismo) incipiente que continua a construir a finitude criacional e o ser-humano como "essencialmente" decaídos e, portanto, vincula a hermenêutica a essa condição corrompida.

O modelo de imediação dos evangélicos, Pannenberg, e a filosofia moderna apoiam-se em um sonho da presença total,[2] de ascensão ao Absoluto Infinito Não Condicionado, o *Eidos*, ou sua cristianização como o "Deus da metafísica".[3] Assim, John Milbank escreve (em tom de aprovação, devo acrescentar) sobre o "platonismo/cristianismo" e a "infinitização neoplatônica/cristã do absoluto" que caracteriza a tradição cristã dominante.[4] Em relação

---

[2]Por exemplo, Martinho Lutero identifica que a humanidade, em seu estado pré-lapsariano, desfruta a imediação, assim como o Adão de Dante: "Tudo o que Deus quis ou disse, o homem também quis, creu e entendeu a mesma coisa. O conhecimento de todas as outras criaturas necessariamente seguiu este conhecimento; pois onde o conhecimento de Deus é *perfeito*, também o conhecimento de outras coisas que estão sob Deus é necessariamente perfeito" (Lutero, *Lectures on Genesis* [Exposições sobre Gênesis], *Luther's Works*, ed. J. Pelikan [St. Louis: Concordia, 1955], 1:141). Para uma discussão sobre o logocentrismo de Lutero, veja Stephen D. Moore, *Poststructuralism and the New Testament* [Pós-estruturalismo e o Novo Testamento] (Filadélfia: Fortress, 1994), p. 33-34.

[3]Dennis J. Schmidt oferece uma análise profunda desse tema em *The Ubiquity of the Finite: Hegel, Heidegger and the Entitlements of Philosophy* (Cambridge, MA: MIT Press, 1988), p. 1-17.

[4]Milbank, John. *Theology and Social Theory: Beyond Secular Reason* [Teologia e teoria social: para além da razão secular] (Oxford: Blackwell, 1990), p. 290, 295. Milbank descarta "a retórica agostiniana platonizante da essência espiritual em oposição aos tegumentos corporais e simbólicos" como sendo enganosa (p. 290-91). Mas eu sugeriria que tal dualismo está no cerne do "platonismo/cristianismo" de Milbank e, talvez, em grande parte do pensamento cristão. Embora Milbank ouça em Heidegger "ecos da gnose valentiniana" (p. 302), penso que ele está surdo para ecos similares no "platonismo/cristianismo". Meu projeto neste capítulo é fazer uma distinção notável, em vez de uma conjunção entre essas duas linhas de pensamento, sobretudo considerando sua relação dentro do pensamento de Agostinho. [No entanto, como já observado, eu agora admitiria que a distinção entre cristianismo e platonismo não precisa ser entendida como absoluta; na verdade, é possível apropriar-se corretamente de uma ontologia participativa arraigada na *methexis* platônica para subscrever uma metafísica solidamente cristã que articula apenas como a criação "subsiste" em Cristo (Colossenses 1.15-17). Mas a afirmação bíblica da bondade da criação, junto com as implicações da encarnação, exigirá o abandono do gnosticismo de certa herança platônica. Para uma discussão mais aprofundada desses assuntos, veja Smith, *Introducing Radical Orthodoxy: Mapping a Post-secular Theology* (Grand Rapids: Baker Academic, 2004), caps. 2 e 6.]

A QUEDA DA INTERPRETAÇÃO

ao modelo de mediação violento de Martin Heidegger, tornou-se evidente que seu pensamento tinha uma série de dívidas não pagas para com Martinho Lutero e a tradição luterana, a saber, *determinado* "Paulo" como alguém mediado por *determinado* "Agostinho". Mesmo que Heidegger estivesse validando um resgate do "cristianismo primitivo", como sugerem Theodore Kisiel e John van Buren, deve-se notar que foi um resgate de apenas um lado de um cristianismo paulino pluriforme que exibia as marcas de uma desvalorização neoplatônica da criação e oferecia as sementes para o gnosticismo, adotado exclusivamente por Marcião.[5]

Isso, então, se reflete em uma compreensão influente do pecado original (equivocadamente considerada "agostiniana") que vê o pecado como original, constitutivo, absoluto — um aspecto essencial do ser humano, coincidente com a criaturidade.[6] Essa

---

[5]O cânone de Marcião, o primeiro do gênero, foi estruturado em torno de sua teologia gnóstica, que rejeitava o Deus criador em favor de Jesus Cristo, colocando, assim, a redenção contra a criação, e o espírito, contra a carne. Esse cânone gnóstico era composto apenas pelas epístolas paulinas e pelo evangelho de Lucas (o mais paulino dos Sinóticos). Por que foi assim? O que o gnóstico Marcião viu em Paulo? Embora a tradição cristã dominante tenha constantemente renunciado ao gnosticismo, há um senso em que ela nunca se libertou de sua sombra, precisamente porque é possível — se estivermos olhando pelas lentes gnósticas de um Marcião ou lendo o Novo Testamento com olhos platônicos, como fez Agostinho — ver as sementes do gnosticismo implantadas na coleção de textos paulinos. O gnosticismo, Derrida poderia dizer, está dentro/fora do cristianismo. Embora outros exemplos possam ser citados, eu mencionaria aqui a noção de Paulo da ausência do corpo (2Coríntios 5:1-8), a inautenticidade da preocupação com o mundo (1Coríntios 7:25-35) e a relegação do "mundo" à depravação (Romanos 1; 12:2). No entanto, os movimentos neoplatônico e gnóstico dentro da tradição cristã interpretam tais passagens *com a exclusão de* outros aspectos da coleção de textos paulinos e do Novo Testamento que apontam para uma teologia da criação. Mais uma vez, o projeto deste capítulo é ler esses motivos bíblicos *tendo como contexto* [certas] trajetórias neoplatônicas dentro da tradição.

[6]Erasmo, em sua discussão com Lutero sobre o livre-arbítrio (que não está totalmente dissociado deste estudo), observa que Lutero e seus seguidores distorcem as coisas porque "exageram incomensuravelmente o pecado original". Veja Erasmo, *De Libero Arbítrio* [Do livre-arbítrio], em *Luther and Erasmus: Free Will and Salvation* [Livre-arbítrio e salvação], ed. Gordon Rupp and Philip S. Watson (Philadelphia: Westminster, 1969), p. 93; veja também a discussão anterior desse ponto com respeito a Heidegger. [Esse mal-entendido da doutrina do "pecado original" — como se postulasse que o pecado é "original" ou "natural" — é o que está por trás de *Philosophical Myths of the Fall* [Mitos filosóficos da Queda], de Mulhall (Princeton: Princeton University Press, 2007). Mais uma vez, para

Interpretando a Queda

tradição, portanto, culmina em Heidegger, para quem a decadência é constitutiva da finitude (*OHF*, p. 27, 111) — o que descrevi anteriormente como uma "ontologização" da Queda, por meio da qual a Queda se torna "natural". Embora eu não tenha espaço aqui para traçar toda a história dessa tradição, eu sugeriria que o ímpeto desse entendimento, além de Lutero, é encontrado na tradição de Port-Royal de Blaise Pascal e de seu patriarca, Jansênio. *Augustinus*, de Jansênio, é um exemplo paradigmático da observação de John Burnaby de que "o sistema que, em geral, recebe o nome de agostiniano é, em grande parte, uma paródia cruel do pensamento mais profundo e vital de Agostinho".[7]

Mas, como sugere Paul Ricoeur, há um senso segundo o qual devemos desconstruir Agostinho em nome de Agostinho; devemos interpretar a afirmação agostiniana da bondade da criação *tendo como contexto* uma admissão gnóstica e falha da noção de Agostinho do "pecado original".[8] Isso é necessário porque o desenvolvimento de uma hermenêutica criacional ganha ímpeto em um tema fundamentalmente agostiniano: a bondade da criação. Assim, meu objetivo neste capítulo é realizar uma "desconstrução" dessa herança agostiniana a fim de mostrar que existe outro lado dessa história — até mesmo "outro Agostinho". Por uma "desconstrução

---

minha crítica, veja Smith, "Lost in Translation? On the Secularization of the Fall" [Perdido na tradução? Sobre a secularização da Queda], em *The Devil Reads Derrida: And Other Essays on the University, the Church, Politics, and the Arts* (Grand Rapids: Eerdmans, 2009).]

[7]Burnaby, John, *Amor Dei: A Study of the Religion of Saint Augustine* [*Amor Die*: um estudo da religião de santo Agostinho] (Londres: Hodder & Stoughton, 1938), p. 231. Jansênio foi o fundador de um movimento de reforma nos séculos 16 e 17 conhecido como "jansenismo". Os jansenistas — muitas vezes associados de forma depreciativa aos calvinistas protestantes — consideravam-se os defensores do "verdadeiro" Agostinho e tinham entre eles Antoine Arnauld e Blaise Pascal. Mas, como é o caso da maioria dos "discípulos", esses "agostinianos" pareciam ter tirado Agostinho do sério, de modo que o pecado parece tornar-se "natural", uma noção fundamentalmente contrária ao pensamento agostiniano. Para uma discussão acessível sobre esses assuntos, veja Marvin R. O'Connell, *Blaise Pascal: Reasons of the Heart* [Blaise Pascal: razões do coração] (Grand Rapids: Eerdmans, 1997), p. 30-70.

[8]Ricoeur, Paul. "'Original Sin': A Study in Meaning" [Pecado original: um estudo do significado], em *The Conflict of Interpretations* [Conflito de interpretações], ed. Don Ihde (Evanston, IL: Northwestern University Press, 1974), p. 269-86. Aqui ele afirma que "refletir sobre seu significado é, de certa forma, *desconstruir o conceito*" (p. 270).

A QUEDA DA INTERPRETAÇÃO

de Agostinho", não me refiro a uma *destruição*, ou nivelamento, mas a *outra* leitura de Agostinho, uma leitura dele contra si mesmo; mais especificamente, uma desconstrução do *neoplatonismo* de Agostinho em nome de seu *cristianismo*.

Como sempre é o caso, uma leitura desconstrutiva é, em última análise, uma leitura produtiva que aqui procura produzir um relato integralmente cristão (e agostiniano) da finitude humana e da hermenêutica. O que estará em questão é precisamente a interpretação da Queda; com base no que Agostinho compreendia acerca da bondade da criação, *não* será uma questão de identificar a finitude com a decadência (como no neoplatonismo e nos modelos da primeira parte) *nem* de identificar a finitude com a violência (contra Heidegger e Derrida).

Em contraste com Lutero e Heidegger (ou, pelo menos, com um "Lutero" heideggeriano), essa leitura sustenta que a Queda não é absoluta nem constitutiva (contra *OHF*, p. 27, 111), embora seja geral e ubíqua. Mas, mesmo após a Queda, a criação não é destruída, mas, sim, desfigurada, arruinada, adoecida. Como enfatiza o próprio Agostinho, "devemos lembrar que a imagem de Deus na alma humana não foi totalmente destruída pela mácula das afeições terrenas a ponto de não restarem nela fragmentos do original".[9] A Queda, então, *não* é "natural" (ou seja, constitutiva da criaturidade); antes, "a falha no homem é contrária à sua natureza, e é exatamente aquilo que a graça cura [...] A graça é a reparação da natureza".[10] A redenção, portanto, não é a conclusão de uma criação deficiente (Pannenberg) nem a recriação de uma "natureza" absolutamente corrompida (Lutero), mas a *restauração*, ou a cura,[11] de uma criação arruinada.

---

[9]Agostinho, *The Spirit and the Letter* [O espírito e a carta] 28.48 (em *Augustine: Later Works* [Agostinho: Trabalhos posteriores], trad. John Burnaby. Filadélfia: Westminster Press, 1965).

[10]Ibid., 27.47.

[11]A palavra *hygiaino* (curar) no Novo Testamento significa "restaurar à condição original" e indica o restabelecimento do *status* original. Para uma discussão sobre o tema, veja D. Muller, "Heal", em *The New International Dictionary of New Testament Theology* [Novo dicionário internacional de teologia do Novo Testamento], ed. Colin Brown (Grand Rapids: Zondervan, 1986), 2:169-71.

Interpretando a Queda

Portanto, a Queda é:

- histórica, em vez de ontológica,
- acidental, em vez de essencial ou constitutiva, e
- ubíqua, em vez de absoluta ou total.

O mundo não é resultado de um desastre primevo nem o local do mal absoluto; em suma, o mundo não é "por natureza" mau e caído, entregue ao "maligno", apenas em virtude de ter sido criado. O mundo, embora arruinado, ainda é a criação. Interpretar a Queda é fundamental para uma hermenêutica criacional, porque nossa compreensão da Queda indica parte daquilo que entendemos da *criação*. Ao enfatizar com Agostinho que a Queda não eviscera completamente a natureza, afirmamos que a bondade da criação persiste no meio — e a despeito — da decadência.

Segundo, meu modelo se afasta da tradição dominante, na medida em que não identifica finitude ou hermenêutica com decadência. Embora eu não esteja em consonância com uma compreensão gnóstica da Queda, tampouco estou de acordo com o que muitas vezes é relacionado à Queda ou visto como consequência dela. Aqui estamos nos referindo à rejeição dos elementos neoplatônicos da tradição, procurando sinalizar uma distinção radical entre criaturidade e decadência. Existem fortes correntes dentro da tradição cristã — mesmo em Agostinho, como veremos — que identificam as duas, que veem a existência finita, física e temporal como um castigo pelo pecado. Ao afirmar a bondade da criação (seguindo Agostinho), estou tentando afirmar a bondade da existência física, temporal e corporal — o que torna a linguagem e a interpretação possíveis e necessárias.

No desenvolvimento dessa estrutura, cuja abreviação pode simplesmente ser descrita como "a bondade da criação", estou recorrendo a uma leitura de Agostinho conforme aceita pela tradição neocalvinista, como segue Abraham Kuyper em sua reinterpretação de João Calvino: uma reinterpretação (essa seria minha sugestão)

A QUEDA DA INTERPRETAÇÃO

que é, de fato, uma demitologização, uma leitura de Calvino contra Calvino como um modo de desconstruir certo calvin*ismo*. A retomada da bondade da criação e do mundo *como* criação por Kuyper contrasta com o dualismo predominante de grande parte do pensamento cristão evangélico.[12] A doutrina da depravação total, observou Kuyper, ainda é afetada pela experiência da bondade; isso é resultado do que Kuyper descreve como "graça comum".[13] A tarefa das demais seções deste capítulo é esmiuçar uma hermenêutica criacional agostiniana por meio de uma leitura desconstrutiva de Agostinho sobre linguagem e interpretação, buscando delinear a trajetória de suas ideias mais bíblicas e cristãs de uma hermenêutica filosófica contemporânea.

O TEMPO DA LINGUAGEM: A QUEDA PARA A INTERPRETAÇÃO NA FASE INICIAL DE AGOSTINHO

O tempo da Queda

Na fase inicial[14] de Agostinho, encontramos uma narrativa semelhante às esboçadas na primeira parte deste livro: a necessidade de

---

[12]Por exemplo, João Calvino fala da liberdade que a morte proporciona "em relação à prisão do corpo". Além disso, em se tratando de questões no tocante à natureza humana, ele conclui que Platão é o que mais se aproxima de uma compreensão cristã (*Institutas* 1.15.2, 6). Cito isso como exemplo da forma como a retomada de Calvino por Abraham Kuyper (e ainda mais as retomadas por Herman Dooyeweerd e pela tradição calvinista posterior) é, ao mesmo tempo, uma demitologização de Calvino.

[13]Para obter as ideias mais acessíveis de Kuyper sobre criação, queda, redenção e graça, veja *Calvinism: Six Stone Foundation Lectures* [Calvinismo: seis palestras na Fundação Stone] (Grand Rapids: Eerdmans, 1943), sobretudo a palestra 4, "Calvinism and Science" [Calvinismo e Ciência], p. 110-41. Para consultar dois trabalhos positivos sobre a tradição, veja Albert Wolters, *Creation Regained* [A criação restaurada] (Grand Rapids: Eerdmans, 1985); e Brian J. Walsh e J. Richard Middleton, *The Transforming Vision: Shaping a Christian Worldview* [A visão transformadora: moldando uma cosmovisão cristã] (Downers Grove, IL: InterVarsity, 1984), esp. p. 41-90.

[14]Para não desviar o foco deste capítulo, limito, em linhas gerais, minha consideração aos primeiros trabalhos de Agostinho, incluindo as *Confissões* (embora *De doctrina christiana* seja uma obra tanto inicial como tardia). Espero no futuro seguir essa linha de pesquisa em

Interpretando a Queda

interpretação se dá pela *linguagem* (oral[15] e escrita) e pela ordem da significação; além disso, a própria linguagem funciona apenas dentro do "meio" ou "horizonte" do *tempo*, ou, de forma mais específica, da sucessão temporal. Assim, a interpretação é uma tarefa para criaturas temporais e finitas, que devem comunicar-se por meio de sinais.[16] Como a linguagem é a condição para a interpretação e o tempo é a condição para a linguagem, portanto, como ficará evidente, a Queda é a condição para a temporalidade. Ou seja, a "distensão" da alma que constitui a condição temporal dos seres humanos, observa Roland Teske, "não é apenas o ser das criaturas; é também nossa condição de termos sido separados ou de nos havermos afastado do Ente. Parece que nosso ser no tempo é um castigo pelo pecado".[17] E, na medida em que esse "entrar no tempo" é a condição para a linguagem, que requer interpretação,

---

um estudo complementar que considere esse tema em sua obra posterior, particularmente em *De trinitate* e *De civitate dei*. A despeito de algumas mudanças posteriores em seu pensamento, parece haver uma forte continuidade em sua posição sobre a questão do tempo, da linguagem e da Queda. Para obter uma discussão mais detalhada, veja Robert J. O'Connell, Companhia de Jesus, *The Origin of the Soul in St. Augustine's Later Works* [A origem da alma nas obras posteriores de Santo Agostinho] (Bronx, NY: Fordham University Press, 1987). Para obter uma visão geral dos temas em questão, veja Richard Penaskovic, "The Fall of the Soul in Saint Augustine: A *Quaestio Disputata*" [A queda da alma em Santo Agostinho: uma *Quaestio Disputata*], *Augustinian Studies* 17 (1986): 135-45.

[15]É importante o leitor contemporâneo reconhecer que, para Agostinho, o paradigma da interpretação é, sobretudo, um modelo *oral/auditivo* e um modelo escrito apenas de maneira derivativa. Brian Stock enfatiza a oralidade da interpretação para Agostinho em *Augustine the Reader: Meditation, Self-Knowledge and the Ethics of Interpretation* [Agostinho, o leitor: meditação, autoconhecimento e ética da interpretação] (Cambridge: Belknap Press of Harvard University Press, 1996), p. 26-27; sobre a "cultura oral" do final da antiguidade e do início do período medieval, do mesmo autor, *The Implications of Literacy: Written Language and Models of Interpretation in the Eleventh and Twelfth Centuries* [As implicações da alfabetização: linguagem escrita e modelos de interpretação nos séculos 11 e 12] (Princeton: Princeton University Press, 1983), p. 12-87.

[16]Como será discutido mais adiante, Deus e os anjos não "leem" nem "interpretam", precisamente porque não são condicionados pelo tempo. Veja Agostinho, *Confessions* [Confissões], trad. Henry Chadwick (Oxford: Oxford University Press, 1991), 13.15.18 (daqui em diante, citado no texto como *CSA*).

[17]Roland J. Teske, Companhia de Jesus, *Paradoxes of Time in Saint Augustine* [Paradoxos do tempo em Santo Agostinho], *Aquinas Lecture* 1996 (Milwaukee: Marquette University Press, 1996), p. 30.

A QUEDA DA INTERPRETAÇÃO

a hermenêutica em si é apenas uma tarefa pós-lapsariana que recai sobre a humanidade como consequência do pecado.

A despeito dessa ligação entre tempo, linguagem e a Queda (a ser demonstrada a seguir), existe outro "lado" de Agostinho que afirma a bondade da criação e, portanto, deve afirmar a bondade da existência temporal e finita. E se a finitude (ou seja, estar situado no espaço e condicionado pelo tempo) é constitutiva da criaturidade ou da existência como criatura, e se essa finitude exige uma "experiência" do tempo como sucessão temporal, então o tempo e a linguagem não seriam um bem criacional, em vez de algo que sobrevém à humanidade? E isso não indicaria que a interpretação faz parte da vida da criatura antes da Queda, e não um "castigo" a ser superado?

A Queda para a linguagem: interioridade e significação

A linguagem, que, para Agostinho, constitui a condição necessária de interpretação, encontra sua origem em um "espaço" construído como uma fenda, um abismo entre interioridades.[18] São necessários sinais para expressar os desejos e as intenções da alma, uma vez que os outros "não têm meios para acessar minha alma" (*CSA*, 1.6.8), que é radicalmente interior e, portanto, inacessível. A criança, por exemplo, "manifesta" suas vontades e seus desejos emitindo sons que funcionam como sinais *externos* de desejos *internos*. Portanto, é por meio dos sinais em sentido amplo, e da linguagem em particular, que a interioridade da alma se expressa: "Mesmo naquela época,

---

[18]Na compreensão de Agostinho da relação mediada entre eus "interiores", vemos antecipações da discussão de intersubjetividade de Edmund Husserl na quinta de suas *Cartesian Meditations* [Meditações cartesianas] (trad. Dorion Cairns [Dordrecht: Kluwer, 1993]), p. 89-151, em que o outro é "apresentado" precisamente porque sua experiência ou consciência (*Erlebnisse*) não é *originaliter* acessível — não pode se fazer presente para outra consciência — e, portanto, deve ser mediada. [Como continuo a argumentar em *Speech and Theology*, no entanto, esse espaço intersubjetivo não precisa ser interpretado como uma fenda. Agostinho tem recursos na encarnação para imaginar positivamente como a relação genuína acontece no espaço da transcendência. Para obter um relato completo, veja Smith, *Speech and Theology*, cap. 4.]

Interpretando a Queda

eu já existia e vivia, e já no fim da infância, quando eu ainda não podia falar, procurava sinais por meio dos quais pudesse expressar aos outros as coisas que eu pensava" (*CSA*, 1.6.10). O movimento dos primeiros anos de vida para a infância propriamente dita é uma mudança do uso de sinais não verbais para sinais verbais, ou seja, o uso de palavras.[19] Isso permitiu a Agostinho, afirma ele, "expressar [melhor] as intenções do meu coração" e "comunicar os sinais de meus desejos às pessoas ao meu redor" (*CSA*, 1.8.13).

Nessa narrativa inicial das *Confissões*, Agostinho reitera um aspecto fundamental dos sinais conforme foi desenvolvido em *De magistro*, a saber, a função mediadora dos sinais (e da linguagem) como aquilo que expressa uma interioridade para o outro que é exterior. Palavras (como sinais) são manifestações *externas* de pensamentos ou desejos *internos*. Em *De magistro*, isso surge enquanto se considera a oração: se, como sugere Agostinho, o propósito de todo falar é ensinar ou lembrar, então o que ensinamos a Deus quando oramos? Como filho e interlocutor de Agostinho, Adeodato conclui: "Certamente falamos enquanto oramos, e, ainda assim, não é certo acreditar que ensinamos algo a Deus ou que o fazemos lembrar-se de algo".[20] Mas somos ordenados a orar, responde Agostinho, "fechados em nosso quarto" (Mateus 6:6),

> uma expressão que indica os recantos internos da mente — precisamente porque Deus não procura ser ensinado ou lembrado por meio de nossas palavras para nos dar aquilo que desejamos. Quem fala dá um sinal externo de sua vontade por meio de um som articulado [...] Portanto, não há necessidade de falar quando

---

[19]"Eu já não era um bebê incapaz de falar, mas um menino que podia falar" (*CSA*, 1.8.13). Para Agostinho, as palavras são apenas um tipo de sinal ou modo de significação; gestos, letras escritas e outras coisas (*res*) podem funcionar como sinais. Para obter uma discussão, veja seu *De magistro* (CSEL, 77), 4.8-10; e *De doctrina christiana* (CCSL, 32), 2.1.1—2.5.6.

[20]Agostinho. *De magistro* 1.2 (em *Against the Academicians and the Teacher* [Contra os acadêmicos e o mestre], trad. Peter King [Indianápolis: Hackett, 1995]).

A QUEDA DA INTERPRETAÇÃO

oramos. Ou seja, não há necessidade de palavras faladas — exceto, talvez, de falar como os sacerdotes, com o intuito de expressar o que está na mente deles: não para que Deus os ouvisse, mas para que os homens pudessem fazer isso e, pela lembrança, pudessem, de comum acordo, ser elevados a Deus.[21]

A fala, e a linguagem em geral, é um sinal *externo* de um desejo, ou intenção, *interno* daqueles que são *exteriores* à alma para outras pessoas. No caso de Deus, no entanto, que é capaz de conhecer nossos pensamentos mais íntimos, a linguagem e a fala são desnecessárias.[22] Portanto, a linguagem é necessária pela inacessibilidade da interioridade do eu e deve funcionar como mediadora entre as pessoas — entre as "interioridades":[23] "Então, por minha confissão, eles desejam saber o que sou no íntimo, lá onde não podem penetrar com os olhos, com os ouvidos ou com a mente" (*CSA*, 10.3.4). As palavras indicam, mas não "apresentam", uma interioridade *a*linguística que não pode ser totalmente revelada na fala, mas que pode ser, apesar disso, "expressa" ou "manifestada". A vida secreta da alma jamais pode fazer-se plenamente presente na linguagem.

Assim, em *De doctrina christiana*, Agostinho afirma que as palavras faladas (*verbum*) são a forma mais característica de sinais "convencionais" (em oposição aos sinais "naturais"),

que os seres vivos dão uns aos outros a fim de mostrar, *na medida do possível*, seu estado de espírito e seus sentimentos, ou de

---

[21]Ibidem. A mesma temática de "oração" é encontrada quando Agostinho reflete acerca da "confissão", a qual é desenvolvida não para informar Deus, mas como uma tarefa para o bem do indivíduo e dos outros (*CSA*, 10.2.2—10.3.4).

[22]"Quem lhe está fazendo uma confissão, não o está instruindo sobre o que ocorre dentro dele. O coração fechado não pode se esconder de seus olhos" (*CSA*, 5.1.1). "De fato, Senhor, aos teus olhos o abismo da consciência humana está exposto" (*CSA*, 10.2.2).

[23]Há, para Agostinho, uma analogia fundamental entre a função mediadora das palavras (*verbi*) e a função mediadora da Palavra Encarnada (*Verbum*). Para obter uma discussão, veja Mark D. Jordan, "Words and Word: Incarnation and Signification in Augustine's *De doctrina christiana*" [Palavras e Palavra: encarnação e significação em *De Doctrina Christiana* de Agostinho], *Augustinian Studies* 11 (1980): 177-96.

Interpretando a Queda

indicar o que quer que tenham sentido ou entendido. Tampouco temos qualquer propósito em expressar — ou seja, ao darmos um sinal — que não seja o de trazer e transferir para a mente de outra pessoa o que nós, que damos o sinal, temos em mente.[24]

A linguagem é necessária para expressar o que está na alma por meio de algo externo (*verbum*); assim, a linguagem torna públicos os desejos e as intenções particulares do eu; as palavras são, portanto, "propriedade comum" e pertencem a uma comunidade.[25] A linguagem deve atravessar um abismo entre interioridades, precisamente porque o outro não dispõe de "meios para entrar em minha alma". O "espaço" entre almas requer a mediação de sinais, os quais, por sua vez, requerem interpretação.

Mas, para Agostinho, esse mesmo estado de coisas — a ordem da significação e da mediação externas — já indica uma queda ou distorção de uma *i*mediação antes desfrutada, tanto entre a humanidade e Deus como entre os seres humanos.[26] Sinais e linguagem

---

[24]Agostinho, *De doctrina christiana* 2.2.3 (em *Teaching Christianity* [Ensinando o cristianismo], *The Works of Saint Augustine* [As obras de santo Agostinho] 1/11, trad. Edmund Hill, Ordem dos Padres [Nova York: New City Press, 1996], ênfase adicionada).

[25]Brian Stock observa um aspecto importante dessa questão, que não podemos aprofundar aqui: "Se a linguagem, da qual derivam a leitura e a escrita, é definível por meio de uma comunidade de falantes, então o eu, a alma ou a mente, que dependem da linguagem para sua expressão humana, precisam ter suas comunidades também [...] É essa qualidade intersubjetiva que torna as *Confissões* de Agostinho exclusivas na antiga literatura da alma, e não a doutrina de que o eu interior é velado, misterioso ou inacessível. Sua história paira entre o pensamento e o mundo antes de entrar no mundo em palavras que devem ser interpretadas pelos outros" (Stock, *Augustine the Reader*, p. 16). Veja também a nota 174, a seguir.

[26]Compare Jacques Derrida, "Edmond Jabès and the Question of the Book" [Edmond Jabès e a questão do livro], em *Writing and Difference* [A escritura e a diferença], trad. Alan Bass (Chicago: University of Chicago Press, 1978), p. 64-78, em que Derrida explora a tese (em Jabès) de que, "na representação de si mesmo [na linguagem], o tema é fragmentado e exposto" (p. 67). Com o advento da escrita, "deixamos de ouvir a voz na imediata proximidade do jardim" (p. 68). Para Jabès, a fala (a oralidade) representa a imediação, enquanto a escrita representa a queda e a ruptura da imediação. Para Agostinho, entretanto, as palavras faladas já indicam uma perda da imediação; para ele, não é a escrita, mas a própria linguagem — na verdade, a própria ordem da significação —, que indica uma queda da imediação. Agostinho, então, não é um "fonocentrista", nos termos de Derrida; em vez disso, sua teoria da linguagem está muito próxima da de Derrida, conforme

A QUEDA DA INTERPRETAÇÃO

são indicativos do rompimento de uma imediação antes desfrutada, e sugerem uma fenda aberta entre *signa* (sinais) e *res* (o que é
significado). Ao comentar Gênesis 2:4-5, por exemplo, Agostinho
interpreta a chuva que cai sobre a terra como "palavras que soam
e desaparecem depois que atingem o ar".[27] No entanto, o "campo"
precisa ser nutrido pela chuva somente *depois* da queda da alma:

> Não era assim antes de a alma pecar, ou seja, antes de o verde
> do campo estar sobre a terra. "Porque o SENHOR Deus ainda não
> havia feito chover sobre a terra, e também não havia homem para
> cultivar o solo" [Gênesis 2:5]. Pois a chuva das nuvens, que já
> mencionamos, é necessária para o homem que trabalha na terra.
> Após o pecado, o homem começou a trabalhar na terra e a preci-
> sar dessas nuvens. Antes do pecado, porém, Deus fez o verde do
> campo e o alimento, e dissemos que essa expressão significava a
> criatura invisível. Deus a regou por meio de uma nascente interior,
> falando ao seu intelecto, para que não recebesse palavras do exte-
> rior, como chuva das nuvens. Pelo contrário, ela ficou satisfeita
> com sua própria nascente, ou seja, por meio da verdade que flui
> de seu interior.[28]

As palavras, como sinais *externos*, são necessárias somente após
a interrupção de um diálogo interior com Deus no qual a alma se

---

desenvolvida em *Of Grammatology* [Gramatologia], em que Derrida enfatiza que a fala/
oralidade já constitui a mediação e, portanto, exige interpretação (veja o capítulo 4 deste
livro). A diferença mais significativa entre Derrida e Agostinho é que o Agostinho na fase
inicial, como veremos a seguir, parece postular uma alma pré-encarnada que sabe das
coisas de maneira *i*mediata.

[27]Agostinho, *De Genesi contra Manichaeos libri II* 2.4.5 (em *Saint Augustine on Genesis*
[Santo Agostinho sobre Gênesis], trad. Roland J. Teske, Companhia de Jesus, Fathers of
the Church 84 [Washington: Catholic University of America Press, 1991]).

[28]Ibid.; veja também ibid., 2.5.6. Agostinho enfatiza que é a *alma* que pecou; o "homem"
(*homo*) — como um ser temporal encarnado — é um ser pós-lapsariano. Isso será considerado em nossa leitura das *Confissões* 12, a seguir. Para uma discussão mais aprofundada,
veja Roland J. Teske, Companhia de Jesus, "The World-Soul and Time in St. Augustine"
[A Alma do mundo e o tempo em Santo Agostinho], *Augustinian Studies* 14 (1983): 75-92.

Interpretando a Queda

comunica com Deus por meio de uma intuição imediata que "flui de seu interior". Portanto, a linguagem já representa uma ruptura, um rompimento da imediação e a interrupção de uma interioridade privada.[29] A própria ordem da significação externa é resultado da Queda e será superada pela redenção: "O homem, enquanto trabalha na terra, ou seja, enquanto se tornou seco por seus pecados, tem necessidade do ensino divino que vem de palavras humanas, como a chuva que vem das nuvens. No entanto, esse conhecimento será destruído. Pois, enquanto buscamos nosso alimento, vemos agora como em um enigma, como em uma nuvem, mas, então, veremos face a face, quando toda a face da nossa terra será regada pela fonte

---

[29]Isso também levanta uma questão sobre a "autenticidade" da intersubjetividade para Agostinho: se a linguagem, que torna a comunicação intersubjetiva possível, é o resultado da queda da alma no mundo externo, teria havido algum "diálogo" entre as almas antes dessa queda? Em outras palavras, a alma existe "antes do pecado" apenas em relação a Deus, no "lugar secreto da consciência" (*De Genesi* 2.5.6)? O ato de a alma "tornar-se pública" pela linguagem (que é necessariamente pública) sempre foi uma concessão de seu relacionamento "privado" com Deus? É por meio da linguagem, no entendimento de Agostinho, que o "tema é fragmentado e exposto" (cf. Derrida, "Edmond Jabès", p. 65)? [Pode-se ver uma tensão similar em relação à intersubjetividade nas *Confissões*: por um lado, é como se outros me levassem para longe de mim mesmo, para a inautenticidade (nos livros 2, 4 e 6); por outro, outros também me atraem para o Caminho de Cristo (no livro 8). Para obter uma análise mais aprofundada da intersubjetividade em Agostinho, veja James K. A. Smith, "Confessions of an Existentialist: Reading Augustine after Heidegger" [Confissões de um existencialista: lendo Agostinho segundo Heidegger], *New Blackfriars* 82 (2001): 273 82 (parte 1), 335-47 (parte 2).]

Para uma tensão e uma problematização semelhantes, cf. Søren Kierkegaard, *Fear and Trembling* [Medo e tremor], trad. Howard V. Hong e Edna H. Hong (Princeton, NJ: Princeton University Press, 1983), p. 82-120. No Antigo Testamento, o desafio de Abraão é comunicar na linguagem (que é pública e universal) o chamado de *Yahweh* (que é particular e singular). Para Kierkegaard, isso se aplica à relação de cada indivíduo com Deus: como uma relação única e privada com o absoluto, não pode ser comunicada em linguagem *de maneira simples*. A "solução" para este desafio é sua noção de uma "comunicação indireta" (desenvolvida em seu *Philosophical Fragments and Concluding Unscientific Postscript* [Fragmentos filosóficos e pós-escrito não científico conclusivo], que é estrategicamente muito similar ao entendimento do Agostinho de "Confessions" (veja *CSA*, 10.2.2—10.3.4). Para obter uma discussão da estratégia de "comunicação indireta" de Kierkegaard, veja James K. A. Smith, "Alterity, Transcendence, and the Violence of the Concept: Kierkegaard and Heidegger", *International Philosophical Quarterly* 38 (1998): 369-81.

A QUEDA DA INTERPRETAÇÃO

interior de água que brota".[30] O que é restaurado, então, é uma imediação pré-lapsariana em que a linguagem — e, portanto, a interpretação — está ausente; a hermenêutica, como interpretação de sinais, é entendida como uma tarefa da humanidade caída que "trabalha na terra", uma tarefa da qual aguardamos a redenção.

A Queda para o tempo: linguagem e sucessão temporal

Embora a linguagem necessite de interpretação, vimos que, para Agostinho, a mediação da interioridade subjetiva exige a linguagem. Neste momento, devemos ainda observar que a necessidade de mediação está ligada à existência temporal da humanidade como sua condição; em outras palavras, a linguagem funciona apenas dentro do meio ou do horizonte do tempo.[31] A temporalidade é constitutiva da criaturidade,[32] razão pela qual a linguagem é necessária como mediadora para as subjetividades situadas, ou melhor, *limitadas*, no espaço e no tempo; em suma, a linguagem é constitutiva da *finitude*. Os seres dentro da ordem finita e temporal da criação estão sujeitos à mudança e à impermanência: "Quando os seres nascem e emergem para a existência, quanto mais depressa crescem, mais se apressam em direção ao 'não ser'. Essa é a lei que

---

[30]Agostinho, *De Genesi* 2.5.6. Isso é "provado" na experiência extática em Óstia, onde as almas de Agostinho e de Mônica "foram elevadas ardentemente por um afeto em direção ao próprio Ser eterno [...] Chegamos a tocá-lo momentaneamente [só para depois voltarmos] ao ruído da nossa palavra humana" (*CSA*, 9.10.24). Refletindo sobre as possibilidades de comunicação sem linguagem, Agostinho sugere que no silêncio "ouviríamos sua palavra, não por uma língua material, nem pela voz de um anjo ou pelo estrondo de um trovão, tampouco pela falta de clareza de uma expressão simbólica. Ouviríamos em pessoa aquele a quem amamos nestas coisas *sem a mediação delas*. Seria como ocorreu quando, naquele momento, atingimos em um relance a eterna Sabedoria que permanece além de todas as coisas (*CSA*, 9.10.25, ênfase adicionada).

[31]O aspecto temporal da linguagem e dos sinais não é considerado em *De magistro*, de Agostinho, e aparece em *De doctrina christiana* apenas em um aspecto: "Porque as palavras desaparecem logo depois de terem agitado as ondas do ar e não duram mais do que o som que fazem; as letras [escritas] foram inventadas como sinais de palavras" (2.4.5). Aqui, é simplesmente uma questão de duração dos sinais.

[32]"Deus criou simultaneamente todo o tempo com todas as criaturas temporais" (Agostinho, *De Genesi* 2.3.4).

Interpretando a Queda

limita seu ser" (*CSA*, 4.10.15). Limitados por essa lei da finitude, "nem todos [eles] têm o ser no mesmo momento"; ou seja, eles se caracterizam pelo "morrer e pela sucessividade".

Agostinho continua: "É assim que nossa fala é concebida por sons significativos. O que dizemos não estaria completo se uma palavra não deixasse de existir quando fizesse soar as partes que a constituem, de modo que pudesse ser seguida por outra palavra". A sucessão temporal é, para Agostinho, um aspecto necessário da linguagem que é, por si só, importante apenas para os seres finitos; e é essa sucessão temporal que indica a diferença entre palavras humanas externas e a Palavra interna pronunciada ao mesmo tempo. Portanto, mais tarde, ele enfatizará, mais uma vez, que essa temporalidade indica a deficiência da criação como aquela que "sofre mutação e variação", em contraste com o Ser imutável de Deus. Assim também a fala humana, na qual as sílabas soam e desaparecem em uma "sucessão temporal", contrasta com a Palavra de Deus pronunciada na "simultaneidade da eternidade" (*CSA*, 11.4.6—11.7.9).

Assim como Agostinho postula a redenção da alma a partir da necessidade de sinais externos, também afirma que é prometida à alma a libertação de suas condições temporais — e, portanto, uma libertação da linguagem humana, que é constituída pela sucessão temporal. A ascensão da alma em seu retorno a Deus deixa a ordem temporal e sobe para o eterno, "onde não há passado nem futuro, mas apenas o ser, uma vez que é eterno" (*CSA*, 9.10.24). Portanto, não é apenas a função mediadora da linguagem que é superada, mas também a própria temporalidade da linguagem. Isso só é possível quando a alma transcende o próprio tempo, o que requer a transcendência da finitude.[33] A finitude — estar situado no espaço e no tempo — é precisamente aquilo de que a alma busca redenção.

---

[33]Compare também Agostinho, *De vera religione* 29.72 (CCSL, 32): "Não vá para fora. Volte-se para dentro de si mesmo. No interior do homem habita a verdade. Se você descobrir que é mutável por natureza, *transcende a si mesmo*" (em *Augustine: Earlier Writings* [Agostinho: primeiros escritos], trad. J. H. S. Burleigh [Filadélfia: Westminster, 1953],

A QUEDA DA INTERPRETAÇÃO

Contudo, se o tempo é simultaneamente criado com o restante da criação, por que a criatura tentaria superar sua temporalidade, ou seja, o fato de estar situada e delimitada no tempo? Não seria esse um desejo de superar a criaturidade, e essa não é a essência do orgulho pecaminoso?[34] Ou esse desejo de redenção do tempo é uma indicação de que o próprio tempo está caído, de que a alma entra no tempo?

A decadência da temporalidade é desenvolvida nos livros 11 e 12 de *Confissões*; torna-se claro que Agostinho postula um estado anterior da alma criada, "antes do pecado", no qual a alma não está sujeita ao condicionamento temporal e, portanto, não está sujeita à sucessão temporal da linguagem. Assim, o desejo de redenção do tempo é simplesmente a restauração de um estado que a alma desfrutava antes no "céu do céu",[35] em que o intelecto "participa da eternidade [de Deus]" e, assim, "escapa de todas as vicissitudes que giram em torno do processo temporal".[36] Embora não seja coeterno com Deus, o intelecto "não sofre variação nem experimenta distensão na sucessividade do tempo" precisamente porque "está fora do tempo" (*CSA*, 12.11.12; 12.12.15). Como consequência, a alma no "céu do céu" não é atormentada pela necessidade de interpretação nem pela mediação dos sinais; em vez disso, "o conhecimento da inteligência é uma questão de simultaneidade — não em parte, não em um enigma, não como em

---

ênfase adicionada). Como observa Hannah Arendt, "assim, não é apenas o mundo que se transcende, mas a natureza humana como tal" (*Love and Saint Augustine* [O conceito de amor em santo Agostinho], trad. Joanna Vecchiarelli Scott e Judith Chelius Stark [Chicago: University of Chicago Press, 1996], p. 30).

[34]Para Agostinho, o pecado mais "primordial" é o do orgulho; assim, é precisamente porque "se expandiu para as coisas externas por meio do orgulho [que] a alma deixou de ser regada pela fonte interior", exigindo uma linguagem externa como resultado (*De Genesi* 2.5.6).

[35]Nas leituras mais alegóricas de Gênesis 1—2 feitas por Agostinho, ele entende a narrativa da criação como aquela que descreve a criação do mundo *inteligível* ("em comparação com o 'céu do céu', até mesmo o céu da nossa terra é a terra"; *CSA*, 12.1.2) Assim, em *De Genesi* 2.3.4, "céu e terra" representam o mundo inteligível, e o "verde do campo" representa o intelecto. Para obter um argumento de que o intelecto no "céu do céu" é a "alma do mundo", veja Teske, "World-Soul and Time", p. 75-92.

[36]*CSA*, 12.9.9; veja também 12.15.22: "Isso transcende toda distensão entre passado e futuro".

Interpretando a Queda

um espelho, mas completa, em plena transparência, 'face a face'. Não se trata de conhecer ora isso, ora aquilo, mas de conhecer simultaneamente, sem a sucessividade temporal".[37]

É por "peregrinar" e "desapegar-se" que a alma "escapa às mudanças e à sucessividade do tempo" — um movimento que é "uma falha e um pecado" (*CSA*, 12.11.12; 12.15.19; 12.11.12). Em outras palavras, a própria finitude marca uma queda, na medida em que a alma foi "justamente restringida a uma parte do universo", como um "castigo".[38] É por causa dessa delimitação ou desse confinamento no tempo e no espaço que conhecemos por meio da "percepção física", e as palavras que "falamos, [a alma] ouve pela mesma percepção física". Em outras palavras, a encarnação do eu no espaço e no tempo, a experiência subsequente do tempo como algo sucessivo e o emprego da linguagem condicionada pelo tempo, tudo isso é atribuído à queda de uma simultaneidade originária e à imediação "anterior ao pecado da alma".

Assim, entendemos o "tratado" do tempo no livro 11, no qual o tempo é, por fim, "definido" como "simplesmente uma distensão [...] da própria mente" em que "estou disperso" (*CSA*, 11.26.33; 11.29.39). O termo *distentio* ("distensão"), observa Teske, carrega uma conotação claramente negativa, "indicando um espasmo ou uma distorção, semelhante à descrição do 'inchaço' (tumor) da alma em um corpo".[39] "Estendida" por uma multiplicidade de

---

[37]*CSA*, 12.13.16. Aqui, o conhecimento da alma é semelhante ao dos anjos, que "não têm necessidade de olhar para esse firmamento nem de ler para conhecerem sua palavra. Eles 'sempre veem sua face' e ali 'leem', sem sílabas que requerem tempo para sua pronúncia, o que sua vontade eterna almeja" (13.15.18).

[38]*CSA*, 4.11.17. Observe, mais uma vez, a noção de uma "alma-do-mundo", que, ao que parece, está trabalhando por trás desse conceito de restrição da alma. Compare *De vera religione* 22.43: "Nós nos tornamos partes dos tempos [*saeculorum*] como consequência de nossa condenação". *Saeculorum* aqui carrega o sentido de "história", as eras do tempo (em vez de a "ordem secular" de J. H. S. Burleigh).

[39]Agostinho, *De Genesi* 2.5.6: "Quando estava sendo regada por tal fonte, a alma ainda não havia projetado suas partes mais íntimas por meio do orgulho". Compare também seu *De vera religione* 46.89: "Nosso verdadeiro eu não é o corpo" (veja Teske, *Paradoxes of Time*, p. 29-30).

A QUEDA DA INTERPRETAÇÃO

distrações, a alma é dispersa e dissolvida no tempo, que também ameaça devorar o eu (*CSA*, 11.29.39; 8.10.24; 9.4.10). A alma, então, entra no tempo como um afastamento da eternidade e da imediação.[40] Assim, como antes sugerido, "uma vez que nossa presença no tempo é o castigo por nossa queda, Agostinho vê que a vinda de Cristo tem por objetivo nos libertar do tempo [...] Portanto, a distensão que é o tempo não é meramente o ser das criaturas; é para nós, pelo menos, o castigo pelo pecado do qual Cristo deve nos libertar".[41] A temporalidade não é constitutiva da criaturidade *per se*, mas, em vez disso, é característica da criação caída.

A queda para a interpretação: resumo

Agora, estamos em posição de esboçar a compreensão de Agostinho da hermenêutica como apenas uma tarefa pós-lapsariana. Primeiro, a interpretação, devemos lembrar, é exigida precisamente pela mediação da linguagem. Antes do emprego de sinais externos, a interpretação não se fazia necessária; a alma era instruída pela intuição direta. Segundo, a linguagem é ocasionada por dois estados de coisas relacionados: (1) a incomensurabilidade entre

---

[40]Veja também Robert J. O'Connell, Companhia de Jesus, *Saint Augustine's Platonism* [O platonismo de santo Agostinho] (Villanova, PA: Augustinian Institute/Villanova University Press, 1984), p. 3, 15, em que ele observa que, para Agostinho, "nossa própria presença neste mundo temporal e corporal [é] o resultado de uma 'queda'".

[41]Teske, *Paradoxes of Time*, p. 31-32. Paul J. Archambault também observa que "o tempo e a linguagem são tratados como se fossem as partes *caídas* de um todo universal"; assim, a alma está "condenada ao uso da linguagem discursiva" ("Augustine, Time and Autobiography as Language" [Agostinho, tempo e autobiografia como linguagem], *Augustinian Studies* 15 [1984]: 8). Archambault ainda sugere, entretanto, que "Agostinho parece ter se livrado do dilema dualista que parecia lhe ter sido imposto [...] por seu uso da concepção platônica ou plotiniana de tempo e linguagem" (p. 11). O meio de fuga, argumenta ele, é uma linguagem "interior" da alma que permanece unificada e simultânea (p. 11-12). Mas devemos notar em resposta que isso nada faz para redimir a *fala* ou a linguagem em seu sentido temporal. Devemos fazer a distinção entre dois "tipos" de linguagem em Agostinho: uma linguagem "interior" de imediação e uma linguagem externa, que emprega sinais e funções no horizonte do tempo. Enquanto a primeira é "pura", a redenção *da* última é precisamente uma redenção *dela*. Argumentarei que é precisamente a "bondade" da significação temporal que deve ser afirmada por Agostinho.

Interpretando a Queda

interioridades subjetivas que requerem sinais externos e (2) o horizonte temporal da percepção física. Descobrimos que esses dois estados de coisas estão associados à queda da alma no tempo: a criatura finita — situada no espaço e no tempo[42] — está limitada em seu ser como um castigo pelo pecado. Como resultado, a hermenêutica e a necessidade de interpretação são aspectos apenas de uma criação caída, de uma imediação interrompida, de que procuramos a redenção em um paraíso no qual a interpretação está ausente, e a imediação, restaurada.

DESCONSTRUINDO AGOSTINHO: RUMO A UMA HERMENÊUTICA CRIACIONAL

Tempo, espaço e a bondade da criação

Uma vez que chegamos a uma descrição de Agostinho em relação à hermenêutica filosófica, agora devemos fazer algumas perguntas. Primeiro, se a alma "está estendida na criação do mundo, a queda da alma no tempo não é a mesma que a criação do mundo? Ou, em

---

[42]Em um comentário muito perspicaz sobre uma versão anterior deste capítulo, que apresentei à American Catholic Philosophical Association [Associação Filosófica Católica Norte-Americana], Ann Pang-White observou cuidadosamente a diferença entre minha definição de finitude como "estar situado no espaço e no tempo" e a compreensão de finitude de Agostinho. Como ela enfatizou corretamente, para Agostinho, qualquer ser que não seja o Criador (ou seja, tudo que é *criatura*) é finito. No entanto, isso não significa que os seres estejam situados no espaço (por exemplo, os anjos) ou mesmo na temporalidade, como ele sugere em referência à alma humana "antes do pecado". Assim, a alma humana antes de sua queda é finita, embora não esteja situada no espaço (Agostinho aponta para um "corpo espiritual") nem no tempo; o que a distingue do Criador é a mutabilidade. No entanto, mantenho minha definição de finitude como estar situado no espaço e no tempo por duas razões: (1) Não posso imaginar o estado de um ser que *não* seja eterno (neste caso, seria Deus) *nem* temporal (como observado anteriormente, para Agostinho, se a alma humana não tivesse pecado, não estaria situada no tempo). Mas Agostinho parece pensar que existe uma terceira alternativa, que me parece sem sentido. Além disso, eu sugeriria que essa não poderia ser uma posição cristã consistente, uma vez que veria a encarnação humana como resultado do pecado. (2) Minha questão final aqui, no contexto de uma discussão hermenêutica, tem a ver com a descrição de Agostinho da linguagem e da interpretação, que, segundo ele, só é necessária para seres temporais encarnados. Meus agradecimentos especiais à dra. Pang-White, por suas críticas perspicazes e construtivas.

A QUEDA DA INTERPRETAÇÃO

termos cristãos, a criação e o pecado original não coincidem?"[43] Segundo, isso não implicaria a decadência da própria finitude? E não comprometeria a distinção central entre Criador e criatura — pois como podemos ser outra coisa que não finitos e ainda não ter a pretensão da divindade? O retrato de finitude e temporalidade como sendo caídas não apaga qualquer distinção entre "criaturidade" e pecado? Isso não insere o mal novamente na própria criação? Somos culpados por ser humanos (*homo*)? E, por fim, não encontramos aqui uma tensão com uma afirmação fundamentalmente agostiniana de bondade da criação?

O que falta, acima de tudo, à descrição de Agostinho acerca do tempo e da linguagem é uma afirmação da bondade primordial da existência humana *encarnada*. No entanto, é precisamente essa existência temporal, finita e encarnada que Agostinho deveria — *em seus próprios termos* — afirmar como sendo, em essência, boa. Como comenta Étienne Gilson, uma filosofia cristã medieval fundamentada em uma compreensão da *criação* deve lidar com o fato de que "as próprias limitações e mutabilidades pelas quais a natureza é denunciada [em uma tradição platônica] são metafisicamente *inerentes ao próprio status de uma coisa criada como tal* [...]. Se, portanto, insistimos em chamar o mal de lei inevitável da mudança na natureza, devemos reconhecer que a possibilidade de mudança é uma necessidade da qual o próprio Deus não poderia absolver sua criação".[44]

---

[43]Teske, "World-Soul and Time", p. 92. Teske, mais tarde, acreditará que a "solução" para esse problema é encontrada no livro 12 das *Confissões*: "Embora o tempo possa ter surgido com a criação do mundo, nós, almas racionais, fomos criados para permanecer na contemplação de Deus como participantes de sua eternidade" (*Paradoxes of Time* [Paradoxos do tempo, p. 58). No entanto, assim como a "solução" apontada por Archambault, isso ainda significa que caímos no tempo e na existência *corporal*. Em resumo, a finitude — no sentido de existência temporal, corporal e física — permanece caída. Nesta seção final, argumentarei que Agostinho, em seus próprios termos, deve afirmar a bondade da finitude precisamente porque ele confessa "a ressurreição do corpo". [E essa, sem dúvida, é precisamente a ênfase de Agostinho em sua obra madura, *A cidade de Deus*.]

[44]Gilson, Étienne, *The Spirit of Medieval Philosophy* [O espírito da filosofia medieval], trad. A. H. C. Downes (New York: Scribner's, 1936), p. 113.

Interpretando a Queda

Mas, na medida em que não é apenas a criação espiritual, mas a criação física e corporal que é pronunciada como "muito boa" (Gênesis 1:31), uma filosofia cristã deve eliminar tal avaliação de finitude e temporalidade. "De ti", observa Agostinho, "o Único, o Bem supremo, eles passaram a existir e são todos 'muito bons'" (*CSA*, 13.2.2). Em uma divergência fundamental do esquema platônico, as responsabilidades cristãs de Agostinho levam-no a afirmar a bondade geral da existência e, portanto, a bondade da criação. A afirmação de que "a existência é boa porque é obra tua"[45] encontra-se nas primeiras obras de Agostinho. Quanto à criação física, Agostinho atesta que:

> um objeto corpóreo tem certa harmonia entre suas partes; caso contrário, não poderia existir. Portanto, foi criado por aquele que é a cabeça de toda harmonia. Um objeto corpóreo desfruta certo grau de paz pelo fato de ter forma. Sem isso, não seria nada. Portanto, ele é o *criador da matéria*, de quem provém toda paz e que é a forma incriada e mais perfeita. A matéria faz parte de algo que pertence ao mundo ideal; caso contrário, não seria matéria [...] Pois toda existência como tal é boa.[46]

Nesse sentido, a decadência não deve ser atribuída à matéria como matéria nem à pessoa humana encarnada como encarnada ou finita. Em vez de uma compreensão "substancial" do pecado e do mal, Agostinho enfatiza sem cessar uma compreensão "intencional" do pecado; ou seja, o corpo não é pecaminoso como seu *status* ontológico, como matéria corpórea, mas o é na medida em que é "desfrutado", em vez de "usado". Agostinho nunca nos oferece uma *ontologia* do pecado; ele apresenta uma *fenomenologia* do pecado.[47]

---

[45] Agostinho. *Soliloquies* 1.1.2

[46] Agostinho, *De vera religione* 11.21.

[47] "Uma vida, portanto, que por defeito voluntário se afasta daquele que a criou, de cuja essência ela desfrutou, e, ao contrário da lei de Deus, procura desfrutar os objetos corporais que Deus criou para serem inferiores a ela, tende ao nada" (Agostinho,

A QUEDA DA INTERPRETAÇÃO

Essa "tensão" — até mesmo "contradição" — no pensamento de Agostinho não exige uma solução ou um nivelamento; não é uma questão de harmonização. Antes, convida-nos a retomar o pensamento de Agostinho em uma leitura produtiva em seus próprios termos: uma demitologização ou desconstrução de Agostinho, que nunca deveria ser entendida como uma *des*truição, mas, sim, como uma *pro*dução que nos apresenta outro Agostinho.[48] Com respeito à hermenêutica de Agostinho, procuraríamos ler de maneira crítica sua desvalorização da temporalidade, da finitude e da linguagem tendo como pano de fundo o horizonte de sua afirmação fundamental da bondade da criação, produzindo uma hermenêutica agostiniana que confirma a encarnação e entende a interpretação como uma tarefa "criacional".[49] Na seção final, a seguir, esboçarei brevemente uma hermenêutica agostiniana que poderia ser descrita como uma hermenêutica "criacional".

De vera religione 11.21). Não tenho espaço aqui para desenvolver mais esse assunto, embora seja central para minha desconstrução de Agostinho. O que é fundamental para o desenvolvimento de uma afirmação agostiniana da bondade da finitude é uma análise fenomenológica da distinção *uti/frui* central (fazendo a distinção entre coisas a serem "usadas" e coisas a serem "desfrutadas") na obra de Agostinho. O "pecado" para Agostinho é uma questão de *intentio* — quando o objetivo intencional é "absorvido" em um mundo de coisas, que passa a *desfrutar* (como um fim em si mesmo), em vez de *usar* (para [...] se voltar para o Criador). Então, o mundo se torna um "ídolo" que *absorve* a contemplação da alma, em vez de um "ícone", que *desvia* o objetivo da alma para sua Origem, o Criador. O texto mais importante nesse sentido é *De doctrina christiana*, livro 1, mas veja também *Soliloquies* e *De vera religione*. Para obter uma discussão mais aprofundada, veja meu "Between Prediction and Silence: Augustine on How (Not) to Speak of God" [Entre a predição e o silêncio: Agostinho fala sobre como (não) falar de Deus], *Heythrop Journal* 41 (2000): 66-86.

[48]O próprio Derrida enfatiza que uma leitura desconstrutiva é essencialmente produtiva, aproveitando os "recursos *surpreendentes*" dentro de um texto ou de um trabalho que são capazes de "produzir" outro texto, que está relacionado ao primeiro, mas que também é diferente, novo, uma invenção (*OG*, p. 157-58).

[49]Essa releitura do *status* da hermenêutica não é simplesmente um artigo de especulação teológica sobre a humanidade "antes da Queda". Em vez disso, o objetivo de reconhecer a natureza "criacional" da hermenêutica é *ético*: uma vez que reconhecermos que a interpretação é uma parte essencial do ser humano, também reconheceremos a *pluralidade* da interpretação como um bem da criação, em vez de um mal pós-babelista a ser superado. O resultado será espaço para — e respeito para com — as diferenças.

Interpretando a Queda

Uma hermenêutica filosófica agostiniana

A importância da afirmação de finitude para a hermenêutica é a seguinte: se a hermenêutica é um aspecto constitutivo do ser-humano como sendo criacional, então:

- não é acidental, mas um aspecto inevitável da existência humana;
- é um estado de coisas *afetado pela* Queda, mas não completamente corrompido pela decadência nem pelo produto da Queda e
- é um aspecto do ser-humano que é primordialmente bom e permanece como tal em um mundo pós-lapsariano e, portanto, não deve ser interpretado como necessariamente violento nem entendido como um estado de coisas a ser "superado".

A criação, de acordo com esse modelo, não deve ser identificada com uma "perfeição" (ou imediação) prístina nem com um desastre ou uma violência primeva.

Uma hermenêutica agostiniana demitologizada associaria as ideias de Agostinho sobre a temporalidade do ser humano e da linguagem à sua afirmação da bondade fundamental da criação; o resultado é uma compreensão do *status* da interpretação como uma tarefa "criacional" — uma tarefa constitutiva da finitude e, portanto, não um "trabalho" a ser evitado ou superado. Tal "interpretação da interpretação" revaloriza a encarnação e, por fim, resulta em respeito ético pela diferença como a dádiva de um Deus criador que ama a diferença e que ama de maneira diferente. Passarei agora a uma explicação da estrutura hermenêutica da criação.

capítulo seis

INTERPRETAÇÃO NO ÉDEN

"No princípio é a hermenêutica."

Jacques Derrida, "Edmond Jabès
and the Question of the Book"

Após situar o ímpeto para uma hermenêutica criacional na trajetória do pensamento de Agostinho, minha tarefa neste capítulo é oferecer uma análise sistemática das condições da hermenêutica como constitutiva da condição de criaturidade (veja "Human Be-ing and the Conditions of Hermeneutics" [O ser humano e as condições da hermenêutica], a seguir), entendendo tais estruturas como fundamentalmente boas e não necessariamente violentas (veja "The Goodness of Creation" [A bondade da criação], a seguir). Por fim, considerarei a questão da pluralidade da interpretação dentro dessa estrutura (veja "Before Interpretation" [Antes da interpretação] e "The Ethics of Interpretation" [A ética da interpretação], a seguir), esboçando uma hermenêutica correlata de confiança baseada na direção do Espírito (veja "Of Spirit: Yes and Amen" [Do Espírito: sim e amém], a seguir).

Interpretação no Éden

O SER HUMANO E AS CONDIÇÕES DA HERMENÊUTICA

Intersubjetividade e situacionalidade

Ser humano é interpretar — intermediar o entendimento entre dois ou mais entes finitos. A interpretação, então, é exigida por um "estado de coisas" no qual encontramos seres *finitos*[1] ou situados *em relação*. Esses dois elementos — intersubjetividade e finitude — são as condições para a hermenêutica; mas, como será observado, são, ao mesmo tempo, condições que constituem uma parte essencial do ser humano e do viver no mundo. A hermenêutica — a necessidade de intermediar o entendimento entre entes finitos — é, portanto, um aspecto inevitável do ser humano, e não um modo acidental ou caído de ser.

Como seres humanos finitos, não temos (e nunca teremos) acesso aos pensamentos do outro como imediatamente presente, como declarou o Adão de Dante. Em vez disso, sempre ouço o outro ou leio um texto a partir de "onde estou", traduzindo o discurso do outro de modo que eu possa entender. Todo ato de ler ou de ouvir é um ato de tradução: uma intermediação entre dois (ou mais) universos de discurso, duas (ou mais) tradicionalidades, duas (ou mais) formas de entender o mundo. Usando uma metáfora mais popular, sempre leio um texto ou vejo o mundo pelas lentes de uma tradição interpretativa da qual não posso me separar, pois isso faz parte do que significa ser humano.[2]

---

[1]Ou seja, situados no espaço e no tempo. Para uma discussão de minha definição de finitude, veja o capítulo 5, nota 187.

[2]Essa metáfora visual, que tentei evitar, indica, no entanto, que o que estou descrevendo como uma "tradição interpretativa" é muito próximo, se não idêntico, ao que geralmente é identificado como uma "visão de mundo". Como "visões *da* vida *pela* vida" (James Olthuis), as visões de mundo constituem os principais compromissos por meio dos quais o indivíduo "vê" o mundo. No nível da visão de mundo, a "estrutura como" da interpretação (Martin Heidegger) se desenrola. Para discussões sobre o tema, veja James H. Olthuis, "On Worldviews" [Sobre visões de mundo], *Christian Scholar's Review* 14 (1985): 153-64; Brian J. Walsh, "Worldviews, Modernity and Task of Christian College

A QUEDA DA INTERPRETAÇÃO

A ubiquidade da hermenêutica, então, está, em primeiro lugar, na *intersubjetividade* da existência humana. Vivemos com outros — amigos, cônjuge, filhos, colegas —, e a comunicação é necessária não apenas para a sobrevivência, mas também para nosso enriquecimento e crescimento como seres humanos. Se não houvesse comunicação entre os entes,[3] não haveria necessidade de interpretação. Mas a intersubjetividade, *por si só*, não exigiria, necessariamente, a interpretação da comunicação se ambos (ou todos) os comunicantes tivessem exatamente a mesma linguagem, os mesmos vocabulários, os mesmos processos de pensamento e acesso imediato ao pensamento do outro (que seria idêntico ao seu). Se esse fosse o caso, entretanto, alguém poderia perguntar se até mesmo algo como a comunicação seria necessário.

Contudo, precisamente porque os seres humanos não têm a mesma linguagem, não têm o mesmo vocabulário ou não têm os mesmos pensamentos, a interpretação é inevitável. Essa *diferença*, que necessita de interpretação, está arraigada na *finitude* do ser--humano, a segunda condição da hermenêutica. A finitude, ou o que descrevi anteriormente como *situacionalidade*, indica a localidade do ser humano, o fato de que ouço ou leio a partir de um local específico, de determinada situação — o que Martin Heidegger descreveu como a "situação hermenêutica".[4] Essa compreensão da finitude não deve ser vista como uma espécie de limitação negativa;

Education" [Visões de mundo, modernidade e a tarefa da educação cristã na faculdade], *Faculty Dialogue* 18 (outono de 1992): 13-35, e a segunda parte de James K. A. Smith e Shane R. Cudney, "Postmodern Freedom and the Growth of Fundamentalism: Was the Grand Inquisitor Right?" [Liberdade pós-moderna e o crescimento do fundamentalismo: o grande inquisidor estava certo?], *Studies in Religion/Sciences Religieuses* 25 (1996): 41-44.

[3]Uso um termo mais genérico aqui para não restringir a interpretação aos seres humanos. Na medida em que os animais se comunicam, também haveria um processo de interpretação. Por exemplo, o urso "entende" que as marcas de garras deixadas na árvore são marcas de outro urso e que representam o limite do território de outro. Ou talvez, de uma forma mais sofisticada (estou apenas especulando), a comunicação auditiva entre golfinhos poderia ser mal interpretada se as ondas sonoras fossem "ouvidas" de forma diferente.

[4]Também é preciso enfatizar que essa "situacionalidade", ou singularidade, não pode ser reduzida à localidade temporal e/ou espacial. Não sou apenas meu tempo e meu espaço; há um mistério na singularidade do eu que persiste fora dessas condições.

Interpretação no Éden

pelo contrário, deve ser vista em um sentido mais aristotélico de algo estar situado, delimitado, de ter limites (*peras*).[5] Essa localidade ou espacialidade é tanto temporal como físico-espacial, e determina as possibilidades de como alguém lê ou ouve.[6] Também pode ser descrita como a historicidade do ser-humano, no sentido de que não compartilho *minha* história e de que essa história pessoal molda minha linguagem, meu vocabulário, minha "maneira de ler" e assim por diante.

Embora a "ubiquidade da interpretação" se refira às condições da interpretação como um aspecto constitutivo do ser humano, também se refere ao *escopo* da interpretação. A interpretação não é algo que acontece apenas quando se lê um texto; antes, a interpretação ocorre em todos os níveis de comunicação e não se limita ao textual ou mesmo ao verbal (pois até mesmo a "linguagem corporal" requer interpretação).[7] A interpretação "ocorre" em todos os níveis de relacionamento entre seres situados. Cada leitura de um jornal, cada conversa à mesa de jantar, cada gesto grosseiro na estrada, tudo isso deve ser interpretado antes de ser compreendido. Toda comunicação é filtrada por uma série de questionamentos, em grande parte implícitos, feitos com o objetivo de compreensão.

Mas as perguntas feitas são determinadas pela situação e a tradicionalidade do intérprete. A interpretação não é relegada ou confinada à escrita (uma noção que Derrida descreveu como *logocentrismo*), mas está na origem da linguagem e, portanto, habita também a fala e o gesto. Por exemplo, se três caçadores estão caminhando às cegas no meio do pântano e um deles grita: "Pato!", um

---

[5]Para Aristóteles, "ser" é ter limites (*perai*), estar situado e colocado em um lugar. Mas, além disso, os limites também são pontos de contato, indicando a relacionalidade fundamental do ser. Veja Aristóteles, *Physics* [Física] 4.1-5, 208a27—213a11.

[6]Esse assunto foi desenvolvido mais a fundo no capítulo 3. Compare também *TM*, p. 302.

[7]Em contrapartida, Brian Stock (*The Implications of Literacy: Written Language and Models of Interpretation in the Eleventh and Twelfth Centuries* [Princeton, NJ: Princeton University Press, 1983]) parece sugerir que um modo gestual de ser, conforme encontrado na representação da Eucaristia, por exemplo, está livre de estruturas interpretativas e que a necessidade de interpretação entra em cena com o advento da escrita e da "teologia letrada".

A QUEDA DA INTERPRETAÇÃO

caçador pode levantar a arma à procura da ave que se aproxima, enquanto o outro pode atirar-se ao chão, em uma tentativa desesperada de evitar uma bala iminente. A exclamação foi "ouvida" de forma diferente, interpretada de forma diferente. Essa "universalização" da hermenêutica para além da leitura textual foi uma das noções fundamentais de Heidegger e Hans-Georg Gadamer, trazendo as discussões hermenêuticas de áreas especializadas, como direito, teologia e estética, para a questão da hermenêutica geral (o projeto do *magnum opus* de Gadamer, *Truth and Method* [Verdade e método]).

Tradicionalidade e intersubjetividade

Na medida em que a intersubjetividade e a situacionalidade são elementos necessários do ser-humano que demandam interpretação, as possibilidades de interpretação são condicionadas pela *tradicionalidade*,[8] que resulta tanto das relações intersubjetivas como da finitude da existência. Na condição de criatura finita, faço parte de uma comunidade, sou herdeiro de uma ou de várias formas de "ver" o mundo, faço parte de uma tradição interpretativa. Estamos sempre envolvidos com uma tradição. Nós sempre fazemos parte de uma tradição e sempre vemos por meio de uma tradição — ou seja, somos humanos.

De fato, somos os herdeiros de uma pluralidade de tradições: uma tradição linguística, uma tradição sociocultural, uma tradição geográfica, uma tradição religiosa e assim por diante. Por exemplo, fui ensinado a falar inglês (nasci na zona rural de Ontário, no Canadá, e não tive escolha a esse respeito), o que cria uma possibilidade de comunicação e interpretação, mas, ao mesmo tempo, condiciona as possibilidades, na medida em que só posso me comunicar até certo ponto. Meu idioma é uma coleção finita, e

---

[8]Deparei, pela primeira vez, com a noção de tradicionalidade no ensaio de Carroll Guen, "Gadamer, Objectivity and the Ontology of Belonging" [Gadamer, objetividade e a ontologia do pertencimento], *Dialogue* 28 (1989): 589-608 (esp. p. 597).

Interpretação no Éden

meu vocabulário usa apenas uma pequena fração das possibilidades dentro do inglês, o que, então, limita minhas possibilidades tanto de compreensão como de comunicação. No entanto, até mesmo a noção de "limitação" revela uma nostalgia do infinito; portanto, prefiro a palavra *condições*.[9] Minha tradição linguística determina a forma como interpretarei e define, "de antemão", as perguntas que farei na intermediação dos idiomas que constitui a hermenêutica. Minha tradição sociocultural (como um homem rural de classe média), minha tradição geográfica (como um ocidental canadense), minha tradição religiosa (como cristão), tudo isso condiciona o modo como lerei um texto, como ouvirei uma declaração, como entenderei uma comunicação.

Embora mais desconstrucionistas nietzschianos, como Mark C. Taylor, pareçam sugerir que não há limite para as maneiras pelas quais o mundo pode ser interpretado,[10] essas condições de tradicionalidade prescrevem possibilidades: uma pluralidade de possibilidades com certeza, mas uma pluralidade não faz um infinito. Uma sugestão similar pode ser encontrada em um dos primeiros críticos da metafísica, David Hume:

---

[9]Resisto à noção de finitude como "algo que limita" pelas mesmas razões que rejeito qualquer concepção de finitude como sendo violenta por definição. Falar de finitude como "limitante" implica que ela impede o acesso de certo modo ou que é "deficiente" em algum sentido, o que só pode ser dito se estivermos, de alguma forma, "esperando mais". Em vez de entender a finitude como uma limitação ou mesmo como sendo violenta, eu gostaria de deixar esse paradigma de lado e vê-la como capacitadora. No entanto, qualquer tentativa de falar sobre finitude sempre implica o risco de "voltar a cair" em um paradigma mais metafisicamente determinado. Retomei essa questão da violência em um contexto mais apropriadamente fenomenológico em dois ensaios: "Respect and Donation: A Critique of Marion's Critique of Husserl", *American Catholic Philosophical Quarterly* 71 (1997): 523-38, e "Alterity, Transcendence, and the Violence of the Concept: Kierkegaard and Heidegger", *International Philosophical Quarterly* 38 (1998): 369-81.

[10]Veja Mark C. Taylor, *Erring: A Postmodern A/Theology* (Chicago: University of Chicago Press, 1984), p. 170-74; seguindo Friedrich Nietzsche, *The Will to Power* [Vontade de potência], trad. R. J. Hollingdale and Walter Kaufmann (New York: Random House, 1967), sec. 600: "Não há limites para as formas pelas quais o mundo pode ser interpretado; toda interpretação é um sintoma de crescimento ou de declínio. A inércia precisa de unidade (monismo); a pluralidade de interpretações é um sinal de força. Não devemos desejar privar o mundo de seu caráter enigmático e perturbador!".

A QUEDA DA INTERPRETAÇÃO

> À primeira vista, nada parece mais ilimitado do que o pensamento humano, que não apenas escapa a todo poder e autoridade do homem, como também não fica restrito aos limites da natureza e da realidade [...] Contudo, embora nosso pensamento pareça possuir essa liberdade ilimitada, descobriremos, em um exame mais minucioso, que ele está de fato confinado aos limites muito estreitos e que todo esse poder criativo da mente não vai além da faculdade de compor, transpor, aumentar ou diminuir os materiais que nos foram oferecidos pelos sentidos e pela experiência.[11]

As possibilidades de interpretação são condicionadas pelo que foi transmitido como possibilidades: ou seja, a tradição de uma pessoa (*paradosis*). Isso não deve ser confundido com uma mera repetição, pois certamente há possibilidades para novas interpretações; mas há muitas possibilidades, um número limitado de opções em relação às possibilidades transmitidas. Na linguagem do filósofo francês Paul Ricoeur, apenas as "inovações" transmitidas pela tradição do indivíduo são possíveis.[12] A tradicionalidade é uma *herança* que se recebe e se molda. Como sugere Claude Geffre, é essa ideia de herança que tanto "cultura" como "religião" têm em comum: "Pertencer a uma cultura é estar arraigado em uma tradição particular. É ser convidado a viver no mundo dentro de determinada linguagem".[13]

Uma bibliografia, por exemplo, é um indicador de tal tradicionalidade: a lista de textos revela a tradição do indivíduo ou o expõe

---

[11]Hume, David, *An Enquiry concerning Human Understanding* [Investigações sobre o entendimento humano], ed. L. A. Selby-Bigge and P. H. Nidditch, 3rd ed. (Oxford: Oxford University Press, 1975), p. 18-19.

[12]Veja, por exemplo, Paul Ricoeur, *Oneself as Another* [O si-mesmo como outro], trad. Kathleen Blamey (Chicago: University of Chicago Press, 1992), p. 299.

[13]Claude Geffre, *The Risk of Interpretation: On Being Faithful to the Christian Tradition in a Non-Christian Age* [O risco da interpretação: sobre ser fiel à tradição cristã em uma era não cristã], trad. David Smith (Nova York: Paulist Press, 1987), p. 169. Ricoeur também fala de "tradicionalidade como herança cultural" em *Oneself as Another* [O si mesmo como outro], p. 272.

Interpretação no Éden

a uma série de tradições diferentes. Embora possa representar uma diversidade de áreas de leitura, uma bibliografia ainda é uma coleção finita que representa a amplitude do pensamento do indivíduo. Outros livros que estão fora dessa bibliografia podem levantar questões e possibilidades de interpretação que não imaginei, e, portanto, minha leitura permanece condicionada por minha situação. Além disso, a própria localização dos textos acontece dentro de limites determinados: os livros que possivelmente lerei limitam-se aos idiomas que aprendi; com frequência, terei lido livros por sugestão de outras pessoas — meus professores, por exemplo —, então estarei limitado pelos livros que conheço; ou, pelo menos, terei lido apenas aqueles livros que tive *tempo* de ler, o que marca outra condição. A tradicionalidade, então, é marcada pelo condicionamento físico-espacial e temporal (como na situacionalidade), mas também é constituída por uma herança dos outros (que se fundamenta na intersubjetividade).

Toda interpretação, então, ocorre dentro de uma tradição interpretativa — e, dentro dessa tradição interpretativa, há uma hermenêutica aceita que funciona como a hermenêutica normativa ou tradicional, o padrão da ortodoxia hermenêutica. Podemos perceber um estado de coisas similar no trabalho inovador de Thomas Kuhn, *The Structure of Scientific Revolutions* [A estrutura das revoluções científicas]. No livro, ele argumenta que a pesquisa científica sobre a estrutura do mundo funciona dentro de um paradigma: um conjunto de "responsabilidades que governam a ciência normal".[14] Ao que parece, a pesquisa científica objetiva prossegue "no pressuposto de que a comunidade científica sabe como é o mundo"; assim, a ciência trabalha com uma noção de precedente, e um paradigma funciona, em grande medida, como uma "decisão judicial aceita".[15] "Ciência normal" é o padrão aceito dentro de um paradigma que é usado como norma para

---

[14]Kuhn, Thomas S., *The Structure of Scientific Revolutions* [A estrutura das revoluções científicas], 2 ed. (Chicago: University of Chicago Press, 1970), p. 7.
[15]Ibid., p. 5, 23.

orientar a pesquisa; é a "pesquisa firmemente baseada em uma ou mais realizações científicas do passado que certa comunidade científica particular reconhece por um tempo como aquela que fornece a base para sua prática posterior".[16]

Um exemplo clássico é a compreensão geocêntrica ou ptolomaica do universo, uma interpretação do mundo que foi aceita como paradigma para pesquisas posteriores até sua crise, na Idade Média.[17] A ciência normal é a ortodoxia da pesquisa dentro de determinado paradigma. Mas o próprio paradigma, argumenta Kuhn, é uma interpretação, e, como tal, a ciência normal é uma série de interpretações baseadas em uma "leitura" paradigmática do mundo. Igualmente, toda interpretação acontece dentro de uma tradição interpretativa — um paradigma, se você preferir —, e a tradição interpretativa molda a forma como ocorre a interpretação. Mas, como acontece com os paradigmas da pesquisa científica, as tradições interpretativas, embora se façam necessárias e inevitáveis, são, não obstante, construções do mundo que estão abertas à revisão, à conversão e à rejeição.

É essa "tradicionalização", que é negada nos modelos de imediação, em particular na teologia evangélica, que se propõe a ler as Escrituras à parte da "distorção" de pressuposições ou vieses e que afirma que a "própria Escritura" pode sobrepor-se às nossas pressuposições e corrigi-las.[18] Contudo, "empiricamente" (como na análise genealógica de Foucault), será visto que as leituras supos-

---

[16]Ibid., p. 10.

[17]A essência do livro de Kuhn é explorar o *status* desses paradigmas e entender como ocorrem as mudanças. De modo conciso, ele argumenta que a ciência experimenta uma "mudança de paradigma" quando o paradigma existente não consegue explicar um aspecto da "realidade" que confronta a pesquisa, provocando uma crise, a qual, então, dá origem a um novo paradigma.

[18][Também podemos notar que alguns cientistas e filósofos da ciência também trabalham com um "modelo de imediação" com respeito à ciência, e estudiosos cristãos no diálogo ciência/religião às vezes tendem a acreditar nesse mito da pureza representativa. Para obter uma crítica de tais relatos da ciência, esboçando uma hermenêutica da ciência, veja Joseph Rouse, *How Scientific Practices Matter* [Como as práticas científicas são importantes] (Chicago: University of Chicago Press, 2002).]

Interpretação no Éden

tamente objetivas funcionam com uma tradição interpretativa aceita e que "tudo, exceto o detalhe mais esotérico do resultado, é conhecido de antemão, e a latitude típica da expectativa é apenas um pouco mais ampla".[19] Isso já foi visto anteriormente, sempre que Rex Koivisto e Richard Lints se propuseram a apresentar a "voz clara e simples de Deus" e suas definições do evangelho. Deve-se observar que não estou criticando a teologia evangélica por trabalhar dentro de uma tradição interpretativa, pois é impossível estar fora dela — trata-se de um aspecto constitutivo do ser-humano. O problema com grande parte da teologia evangélica é que ela não percebe a si mesma como sendo governada por tal tradição interpretativa, por mais que a pesquisa científica afirme apresentar o mundo como ele "de fato" é (os próprios cientistas não gostam das conclusões de Kuhn). O mito de uma leitura pura e objetiva impede que os evangélicos reconheçam o impacto da própria tradição em sua leitura, sobretudo no que diz respeito à Bíblia.

Um bom exemplo disso são os recentes engajamentos evangélicos com o pensamento católico, provocados pelo documento "Evangelicals and Catholics Together: The Christian Mission in the Third Millennium" [Evangélicos e católicos unidos: a missão cristã no Terceiro Milênio] (1994, redigido por Richard John Neuhaus e Charles Colson) — documento para o qual as respostas de evangélicos conservadores vieram de maneira ríspida e rápida.[20] Todas

---

[19]Ibid., p. 35.

[20]Richard Lints entrou nessa disputa com "A Chasm of Difference: Understanding the Protestant and Roman Views of Salvation" [Uma diferença abismal: entendendo as visões protestante e romana da salvação], *Tabletalk* (dezembro de 1994). Para obter outras respostas, veja o artigo completo e o documento "Resolutions for Roman Catholic and Evangelical Dialogue" [Resoluções para o diálogo católico romano e evangélico] da Christians United for Reformation [Cristãos unidos pela Reforma] (CURE, sigla em inglês), reimpresso em *Christian Renewal*, 7 de novembro de 1994, p. 12. Vale a pena mencionar aqui que os assuntos em questão neste livro, embora tratados dentro de um discurso acadêmico, encontram sua origem e formas mais explícitas em esferas *populares*. Embora seja mais difícil encontrar tais exemplos explícitos em obras filosóficas e teológicas, qualquer pessoa que tenha vivido e respirado dentro da comunidade evangélica identificará de pronto a "interpretação da interpretação", conceito que venho tentando descrever aqui.

A QUEDA DA INTERPRETAÇÃO

as respostas evangélicas baseiam-se no compromisso reformador para com a "justificação somente pela fé" como aquela que revela a *essência* do evangelho. O que eles não conseguem reconhecer em seu essencialismo hermenêutico é que a justificação constitui apenas uma interpretação do evangelho e que seu próprio desenvolvimento é mediado pela interpretação de Paulo por Martinho Lutero.

Enquanto alegam apresentar a essência do evangelho, *sans courrier*, o que recebemos é, na verdade, a interpretação de uma interpretação, uma leitura moldada por certa tradição e comprometida com certo ato monológico. Quando define o evangelho como justificação pela fé, Lutero parece ter esquecido que o apóstolo João também escreveu sobre o evangelho sem nunca mencionar essa noção forense. Tal destilação da essência acaba por privilegiar certa tradição (a paulina) com a exclusão ou, pelo menos, com o desconhecimento das tradições joanina e petrina e, notoriamente, o testemunho de Tiago. A monologia da objetividade pretendida resulta em um nivelamento da pluralidade de tradições dentro do próprio Novo Testamento.[21]

A tradicionalidade, ou a "tradicionalização", é simplesmente um aspecto do ser humano, de viver no mundo como um ser finito em relacionamento com outros. Em vez de ser uma distorção ou uma barreira para a compreensão, nossa herança oferece a possibilidade de interpretação, enquanto, ao mesmo tempo, permanece como a condição determinada da interpretação.[22] Assim, Heidegger

---

[21]Para obter um ensaio clássico, veja Ernst Käsemann, "The Canon of the New Testament and the Unity of the Church" [O cânone do Novo Testamento e a unidade da igreja], em *Essays on New Testament Themes* [Ensaios sobre temas do Novo Testamento] (Londres: SCM Press, 1964), p. 95-107. Veja também F. F. Bruce, "Scripture and Tradition in the New Testament", em *Holy Book and Holy Tradition*, eds. F. F. Bruce e E. G. Rupp (Manchester: Manchester University Press, 1968). Bruce argumenta que o próprio Novo Testamento constitui uma tradição interpretativa.

[22]Reconhecendo e aproveitando a "tradicionalização da interpretação", Cheryl Bridges Johns (seguindo Walter Brueggemann) pede uma "hermenêutica sectária legítima" que não apenas reconheça o impacto da tradição na interpretação, mas que também a celebre como uma forma de reconhecer nossa humanidade e nossa tradição como uma dádiva. Veja Johns, "The Adolescence of Pentecostalism: In Search of a Legitimate Sectarian

Interpretação no Éden

observou que toda leitura é, em certo sentido, uma "interpretação" (PIRA, p. 359) — uma leitura moldada pela situação, pela história e pela herança pessoais, pela linguagem e pela fé do indivíduo. Há sempre interpretação em toda relação, o que significa que também há espaço para a *pluralidade*, ou melhor, a pluralidade é o resultado necessário da diferença irredutível. Abandonamos, além do mito da "objetividade",[23] a monologia de uma hermenêutica de imediação que alega oferecer a única e verdadeira interpretação. Mas, se a interpretação faz parte do ser humano, então seu análogo é a diversidade criacional: uma infinidade de maneiras de "ler" o mundo. Isso não significa abrir mão da noção de verdade, mas abandona certa compreensão da verdade; além disso, dizer que tudo é uma questão de interpretação não implica abandonar *critérios*, mas requer uma reconsideração e uma reformulação de quais serão esses critérios (veja "Before Interpretation" [Antes da interpretação] e "The Ethics of Interpretation" [A ética da interpretação], a seguir).[24]

Indecidibilidade

Um último momento estrutural da natureza hermenêutica do ser-humano que desejo considerar brevemente está relacionado à pluralidade e ao caráter possível de revisão da interpretação que acabamos de mencionar. Cada interpretação "faz uma leitura", por assim dizer, de modo que envolve certo "compromisso" com um entendimento baseado no conhecimento condicionado — em suma, o julgamento de uma criatura finita. Um dos correlatos da

---

Identity" [A adolescência do pentecostalismo: em busca de uma identidade sectária legítima], *Pneuma: Journal of the Society for Pentecostal Studies* 17 (1995): 3-17.

[23]Para obter uma discussão provocativa nesse sentido, veja Philip Kenneson, "There's No Such Thing as Objective Truth (and It's a Good Thing, Too)" [Não há essa tal de verdade objetiva (e isso é bom também)]", em *Christian Apologetics in a Postmodern World* [Apologética cristã em um mundo pós-moderno], eds. Timothy R. Phillips e Dennis L. Okholm (Downers Grove, IL: InterVarsity, 1995).

[24][No capítulo 7, a seguir, articularei de maneira mais detalhada as "grades de proteção" comuns que funcionam como critérios orgânicos para a "boa" interpretação.]

A QUEDA DA INTERPRETAÇÃO

situacionalidade da interpretação e da vida humana é a *indecidi-bilidade* com relação à interpretação. Ou seja, existem múltiplas opções interpretativas em qualquer situação, de modo que o espaço da interpretação, que oferece a possibilidade de entendimento, é também o espaço que oferece a possibilidade do *mal*-entendido. Existe, se você preferir, a possibilidade do mal-entendido incor-porado na própria estrutura da vida humana; existe até mesmo a possibilidade do mal-entendido *no Éden*. Isso não é pecado nem o mal, embora depois da Queda se tenha tornado o espaço que o mal e a violência habitam; ou seja, não foi pecado Adão interpretar mal Eva, pensar que ela dissera "three" [três] quando, em verdade, disse "tree" [árvore]. Ele simplesmente a ouviu mal, entendeu mal, inter-pretou mal. Como parte da estrutura da criação e da finitude da criaturidade, isso não deve ser entendido como pecado; a bondade da criação não é a perfeição.

Portanto, o espaço de interpretação que se abre no próprio ser do indivíduo é o espaço de um julgamento hermenêutico feito por uma criatura finita e, como tal, é passível de "erro". De fato, no final eu argumentaria que todo julgamento hermenêutico é uma espécie de salto de fé, certa confiança ou compromisso, uma crença que tateia além da mera presença. Todo julgamento inter-pretativo, então, deve vir acompanhado de uma humildade ou de uma incerteza hermenêutica correspondente.[25] Aqui, mais uma vez, recorremos a Agostinho, que, ao encontrar uma pluralidade de verdades nas Escrituras, admoestou a humildade por parte dos

---

[25]Compare Tremper Longman III, "What I Mean by Historical-Grammatical Exegesis — Why I Am Not a Literalist" [O que quero dizer com exegese histórico-gramatical — por que não sou um literalista], *Grace Theological Journal* 11 (1990): 150. No texto, ele obser-va: "Devo admitir, porém, que ao ler alguns escritores, e eles são na maioria das vezes da escola literalista [dispensacional], eles dão a impressão de que podem controlar o texto [...] Acredito que existam controles na interpretação (a análise de gênero é um bom exem-plo), mas nenhum que nos permita dizer que chegamos a uma compreensão definitiva e exaustiva do texto a qual podemos, então, provar a todos sem sombra de dúvida. A *falta de tal certeza hermenêutica* nos convida a estar abertos para desafios em nossas conclusões exegéticas" (ênfase adicionada).

intérpretes: "Entre muitas verdades encontradas por mentes inquiridoras naquelas palavras que são interpretadas de várias maneiras,
qual de nós é capaz de entender sua vontade com tanta certeza a
ponto de dizer com confiança: 'Foi isso que Moisés quis dizer'?"
(*CSA*, 12.24.33).[26] Assim, nossas alegações não devem ser as dos
"orgulhosos" (*CSA*, 12.25.34), que afirmam ter a única interpretação verdadeira e objetiva; pelo contrário, devemos "respeitar
igualmente outra interpretação verdadeira como válida".

Essa hesitação da decisão hermenêutica é captada na noção de
indecidibilidade de Derrida.[27] A decisão hermenêutica — que está
na raiz de um compromisso de fé — é uma crença, não uma certeza
metafísica de presença. Como observa Søren Kierkegaard, na pessoa
de João Clímaco [Johannes Climacus, em latim], "a fé está sempre
em conflito, mas, enquanto houver conflito, haverá a possibilidade
de derrota. Portanto, no que diz respeito à fé, nunca se comemora triunfantemente antes do tempo, ou seja, nunca se triunfa no
tempo de compor canções de vitória ou da ocasião oportuna para
cantá-las!".[28] A decisão hermenêutica permanece assombrada pela
incerteza, pois a indecidibilidade (não a indecisão) é a base da
decisão, assim como a dúvida é o correlato necessário da fé. Como
Kierkegaard registra em seu diário, "de fato, foi o cristianismo que
trouxe essa dúvida ao mundo, pois no cristianismo esse eu recebeu
seu significado. A dúvida não é vencida pelo sistema, mas pela fé,
assim como foi a fé que trouxe dúvida ao mundo".[29]

A fé e a hermenêutica são inerentes à criação, aspectos da
vida humana em sua bondade; mas, na medida em que indica

---

[26]Na seção "A ética da interpretação" deste capítulo, veremos que os limites das "muitas
verdades" são éticos e estão arraigados no amor.

[27]Discuti mais detalhadamente essa questão em meu ensaio "Between Athens and Jerusalem, Freiburg and Rome: John Caputo as Christian Philosopher" [Entre Atenas e Jerusalém, Friburgo e Roma: John Caputo como filósofo cristão], *Paradigms* 10 (1995): 19-23.

[28]Kierkegaard, Søren, *Philosophical Fragments/Johannes Climacus* [Fragmentos Filosóficos/
João Clímaco], ed. e trad. Howard V. Hong e Edna H. Hong (Princeton, NJ: Princeton
University Press, 1985), p. 108.

[29]Ibid., p. 256.

a necessidade de interpretação — mediação —, a hermenêutica também inclui a possibilidade de má interpretação. Além disso, a fé implica seu correlato, a dúvida. A interpretação e o projeto hermenêutico introduzem uma mediação que necessita da fé, que não apaga a incerteza, mas toma uma decisão "apesar de".[30] Como tal, está incorporada na estrutura hermenêutica da criação uma incerteza, ou seja, uma indecidibilidade no que diz respeito a julgamentos hermenêuticos (interpretações), a qual deve resultar em uma oferta mais experimental de interpretações, e não em uma proclamação triunfante de se haver chegado a — ou ter recebido de Deus a — única leitura verdadeira e definitiva.[31]

A BONDADE DA CRIAÇÃO

O objetivo da seção anterior foi revelar as *estruturas* da vida humana que (1) constituem o estado de coisas (intersubjetividade, situacionalidade, tradicionalidade) que fundamentam a hermenêutica e o chamado à interpretação e (2) são aspectos constitutivos do ser-humano. O projeto consistiu em descrever a natureza e o escopo da hermenêutica, bem como sua inevitabilidade, em contraste com os modelos de imediação, que entendem a hermenêutica como acidental e caída. Até agora, a discussão divergiu pouco do desenvolvimento da hermenêutica em Heidegger e de sua radicalização em Derrida, baseando-se profundamente nele.

No entanto, como observei no início deste capítulo, meu modelo não é uma simples reiteração da fenomenologia hermenêutica

---

[30]Eu também apontaria para a discussão de Ricoeur sobre atestação em *Oneself as Another*, p. 21-23.

[31]No cerne deste livro, está a preocupação com a unidade da igreja e com o projeto ecumênico. Entre outros propósitos, este livro tem um objetivo eclesiástico, baseado na origem eclesiástica do projeto (veja o prefácio da primeira edição). O que motiva este livro como um todo é a preocupação com o modo como a comunidade eclesiástica lida com a diferença interpretativa e a pluralidade de interpretação dentro de seus "limites". Ao enfatizar a indecidibilidade estrutural da interpretação, procuro abrir espaço para a diferença interpretativa. Tratei essas questões com mais detalhes em "Fire from Heaven: The Hermeneutics of Heresy", *Journal of Theta Alpha Kappa* 20 (1996): 13-31.

Interpretação no Éden

ou da desconstrução, embora, como já visto, esteja próximo de ambas. O ponto em que meu modelo diverge de Heidegger e Derrida está na construção dessas estruturas: embora concordemos que essas estruturas são "essenciais" ao ser-humano e que, como resultado, o mesmo acontece com a hermenêutica, discordamos quando Heidegger e Derrida descrevem essas estruturas como inerentemente violentas. Por outro lado, uma vez que afirmo a bondade da criação, entendo essas estruturas como boas e não inerentemente violentas, embora possam tornar-se — e, de fato, se tornem — assim em um mundo caído e problemático. Mas não acho que sejam "necessariamente" violentas porque acredito que a Queda é um momento histórico acidental, e não um início ontológico essencial da existência humana. Em outras palavras, estou propondo uma explicação fundamentalmente não plotiniana da existência física, temporal e corporal que não considera a encarnação temporal um mal originário; antes, o mal é parasitário, uma corrupção da "natureza" e, portanto, fundamentalmente *anti*natural. A finitude não é o mal e, portanto, não é essencialmente violenta.[32] Como resultado, as *estruturas* hermenêuticas baseadas na finitude criacional também são fundamentalmente boas.[33]

É nisso que, "de fato", *acredito* (cf. *OG*, p. 127), e isso talvez esteja destinado a ser rejeitado por alguns como um lapso na "teologia", e uma teologia um tanto ingênua nesse sentido. No entanto, como descobrimos ao observar Heidegger e Derrida (caps. 3 e 4), suas afirmações sobre a violência necessária da existência humana e da interpretação estavam fundamentadas em um "mito", em um compromisso ou uma fé fundamental, uma forma primordial de ler o mundo. Nessa conjuntura, chegamos ao nível das construções

---

[32]Dadas certas tendências no pensamento contemporâneo, estou pressupondo que a violência é um mal. A noção de "boa violência" é, por conta disso, uma contradição em termos.

[33]Aqui devemos notar uma distinção entre *estrutura* e *direção*: as estruturas da criação (incluindo estruturas hermenêuticas) são fundamentalmente boas; entretanto, em um mundo caído e arruinado, elas podem tomar uma direção ou assumir uma intenção maligna ou pecaminosa. Isso nos permite explicar a maneira pela qual a hermenêutica permanece essencialmente (ou seja, estruturalmente) boa, mas também potencialmente violenta.

A QUEDA DA INTERPRETAÇÃO

fundamentais, uma esfera bastante religiosa (embora negada como tal por Heidegger e Derrida) de "visões de mundo" incomensuráveis. Uma conjuntura similar é observada em *Radical Hermeneutics* [Hermenêutica radical], de John Caputo, em que ele considera duas respostas básicas à nossa experiência de sofrimento: a resposta "trágica" nietzschiana e a resposta "religiosa" kierkegaardiana.[34] A indecidibilidade, observa ele, impede que se privilegie qualquer uma das duas. Mas parece que, de forma irônica, Caputo privilegia a nietzschiana ao descrever a resposta religiosa como uma "construção", uma *hermeneusis* que "olhou para o fundo do poço escuro do sofrimento e ali encontrou uma força amorosa que assume o lado do sofrimento".[35] Mais recentemente, ele disse:

> Fé é uma questão de hermenêutica radical, uma arte de construir sombras em meio ao que está acontecendo. Fé não é uma mágica nem um conhecimento infundido que coloca o indivíduo acima da média ou acima dos limites da mortalidade. Fé, em minha opinião, é sobretudo a *hermeneia* de que Alguém olha para nós lá do abismo, de que o encanto do anonimato é quebrado por Alguém que está com os que sofrem, o que explica por que o Êxodo e a Crucificação são símbolos religiosos centrais. A fé, no entanto, não extingue o abismo, mas constitui certa leitura dele, uma hermenêutica do abismo.[36]

A fé é apenas uma construção envolvida e assombrada pela indecidibilidade; Abraão é assombrado pela risada de Zaratustra. A construção da resposta religiosa é simplesmente uma maneira de lidar com a realidade fria do fluxo da existência, interpretando-a como algo acolhedor.

---

[34]Caputo, John D., *Radical Hermeneutics: Deconstruction, Repetition, and the Hermeneutic Project*. Bloomington: Indiana University Press, 1987, p. 272-79.
[35]Ibid., p. 279.
[36]Caputo, John D., *Against Ethics: Contributions to a Poetics of Obligation with Constant Reference to Deconstruction*, p. 245.

Interpretação no Éden

Mas essa caracterização já não nega a indecidibilidade? Sua caracterização do fluxo como "frio" já não é privilegiar Nietzsche? O trágico não é também uma construção, uma *hermeneusis* que também está exposta à indecidibilidade? Como já sugerido, embora Abraão certamente ouça o eco da risada de Zaratustra, eu me pergunto se Zaratustra alguma vez fica acordado à noite se perguntando se Abraão está certo. Essa não é uma compreensão mais insistente da indecidibilidade? Caputo atribui o ônus da prova à resposta religiosa, que deve satisfazer a Nietzsche. Mas Nietzsche também não tem algumas explicações a dar? Tanto a resposta trágica como a religiosa são construções: interpretações da vida factícia.[37]

Caputo insiste sempre na frigidez do mundo enquanto vê a necessidade de uma resposta religiosa; mas privilegiar a interpretação trágica parece expressar que Nietzsche sabe como o mundo *de fato* é (o que é uma noção bastante realista). Somente uma hermenêutica que reconhece a natureza criacional da fé pode, de fato, reconhecer a total tristeza da indecidibilidade. Assim, em vez de tornar impossível escolher entre ambas, é precisamente a indecidibilidade que exige que escolhamos uma, embora nossa decisão de fé seja assombrada pela indecidibilidade. Indecidibilidade não significa indecisão; antes, é a condição para a possibilidade de decisão, aquilo que pede uma decisão. Indecidibilidade significa que não podemos colocar todos os dados e opções em um computador e deixá-lo gerar uma decisão; não temos tempo para esperar que o computador processe todos os dados, nem mesmo poderíamos alimentá-lo com "todos" os dados. Mas, mesmo assim, devemos decidir.

Minha construção do mundo como criação é exatamente como tal construção: uma decisão interpretativa a despeito de uma série de experiências que parecem apontar o contrário, indicar a violência inevitável ou essencial da vida humana. Mas, mesmo assim, a construção do mundo como estruturalmente violento é também uma decisão repleta de indecidibilidade, confrontada por experiências que

---

[37][Esse ponto é aprofundado em Smith, "The Logic of Incarnation".]

A QUEDA DA INTERPRETAÇÃO

apontariam o contrário. Para cada interpretação do mundo como criação, "há um Auschwitz ou uma Hiroshima, um campo de extermínio em algum lugar, na África do Sul ou na América do Sul, que silencia a voz de Deus",[38] e para cada construção do mundo como estruturalmente violento há o sorriso de uma criança, um nascimento, o amor. Na verdade, sugiro que é apenas uma construção do mundo como criação que pode fazer justiça ao mal como *mal*, como aquilo que não deveria ser, como uma violência terrível e horrenda que deve ser combatida e da qual nos é prometida a redenção. Se a violência é entendida como "natural" — um *polemos* heraclitiano originário —, então com que fundamento ela pode ser combatida? Se o ser-humano é essencialmente violento, quais critérios podem ser oferecidos para que renuncie à violência? Ao afirmarmos a bondade da criação, também podemos explicar nossa oposição à violência e à opressão como um estado de coisas que "não deveria" existir, que exige de nós não uma "melhor defesa", mas protesto e lamento.[39]

Certamente, a criação é uma história diferente daquela que Heidegger e Derrida estão contando, mas é apenas um mito diferente, uma forma diferente de mitologizar. No que diz respeito à hermenêutica, essa crença na bondade fundamental e persistente da criação significa que não se pratica violência para interpretar, para construir algo como algo. No entanto, uma hermenêutica criacional também reconhece que a hermenêutica *pode* tornar-se violenta em um mundo caído e que algumas leituras foram responsáveis pela violência mais horrível.[40] Porém, mais uma vez, ela

---

[38]Caputo, John D., "Hermeneutics and Faith: A Response to Professor Olthuis" [Hermenêutica e fé: uma resposta ao professor Olthuis], *Christian Scholar's Review* 20 (1991): 170.
[39]Sobre o "lamento" como a resposta bíblica para o mal, veja especialmente J. Richard Middleton, "Why the 'Greater Good' Isn't a Defense: Classical Theodicy in Light of the Biblical Genre of Lament" [Por que o "Grande Bem" não é uma defesa: a teodiceia clássica à luz do gênero bíblico do lamento], *Koinonia* (1997); Paul Ricoeur, "Evil: A Challenge for Philosophy and Theology" [O mal: um desafio para a filosofia e a teologia], em *Figuring the Sacred* [Imaginando o sagrado], ed. Mark Wallace (Mineápolis: Fortress, 1995).
[40]Isso será retomado mais uma vez na seção final deste capítulo, no que diz respeito a uma hermenêutica de confiança e uma hermenêutica de desconfiança.

Interpretação no Éden

rejeita que esse seja "necessariamente o caso", que essa seja uma questão estrutural (contra *PC*, p. 29). Enquanto Derrida oferece uma "teoria estrutural do abismo", minha hermenêutica criacional afirma que o abismo não é estrutural, mas direcional; uma realidade histórica, mas não essencial, do mundo. Uma hermenêutica criacional-pneumática tem algo de uma teoria estrutural da bondade da criação.

ANTES DA INTERPRETAÇÃO

A condição pós-moderna

Dadas as estruturas do ser-humano e da hermenêutica antes examinadas — situacionalidade, tradicionalidade, indecidibilidade —, pode-se ficar com a sensação incômoda de que tudo está perdido, de que uma hermenêutica criacional é uma espécie de disfarce religioso para um relativismo desenfreado. Se, como já argumentado, "a interpretação é a única saída",[41] e toda a vida humana é, na raiz, hermenêutica, então parece que o ser-humano está condenado à arbitrariedade e que a universalidade da hermenêutica sinaliza o fim de qualquer noção de normatividade. Se todas as normas, cânones e padrões são apenas construções e operam tão somente dentro de uma tradição interpretativa da qual não nos podemos livrar, então qualquer esperança de decisão entre diferentes interpretações está perdida. As noções de uma interpretação "boa" e de uma interpretação "errada" são em si interpretações: construções feitas a partir de uma localidade particular e de dentro de uma tradição situada. Além disso, na raiz e abaixo da superfície, toda interpretação ou afirmação da verdade será entendida como a imposição de uma tradição interpretativa sobre outra, e, portanto, toda afirmação deve ser ouvida com desconfiança, ouvida de modo a revelar as estruturas de poder em funcionamento em sua produção. Se levamos a sério

---

[41]Fish, Stanley, *Is There a Text in This Class?* [Há um texto nesta classe?] (Cambridge, MA: Harvard University Press, 1980), p. 350.

A QUEDA DA INTERPRETAÇÃO

a ubiquidade da interpretação, devemos ser honestos em relação a nós e confessar que, se a verdade for dita, não existe verdade.

Esse *pode* ser o caso, mas não é necessariamente assim. A tarefa desta seção é desafiar exatamente essa construção das implicações da hermenêutica. Embora exija que a verdade seja repensada, a ubiquidade da interpretação não sinaliza, de forma alguma, o abandono da verdade; ou seja, dizer que tudo é interpretação não é dizer que tudo é *arbitrário*. Ou, em outras palavras, enfatizar que a compreensão tem relação com a situacionalidade de um indivíduo não significa adotar um *relativismo* (que é amplamente entendido como arbitrariedade).[42] Além disso, a situacionalidade ou o perspectivismo do ser-humano não precisa resultar em uma hermenêutica fundamental de desconfiança. Nesta seção e nas seguintes, contestarei essas duas propostas básicas (1) explorando os critérios de interpretação (como fenomenológicos e éticos) e (2) defendendo uma hermenêutica primordial de confiança como um elemento inescapável do discurso humano — embora essa confiança primordial, que torna a desconfiança possível e necessária em um mundo arruinado, seja, entretanto, derivativa.

A maior parte deste livro (em particular, a terceira parte) dedicou-se a demonstrar que a interpretação é um aspecto constitutivo do ser-humano e que a vida humana é, inevitavelmente, uma vida de construção. Nós, inevitavelmente, "vemos" o mundo pelas lentes de uma tradição interpretativa que o apresenta "como" algo; nossa leitura de textos e a forma como ouvimos os outros são condicionadas por nossa situacionalidade (nossa localidade topográfica e temporal) e por nossa tradicionalidade (as possibilidades e os modos de leitura que nos são transmitidos). Nenhum discurso ou interpretação é capaz de "superar" essas condições com o objetivo de apresentar o mundo como ele "de fato" é, de

---

[42][Essa preocupação será discutida de maneira mais adequada em James K. A. Smith, *Who's Afraid of Relativism? Taking Wittgenstein, Rorty, and Brandom to Church* [Quem tem medo do relativismo? Levando Wittgenstein, Rorty e Brandom para a igreja] (Grand Rapids: Baker Academic, a ser publicado).]

Interpretação no Éden

fornecer uma interpretação normativa que seja "purificada" dessas condições. Isso não impede que identifiquemos, e até mesmo privilegiemos, determinadas interpretações como normativas; significa apenas que qualquer interpretação normativa continua a ser uma interpretação, não uma apresentação prístina e objetiva de "como as coisas são".

Mas não restaria, então, um estado de coisas que impede a exclusão de qualquer interpretação e prescreve que todas as interpretações têm o mesmo *status*? Não ficamos, dessa forma, entregues a uma celebração carnavalesca ou dionisíaca da diversidade, segundo a qual as construções de Isaías e Hitler são apenas isto: interpretações e, portanto, construções feitas de dentro de tradições que não podem ser julgadas?[43] É nessa conjuntura, no domínio da ética, que a ubiquidade da hermenêutica levanta um problema sério: se toda "leitura" ou afirmação é uma interpretação, então toda interpretação é legítima? Qualquer interpretação pode ser excluída como "falsa"? E, nesse caso, com que fundamento, uma vez que toda estrutura de justificação se baseia em uma tradição interpretativa contingente? Aqui, chegamos ao dilema de uma sociedade pluralista: (a) dado que, dentro de uma sociedade, existem reivindicações de verdade opostas, (b) reconhecendo que essas reivindicações estão arraigadas em diferentes tradições interpretativas ou visões de mundo que *fundamentaram* essas reivindicações e (c) compreendendo que os critérios de avaliação sempre e apenas funcionam *dentro de* tal paradigma, como as reivindicações opostas são arbitradas?

Esse dilema é o que Jean-François Lyotard pretende descrever pela noção de "condição pós-moderna". Embora ultimamente o termo *pós-moderno* tenha sido questionado com justiça, e até

---

[43]Jean-François Lyotard aborda a questão de maneira similar em *The Differend: Phrases in Dispute* [A diferença: expressões em debate], trad. Georges Van Den Abbeele (Mineápolis: University of Minnesota Press, 1988). Em muitos aspectos, seu projeto é análogo ao meu aqui, na medida em que ele está tentando explicar a pluralidade, mas também os limites, em particular, limitando o discurso de historiadores revisionistas que negariam o Holocausto (veja seção 5, p. 4-5).

A QUEDA DA INTERPRETAÇÃO

mesmo rejeitado por ser muito — e mal — empregado, ainda permanece útil como termo heurístico para descrever mudanças importantes na cultura e na sociedade ocidentais.

Como empregarei o termo (seguindo Lyotard), *pós-moderno* indica a irredutibilidade e a incomensurabilidade das visões de mundo, "paradigmas" (Kuhn) ou "jogos de linguagem"[44] (Ludwig Wittgenstein) que moldam tanto o conhecimento como as rei-vindicações morais.[45] Em vez de indicar uma época histórica, *pós-moderno* refere-se a uma *gestalt*:[46] fundamentada no reconhe-cimento da determinação histórica e contextual do pensamento, a pós-modernidade sinaliza o colapso de qualquer mito da razão ou da religião como garantia universal da verdade. Ou seja, na

---

[44]Para fins heurísticos, manterei a terminologia de "jogos de linguagem", embora Lyotard venha a rejeitá-la mais tarde (*The Differend*, seção 188). Em *The Differend*, a estrutura do problema da legitimação permanece basicamente a mesma; no entanto, lá a incomen-surabilidade é encontrada entre os "gêneros" (seção 218). Para meus propósitos, o que é descrito mais tarde como um "gênero" é, do ponto de vista funcional, o mesmo que o descrito anteriormente como um "jogo de linguagem".

[45]Há uma rede de termos que, para nossos propósitos aqui, poderia ser entendida como intercambiável. O que descreverei como "visões de mundo" é, de modo básico ou operativo, equivalente aos "paradigmas" de Kuhn ou aos "jogos de linguagem" de Lyotard. Todos são "estruturas" de *compromissos* determinadas de maneira local e histórica — intimamente ligadas à "cultura" — que determinam a forma como o indivíduo percebe e interpreta o mundo. Neste livro, estou partindo desse princípio, não discutindo o caso. Para uma discussão mais extensa, veja James K. A. Smith, "The Art of Christian Atheism: Faith and Philosophy in Early Heidegger", *Faith and Philosophy* 14 (1997): 71-81. Ali, argumento que esses paradigmas têm uma natureza estruturalmente religiosa, como também sugere H. Tristam Engelhardt: "Quando há numerosas noções de moralidade, racionalidade e justiça não passíveis de mediação [ou seja, incomensuráveis], cada uma terá um *status análogo a uma visão religiosa do mundo*; cada uma dependerá de premissas especiais não abertas à justificativa racional geral" (Engelhardt, *Bioethics and Secular Humanism: The Search for a Common Morality* [Bioética e humanismo secular: a busca por uma moralidade comum] [Filadélfia: Trinity, 1991], xiii, ênfase adicionada).

[46]Lyotard nunca foi criticado por atenção excessiva à precisão; como tal, o que às vezes é conhecido como "pós-moderno" (como em *The Postmodern Condition* [Condição pós--moderna]) é em outros lugares descrito como "moderno" em contraste com "clássico" (como em *Just Gaming*); ele observa que "o que quero dizer é que sempre que nos faltam critérios, estamos na modernidade, onde quer que estejamos, seja na época de Agostinho, de Aristóteles ou de Pascal. A data não importa" (Jean-François Lyotard e Jean-Loup Thébaud, *Just Gaming*, trad. Wlad Godzich [Mineápolis: University of Minnesota Press, 1985], p. 15 [daqui em diante, citado no texto como *JG*]).

Interpretação no Éden

sociedade e na cultura pós-modernas, somos confrontados por uma pluralidade de visões opostas do mundo sem recorrer a uma racionalidade iluminista ou a uma revelação religiosa para acertar as contas. Não podendo recorrer a uma homogeneidade pré-moderna de um *Volk*, que aceita a história sem exigir legitimação,[47] ou a uma "metanarrativa" moderna, que afirma fornecer legitimação universal por meio de consenso (*PMC*, p. 23-27), a pós-modernidade experimenta uma "deslegitimação", uma crise de legitimação, sem justificativa universal para o conhecimento (*PMC*, p. 37-41).

O que é mais característico e mais desafiador sobre a pós-modernidade, então, é o que podemos descrever (seguindo Lyotard e Jürgen Habermas) como uma "crise de legitimação" ou um "problema de legitimação" (*PMC*, p. 8).[48] Confinando-nos, para o presente propósito, à realidade de profunda diversidade *moral* e visões opostas do Bem, a sociedade pós-moderna não sabe como julgar as reivindicações opostas. Não pode haver apelo a um tribunal superior que transcenderia um contexto histórico ou um jogo de linguagem; não há nenhum observador neutro nem uma "visão com os olhos de Deus" que possa *legitimar* ou *justificar* um paradigma ou um jogo de linguagem moral acima do outro. Se todas as reivindicações morais são condicionadas por paradigmas de compromisso histórico, então não podem transcender essas condições; portanto, toda reivindicação moral trabalha dentro de uma "lógica" condicionada pelo paradigma. Ou, em outras palavras, cada jogo de linguagem segue seu próprio conjunto de regras. Como resultado, os critérios que determinam o que constitui "evidência" ou

---

[47]Lyotard, Jean-François, *The Postmodern Condition: A Report on Knowledge,* [A condição pós-moderna: um relatório sobre o conhecimento], trad. Geoff Bennington and Brian Massumi (Minneapolis: University of Minnesota Press, 1984), p. 18-23 (daqui em diante, citado no texto como *PMC*).

[48][Embora eu esteja recorrendo ao relato de Lyotard sobre esse desafio, é possível encontrar uma análise análoga no trabalho de Alasdair MacIntyre, particularmente em *After Virtue* [Depois da virtude], 2 ed. (Notre Dame: University of Notre Dame Press, 1984); e idem, *Whose Justice? Which Rationality?* [*Justiça de quem? Qual racionalidade?*] (Notre Dame: University of Notre Dame Press, 1989.]

"prova" devem ser *relativos ao jogo*: eles funcionarão como "regras" apenas para aqueles que têm o mesmo paradigma ou participam do mesmo jogo de linguagem (veja Figura 2).

Figura 2. Jogos de linguagem

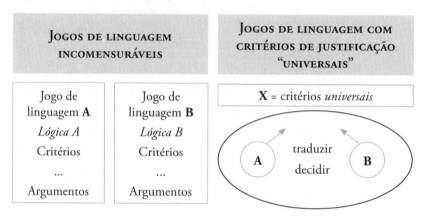

Argumentos ou defesas de reivindicações morais operam na base de *intra*paradigmas ou *intra*jogos. Nessa condição, os argumentos só têm força na medida em que o "destinatário" compartilha o mesmo paradigma; nesse caso, haveria "consenso entre o remetente e o destinatário de uma afirmação" (*PMC*, xxiii). Se, entretanto, o "remetente" do argumento e o "destinatário" vivem em jogos de linguagem diferentes, então o argumento está fadado a se perder no correio (cf. *PC*). A incomensurabilidade dos jogos de linguagem significa que há uma pluralidade de lógicas que impede qualquer apelo demonstrativo a uma "razão comum". Ou, mais uma vez, segundo o modelo de jogos de linguagem, as regras para jogos distintos não são proporcionais (*JG*, p. 22). A pragmática da justificação, que requer uma reversibilidade (ou seja, consenso) entre o remetente e os destinatários (*JG*, p. 23), é precisamente o que se nega entre os jogos de linguagem.

"O problema", observa Lyotard, "é, de fato, de tradução e traduzibilidade. Acontece que as linguagens são traduzíveis; caso contrário, não seriam linguagens; mas os jogos de linguagem não são traduzíveis, porque, se fossem, não seriam jogos de linguagem" (*JG*, p. 53).[49] Reconhecer a incomensurabilidade dos jogos de linguagem significa que não há consenso, não há *sensus communis* (*JG*, p. 14).

Essa condição pós-moderna, então, é sentida de forma mais intensa no confronto e no choque de visões de mundo, os paradigmas, ou nas tradições. Na medida em que os paradigmas permanecem isolados, o desafio do pluralismo está ausente: as comunidades e as tradições simplesmente mantêm a lógica conferida pelo paradigma. No que Lyotard descreve como "culturas narrativas", as narrativas desfrutam uma "legitimação imediata", de modo que carregam uma autoridade inerente dentro do "povo", *Volk*, ou tribo. É importante notar que precisamente a homogeneidade do "povo" é a condição para a autolegitimação das narrativas: "As narrativas, como vimos, determinam os critérios de competência e/ou ilustram como devem ser aplicados. Assim, elas definem o que tem o direito de ser dito e feito na cultura em questão e, por serem elas mesmas parte dessa cultura, são legitimadas pelo simples fato de fazerem o que fazem" (*PMC*, p. 23).

Mais tarde, Lyotard sugerirá que isso representa certo tribalismo. O jogo de linguagem, ou "gênero", é um espaço confortável, "acolhedor", bastante *heimlich* [secreto], no qual a narrativa concede uma identidade homogênea e proporciona paz: "O *Volk* se refugia no *Heim* [o lar]".[50] No entanto, essa paz "'interna' é comprada ao preço de *différends* perpétuas nas imediações".

---

[49]Esse ponto é contestado por Richard Rorty, que afirma que, embora sejam incomensuráveis, os jogos de linguagem não são "coisas que não podemos aprender"; ou, em outras palavras, a posição (e esperança) de Rorty é que nenhuma *différend* [diferença] seja, *a priori*, intraduzível, que toda *différend* possa ser transformada em um litígio (veja Rorty, *Essays on Heidegger and Others* [Ensaios sobre Heidegger e outros], *Philosophical Papers*, vol. 2 [Cambridge: Cambridge University Press, 1991], p. 215-17). Além de uma discordância interpretativa que tenho com Rorty a respeito de Wittgenstein, penso que ele também não percebe a cuidadosa distinção de Lyotard entre "linguagens" e "jogos de linguagem"; ao longo dessa discussão, Rorty usa os dois termos de maneira alternada. Lyotard está enfatizando (em uma leitura melhor de Wittgenstein, em minha opinião) que mudar os jogos é mudar as regras e, portanto, mudar os critérios de evidência, e assim por diante.
[50]Lyotard, *Differend*, p. 151.

A QUEDA DA INTERPRETAÇÃO

(A *différend* é sempre aquela que vive no *pagus* [pago] — a zona fronteiriça entre gêneros ou jogos — e, portanto, nunca "no lar", em um jogo. A *différend* é precisamente a "vítima" que sofre um "dano", pelo qual ela não pode apelar a regras precisamente porque a ela é negado espaço no *Heim*.)[51]

Mas essas comunidades podem funcionar de maneira isolada apenas enquanto não houver tentativa de formar um governo comum. Assim, Lyotard aponta para a formação da lei civil ou da política pública como um dos locais em que vemos essa crise de legitimação: "Tome qualquer lei civil como exemplo: ela afirma que determinada categoria de cidadãos deve realizar um tipo específico de ação. A legitimação é o processo pelo qual um legislador é autorizado a promulgar uma lei ou norma" (*JG*, p. 8). A formação de uma sociedade ou, mais particularmente, de um Estado — que é responsável pela instituição e aplicação das leis — exige um confronto dessas lógicas plurais *dentro* de um corpo político. "O contato entre duas comunidades", sugere Lyotard, "é imediatamente um conflito, uma vez que os nomes e as narrativas de uma comunidade são exclusivos aos nomes e narrativas da outra".[52]

Entre os gêneros, "há um abismo" que marca a condição de pluralismo. O pluralismo, podemos dizer, é o mundo levado para casa; com as recentes mobilizações e tendências na migração (tudo auxiliado pelo desenvolvimento da tecnologia), os desafios antes oferecidos apenas por relações interculturais e internacionais agora são dilemas intranacionais. De fato, essa reprodução do mundo dentro do Estado-nação típico produz um dilema ainda mais fundamental, na medida em que o Estado é responsável por estabelecer leis ou padrões dentro de seu domínio — leis às quais uma pluralidade de paradigmas ou de culturas estará sujeita. Esse "abismo" entre jogos ou gêneros é o local da política pública e da lei civil — e é um abismo justamente porque não há "metalinguagem"; "e, por

---

[51]Ibid., p. 8, xi.
[52]Ibid., p. 157.

metalinguagem, refiro-me ao famoso discurso teórico que deve fundamentar as decisões políticas e éticas a serem tomadas como base de suas afirmações" (*JG*, p. 28).

O único desafio oferecido por essa situação é que a lei deve ser respaldada pela *força*: a lei é imposta a uma sociedade pelo Estado e é aplicada em caso de transgressão (onde quer que haja uma política, há uma polícia/força). Em sociedades democráticas, a lei ou política respaldada pela força deve ser *justificada* ou *legitimada*;[53] em suma, o Estado deve ser capaz de fornecer algum tipo de argumento que defenda a legitimidade da lei. Mas, como sugeri, a legitimação só pode acontecer *dentro* de um paradigma ou de um jogo de linguagem; os argumentos, necessariamente, apelarão *a* uma lógica entre uma pluralidade de lógicas. A lei, entretanto, exige um tipo de justificativa que funcione *através* de paradigmas e, portanto, que funcione para todos. Mas onde buscaríamos tais critérios de "transparadigma" ou "interparadigma"? Poderemos ter critérios que não estejam ligados a uma lógica particular, contextual e histórica funcionando dentro de um jogo de linguagem? E, em caso negativo, como a lei ou a política podem ser legitimadas em um Estado pluralista? Pode haver uma política sem diferenças, ou seja, sem indivíduos de fora, vítimas? Como podemos decidir entre interpretações opostas e conflitantes de justiça? Aqui está em jogo apenas a questão que levantamos: uma hermenêutica criacional, que reconhece a estrutura hermenêutica da existência humana, resulta em perda de critérios? Uma hermenêutica criacional exclui o julgamento?

O mundo como limite: um critério fenomenológico

Neste momento, eu gostaria de introduzir uma distinção importante: negar que haja *uma* interpretação normativa não é negar que existam normas interpretativas. Cada afirmação ou articulação

---

[53]Para Lyotard, a simples *imposição* de uma lei sem legitimação é "terror".

A QUEDA DA INTERPRETAÇÃO

da verdade funciona dentro de condições muito específicas da finitude humana; em outras palavras, toda afirmação da verdade é uma interpretação, sendo condicionada pela situacionalidade e a tradicionalidade do intérprete, o que significa que o intérprete não pode transcender o espaço e o tempo. Portanto, uma interpretação não pode ser "objetiva" e legitimada em um sentido universal ou abrangente — *a* única interpretação verdadeira. No entanto, *o que é interpretado* ainda é uma norma para toda interpretação; há algo ou alguém que se coloca *diante* de todas as nossas interpretações e é obrigatório a todas as construções. Essa norma interpretativa, que se coloca diante (ou mesmo "fora") da interpretação, constitui o *critério fenomenológico* de toda construção; *existem* universais que são obrigatórios para a interpretação. Mas esses universais são mais bem compreendidos como *transcendentais empíricos* do que como critérios *a priori* transcendentes.[54]

Por "transcendentais empíricos", quero dizer simplesmente estados mundanos de coisas — o mundo como é dado e experimentado.[55] A árvore do lado de fora de minha janela, de uma perspectiva fenomenológica, transcende a consciência e se impõe a mim. Como algo "exterior" a mim, ou transcendente, a árvore não é "minha" para ser manipulada. Como tal, ela me impõe limites para suas interpretações; más interpretações serão precisamente aquelas construções que transgredirem esses limites. Por exemplo, se eu interpretar a

---

[54]Herman Dooyeweerd desconstrói o contraste entre *"a priori"* e "empírico" e a concomitante divisão do mundo em números e fenômenos. Ele fala de um horizonte estrutural da experiência humana que existe *a priori*, mas não "no sentido kantiano de *não empírico*". O resultado é o que chamei aqui de *transcendentais empíricos*. Veja Dooyeweerd, *A New Critique of Theoretical Thought* [Uma nova crítica do pensamento teórico], trad. David H. Freeman e H. de Jongste (Amsterdã: H. J. Paris, 1955), 2:546-50. A estrutura de Dooyeweerd será discutida mais adiante. Uma noção semelhante é encontrada em Emmanuel Levinas, que também será discutida a seguir.

[55][O relato que se segue é bom até certo ponto; no entanto, eu teria algumas reservas agora sobre até que ponto ele aceita uma versão "representacionalista" do conhecimento. Para obter uma crítica desta imagem epistemológica, veja Charles Taylor, "Overcoming Epistemology", em *Philosophical Arguments* [Argumentos filosuments (Cambridge, MA: Harvard University Press, 1995), p. 1-19. Discutirei essa questão mais fundamental em *Who's Afraid of Relativism?*].

Interpretação no Éden

árvore como uma quimera e tentar atravessar seu tronco, minha interpretação logo se revelará errada. Com relação aos textos, o texto em si está presente para mim e é "transcendente" nesse sentido, assim como também aquilo sobre o que está falando (seu tema).[56] Como tal, tanto o texto como o tema a que ele se refere constituem uma transcendência que se impõe à minha experiência e, portanto, representa um limite para sua interpretação. Mas os limites impostos à interpretação não prescrevem uma *única* interpretação "correta"; apenas excluem um número infinito de interpretações.

Os transcendentais empíricos têm o *status* do que Edward Farley descreve como *universalidade existencial* ou *determinada*, significando, "de forma simples, o que está universalmente presente, mesmo que não esteja presente como um termo *a priori* ou genérico, ou não seja compreendido por meio de um instrumento universalmente acessível de cognição".[57] Há uma realidade admitida/dádiva — a criação — que todo intérprete encontra. Na fenomenologia de Edmund Husserl e Heidegger, são "as próprias coisas" (*die Sachen selbst*) que se colocam diante de toda construção e funcionam como aquilo que limita a interpretação e impede a arbitrariedade.[58] A verdade, então, não é algo revelado; é, em vez disso, o processo de *revelação*. A verdade *acontece*; é ela mesma a descoberta que revela algo para nós, algo de um mundo que nos é

---

[56]Acredito que seria útil pensar sobre a "intenção autoral" dentro dessa estrutura fenomenológica, embora eu não possa fazer isso aqui. Por enquanto, gostaria apenas de sugerir que, para Edmund Husserl, as "intenções" de um autor nunca podem estar presentes para mim, como o texto pode. Em vez disso, as intenções, como *cogitationes* (processos mentais) de outro sujeito, são transcendentes de tal forma que nunca podem estar presentes, mas apenas "representadas". Para uma discussão mais aprofundada da intenção autoral, veja o capítulo 7, a seguir.

[57]Farley, Edward, *Ecclesial Reflection: An Anatomy of Theological Method* [Reflexão eclesiástica: uma anatomia do método teológico] (Filadélfia: Fortress, 1982), p. 188. As "generalidades carnais" de Edith Wyschogrod podem ser vistas como análogas a isso (*Saints and Postmodernism* [Santos e pós-modernismo] [Chicago: University of Chicago Press, 1990], p. 50).

[58]Em Emmanuel Levinas, é a "face" do Outro que está "diante" da interpretação e nunca pode ser captada na construção, porque resiste à articulação. Esse limite ético para a interpretação será discutido na próxima seção, "A ética da interpretação".

A QUEDA DA INTERPRETAÇÃO

dado (*BT*, p. 262-63). Mas também deve ser reconhecido que é o intérprete (*Dasein*) que faz a revelação; assim, em sentido radical, a verdade é "subjetiva". Ou seja, *depende* do papel de revelador do *Dasein* (*BT*, p. 270).

Mas essa concepção da verdade não nos entrega, mais uma vez, nas mãos da arbitrariedade? É precisamente para essa questão que Heidegger se volta:

> *Uma vez que o tipo de Ser que é essencial para a verdade* [ou seja, revelação] *é do caráter do Dasein, toda verdade é relativa ao Ser do Dasein.* Essa relatividade significa que toda verdade é "subjetiva"? Se alguém interpreta a palavra "subjetiva" como "algo deixado ao critério do sujeito", então certamente não significa. Pois revelar, no sentido que lhe é mais característico, tira a afirmação da esfera do critério "subjetivo" e coloca o *Dasein* como revelador face a face com os próprios entes. E só *por ser uma espécie de Ser que pertence ao Dasein*, a verdade, como algo que está sendo revelado, pode ser tirada da esfera do critério do *Dasein*. Até mesmo a "validade universal" da verdade está arraigada no fato de que o Dasein pode revelar entes em si mesmos e libertá-los. Só assim, esses entes podem, em si mesmos, estar vinculados a todas as afirmações possíveis — ou seja, a todas as maneiras de mostrá-los. (*BT*, p. 270)

Assim, por um lado, a verdade é relativa ao ser-humano, ao papel do intérprete como o ser que revela as próprias coisas. Portanto, "o que é basicamente 'verdadeiro' — ou seja, aquilo que está sendo revelado — é o *Dasein*" (*BT*, p. 263). O *Dasein* é o ser que revela, e, uma vez que a verdade (e isso deve ser visto como um verbo, não como um substantivo) é relativa ao ser do *Dasein*, "'*há' verdade apenas na medida em que o Dasein existe e enquanto o Dasein existir* [...] Antes de haver qualquer *Dasein*, não havia verdade; nem haverá verdade alguma depois que o *Dasein* já não mais existir" (*BT*, p. 269).

Mas, por outro lado, enfatizar que a verdade é relativa ao *Dasein* não é dizer que a verdade é "subjetiva", deixada ao critério pessoal

Interpretação no Éden

do intérprete. Em vez disso, o que é interpretado — as próprias coisas — coloca-se diante de cada construção como algo "vinculado a todas as afirmações possíveis". Assim, a interpretabilidade do ser-humano não deve ser entendida como algo que funda um sistema de arbitrariedade, mas, sim, como algo que enfatiza que, embora toda interpretação do mundo seja apenas isso, ou seja, uma *interpretação* do mundo, é também, ao mesmo tempo, uma interpretação *do mundo*.

De acordo com essa estrutura fenomenológica, há um apreço renovado pela doação do mundo. Por exemplo, em um manuscrito não publicado intitulado "Contra Heidegger", Husserl enfatiza que

> o interesse teórico diz respeito ao que existe; e isso, em todos os lugares, é o que é idêntico por meio da variação de assuntos e de seus interesses práticos, ou seja, as mesmas coisas, as mesmas relações, as mesmas mudanças etc., que existem em si mesmas, ou seja, que existem para "todos" [...] Tudo o que tem consciência é um ser com consciência; e um ser é algo idêntico, algo identificável repetidas vezes, e, em última análise, algo identificável para todos.[59]

O mundo é um mundo objetivo, fundamentalmente dado, compartilhado por todos, embora seja construído de maneira diferente por aqueles que o compartilham como o mundo da vida. Isso é desenvolvido de forma mais explícita no "princípio de todos os princípios" de Husserl: a doutrina da *intuição*.[60] A intuição oferece o fenômeno, e o fenômeno se dá por meio da

---

[59]Husserl, Edmund, "Das ist gegen Heidegger" [Isso é contra Heidegger], livro 1, p. 30ss., em Leuven Archives [Arquivos de Lovaina], citado em Hubert Dreyfus e John Haugeland, "Husserl e Heidegger: Philosophy's Last Stand" [Husserl e Heidegger: a última posição da filosofia], em *Heidegger and Modern Philosophy* [Heidegger e a filosofia moderna], ed. Michael Murray (New Haven: Yale University Press, 1978), p. 233.

[60]Idem, *Ideas Pertaining to a Pure Phenomenology and to a Phenomenological Philosophy* [Ideias para uma fenomenologia pura e para uma filosofia fenomenológica], Livro 1 de *General Introduction to a Pure Phenomenology* [Introdução geral à fenomenologia pura], seção 24, 44-45.

A QUEDA DA INTERPRETAÇÃO

intuição. É com base nisso que Husserl encoraja um retorno às próprias coisas, pois "julgar de modo racional ou científico as coisas significa conformar-se *às próprias coisas* ou passar das palavras e opiniões para as coisas em si, consultá-las em seu ato de se doar e deixar de lado todos os preconceitos que lhes são estranhos".[61] O cerne do princípio de todos os princípios é que "*tudo que nos é oferecido originalmente na 'intuição' deve ser aceito simplesmente tal como o que nos é apresentado*".[62]

Embora a doutrina da intuição de Husserl pareça dar continuidade ao projeto moderno de imediação ao conceder o mundo como ele "de fato" é, esse não é o caso. Em vez disso, como enfatiza essa passagem, o mundo, que é dado, é sempre dado *como* algo.[63] A doação é constituída e apresentada diante de um horizonte ou "estrutura como". Como observa Caputo:

> Não estamos argumentando que não haja o que é dado em Husserl ou que ele não tenha uma teoria da intuição, mas apenas que essas noções não são ingenuamente formuladas por ele, e que ele tem um senso essencial dos limites do intuicionismo. Para ele, intuir o que é dado significa saber construir o que se apresenta, sem o qual só há o fluxo. A injunção para permanecer com o que é dado inclui o lembrete de que o que é dado é dado apenas *como* algo.[64]

Assim, no desenvolvimento da intuição de Husserl, podemos encontrar a semente de uma *intermediação* que, ao mesmo tempo, enfatiza a "objetividade" do que está sendo interpretado (a norma interpretativa) e também a "subjetividade" do intérprete como o ser que constrói o que é dado "como" algo, uma construção condicionada pela situacionalidade e pela tradicionalidade.

---

[61] Ibid., p. 35.
[62] Ibid., p. 44.
[63] Ibid.
[64] Caputo, *Radical Hermeneutics*, p. 43.

Interpretação no Éden

Herman Dooyeweerd, contemporâneo de Heidegger e colega fenomenólogo, oferece uma estrutura similar e talvez vá ainda mais longe ao estudar os respectivos detalhes, embora em uma linguagem um pouco diferente. A distinção que fiz entre *interpretações* e *normas interpretativas* é análoga ao que Dooyeweerd distingue como o *subjetivo a priori* e o *estrutural a priori*. Assim, há um lado "lei" e um lado "sujeito" do mundo da forma como é interpretado, e a "lei" (o que é interpretado) está vinculada ao seu "sujeito" (o intérprete).

> Há um complexo *a priori* no sentido cosmológico do horizonte estrutural da experiência humana. Esse *a priori*, como tal, tem as características de uma lei. E há também um complexo *a priori* meramente subjetivo no sentido epistemológico do *insight a priori* subjetivo desse horizonte. Podemos distinguir os dois complexos simplesmente como o estrutural e o subjetivo *a priori*. Apenas o subjetivo *a priori* pode ser verdadeiro ou falso em sentido epistemológico. Por ser um *insight* subjetivo que se expressa em julgamentos, ele necessariamente permanece cercado pelo horizonte *a priori* cosmológico da experiência humana. Em outras palavras, o subjetivo *a priori* sempre permanece determinado e delimitado pela estrutura *a priori* de toda experiência humana.[65]

O horizonte estrutural — o que é interpretado — está vinculado a todo *insight* subjetivo dessa estrutura e à respectiva afirmação, na medida em que "toda experiência humana está ligada a algum horizonte que torna essa experiência possível".[66] O "estado de coisas" considerado na teoria funciona como *a priori* na abstração teórica, mas, precisamente por essa razão, o estado de coisas "nunca pode ser *real* em sua abstração teórica".[67] Traduzido para a linguagem antes utilizada, enquanto toda interpretação mantém uma relação

---

[65]Dooyeweerd, *A New Critique*, 2:548. (Eliminei parte do uso excessivo de itálico no texto.)
[66]Ibid.
[67]Ibid., p. 551.

A QUEDA DA INTERPRETAÇÃO

determinada com o que é interpretado — um "estado de coisas" —, a interpretação em si não é o estado de coisas; ela não apresenta o mundo como ele "de fato" é, mas, antes, é uma visão subjetiva dessa estrutura. No entanto, é apenas na interpretação que temos acesso ao que é interpretado: "Só obtemos *acesso a* [esse horizonte estrutural] de uma forma teórico-subjetiva", e o "*insight* desse horizonte é o *subjetivo-falível a priori* de toda a epistemologia".[68]

O caráter vinculativo ou de "lei" do horizonte estrutural evita a arbitrariedade, embora a "verdade" seja, como em Heidegger, possível apenas a partir da "perspectiva" do eu.[69] Assim, Dooyeweerd deve discutir a mesma questão antes debatida por Heidegger, ou seja, a questão da arbitrariedade dada a subjetividade da verdade. "Minha resposta", responde Dooyeweerd, "é que [a verdade] não *depende* desse *insight* no sentido de ser *determinada* por ele ou estar *sujeita* a ele. Mas, sem meu *insight* subjetivo da verdade teórica, sua estrutura permanecerá oculta de minha individualidade cognitiva".[70]

A verdade depende do eu para revelar o horizonte estrutural da experiência humana e, dentro desse horizonte, "os estados de coisas estruturais criados nessa ordem se impõem a todos os que são confrontados seriamente por eles". Assim como as afirmações, para Heidegger, devem revelar as próprias coisas, para Dooyeweerd, as interpretações "também devem justificar sua reivindicação da verdade relativa, a saber, em um processo de *experiência transcendental* no fórum da ordem mundial divina. Pois neste último se fundam os estados estruturais de coisas que são inegáveis quando foram expostos a discernimento teórico".[71]

---

[68]Ibid., p. 554. Dooyeweerd, a despeito de toda essa ênfase na estrutura, também observa que esse horizonte é "plástico" e parte de uma "contínua coerência estrutural-dinâmica" (p. 558).

[69]Assim, do mesmo autor, parte 2, cap. 4, sec. 3 é intitulado "The Perspective Structure of Truth" [A estrutura da perspectiva da verdade] e consiste, em grande parte, em uma crítica de uma teoria da correspondência da verdade de maneira quase idêntica à seção 44 de *Being and Time* [Ser e tempo].

[70]Ibid., p. 577-78.

[71]Ibid., p. 577.

Interpretação no Éden

Baseio-me nessas discussões fenomenológicas como aquilo que sustenta minha distinção entre interpretações (afirmações, *insights*) e normas interpretativas ("as próprias coisas", o horizonte estrutural). Só temos acesso ao mundo ou a um texto pelas lentes da interpretação — interpretação que, por sua vez, é condicionada e "falível"; ainda assim, isso não termina em uma arbitrariedade ubíqua por causa do caráter vinculativo do que é interpretado — o que está "diante" ou mesmo "fora" da interpretação (embora nosso acesso a ele seja apenas pela mediação de uma interpretação). Esses transcendentais empíricos impõem-se a uma pluralidade de intérpretes e resistem a uma construção volúvel,[72] permitindo uma pluralidade, mas *não* um número infinito, de possibilidades interpretativas. Assim, o caráter vinculativo das próprias coisas não significa que uma interpretação correta seja prescrita pelo mundo ou por um texto; significa apenas que a interpretação não é meramente uma apropriação subjetiva: é a construção subjetiva de uma realidade objetiva.[73]

Dooyeweerd talvez enfatize melhor o caráter *pragmático* da boa interpretação: ela tem de funcionar. Os *insights* e as construções do mundo devem justificar-se *no mundo*, "no fórum da ordem mundial divina".[74] Mais uma vez, embora não garanta a eliminação da

---

[72]"Realidade é *resistência*, ou, mais exatamente, a característica de resistir" (*BT*, p. 252). Dooyeweerd também aponta para essa "resistência" da ordem estrutural em "Philosophy and Theology", parte 3 de *In the Twilight of Western Thought: Studies in the Pretended Autonomy of Philosophical Thought* [No crepúsculo do pensamento ocidental: estudo sobre a pretensa autonomia do pensamento filosófico], série B, vol. 4 de *Collected Works* [Obras coletadas], ed. James K. A. Smith (Lewiston, NY: Edwin Mellen, 1999). Como sugerirei na próxima seção, seguindo Levinas, essa resistência estabelece o limite *ético* da interpretação. [73]Dooyeweerd está certo ao observar que "permanece possível para [o *insight* subjetivo] interpretar mal o horizonte *a priori* da experiência. Em outras palavras, a estrutura 'adaptável à lei' não é garantia da exatidão de nosso *insight* subjetivo *a priori*" (*A New Critique*, 2:574). No entanto, eu gostaria de enfatizar que diferentes interpretações não constituem interpretações errôneas. O *insight* subjetivo, ao mesmo tempo que abre espaço para uma interpretação errônea, também abre espaço para uma pluralidade de interpretações "verdadeiras", ao desconstruir a monologia de uma noção de imediação e de uma teoria da correspondência da verdade. [74]Qualquer interpretação que infrinja essa estrutura do mundo como algo que é dado ficará envolvida "em antinomias internas a cada infração". Assim, o padrão de verdade de

A QUEDA DA INTERPRETAÇÃO

interpretação errônea, isso marca a distinção entre a ubiquidade da hermenêutica e uma arbitrariedade percebida. A interpretação é, de fato, a única opção que merece ser considerada, mas existem regras para essa opção — não regras inventadas por um conselho e impressas em um livro de regras, mas uma regra tão simples quanto esta: você tem de jogar no campo, permanecendo dentro dos limites. E o campo é o mesmo para todos nós.

A ÉTICA DA INTERPRETAÇÃO

Na seção anterior, tentei apontar o mundo (o estrutural *a priori*) como um critério fenomenológico que "limita" a interpretação. Voltar a esse limite "antes da interpretação" é tentar impor um limite "fora" do círculo hermenêutico, por assim dizer. Conforme já discutido, podemos identificar o que pode ser descrito como "transcendentais empíricos" (o estrutural *a priori* de Dooyeweerd), que estão *diante* da interpretação e *resistem* à interpretação errônea. Aqui eu gostaria de recorrer à obra de Emmanuel Levinas e à sua sugestão de que essa transcendência — o transcendental empírico — que confronta e rompe todos os horizontes é precisamente a face do Outro, a face que me torna eticamente responsável e exige justiça.[75] Como tal, o Outro é precisamente a transcendência que põe *limites* à interpretação; agora, a questão da interpretação é também uma questão de justiça (cf. capítulo 4, "O passado do infinito e do fantasma da metafísica"), e a questão dos limites da interpretação é mais ética do que simplesmente epistemológica. A interpretação torna-se não tanto uma questão de "exatidão", mas

---

Dooyeweerd não é o princípio da não contradição, mas, sim, o princípio da exclusão de antinomias (ibid., p. 579).

[75]Enquanto adoto o relato de Levinas sobre a "ética" da interpretação, estou ao mesmo tempo questionando seu próprio relato acerca da violência da interpretação (em relação a Husserl e Heidegger). Para um primeiro esboço de minha crítica a Levinas sobre esse ponto, veja meu "Alterity, Transcendence and the Violence of the Concept", especialmente as seções 1 e 4 ("The Ethics of Concept" [A ética do conceito]).

Interpretação no Éden

de *responsabilidade*; o intérprete tem a obrigação de "fazer justiça" à transcendência do que é interpretado.

A força do trabalho de Levinas é que a ética não está relacionada a normas ou teorias abstratas, mas, sim, a faces e mãos atrofiadas (Mateus 12:9-14). A ética não é encontrada na teoria da "ordem divina"; é encontrada na face que me ordena, que me chama, que me responsabiliza, antes de qualquer teoria ética ou lei, e vem de *je ne sais d'où* (não sei de onde). "A face", observa Levinas, "está presente em sua atitude de se recusar a ser contida. Nesse sentido, não pode ser compreendida, ou seja, cercada" (*TI*, p. 194). Em outras palavras, a face não pode ser contida em teoria, não pode ser tematizada em uma interpretação ou reduzida a um conceito (*OBBE*, p. 101). O chamado da face e minha responsabilidade para com ela (e seu corpo) são *an*árquicos, antes de qualquer *-arquia*, pela qual sou ordenado a obedecer à ordem antes de ouvi-la — como a criação *ex nihilo* (*OBBE*, p. 101, 113). Em vez de atribuir valor, estou sob uma atribuição e uma obrigação para as quais não dei consentimento.

O Outro — a face que me confronta e exige justiça — não é teórico; está colocado antes da teoria, na experiência pré-teórica, ou o que o jovem Heidegger descreveu como "facticidade". Assim, para Levinas, o Outro ordena de forma absoluta e universal, mas, em certo sentido, é empírico. Portanto, podemos sugerir, não sem garantia, que o Outro é uma espécie de "transcendental empírico",[76] um local que funciona como um critério transcendente porque ultrapassa os horizontes do intérprete e está *vinculado* a toda construção ou interpretação. É claro que essa é uma transcendência bastante incomum, mas é rigorosamente fenomenológica. Como transcendência empírica ou pré-teórica, ela é fundamentalmente distinta dos critérios teóricos. Para falar disso em termos husserlianos, os

---

[76][Para uma leitura semelhante de Levinas sobre esse ponto, veja Jeffrey Dudiak, *The Intrigue of Ethics: A Reading of the Idea of Discourse in the Thought of Emmanuel Levinas* (Nova York: Fordham University Press, 2001), p. 368-94.]

A QUEDA DA INTERPRETAÇÃO

critérios teóricos são *irreais* ou *ideais,* o que significa que funcionam apenas dentro da consciência e, portanto, não oferecem resistência à intencionalidade ou aos horizontes do intérprete.[77]

O Outro de Levinas, no entanto, é um fenômeno *real* (transcendente, não transcenden*tal*) e, portanto, por definição, não pode ser compreendido ou contido pela consciência ou pela intencionalidade. Como tal, o Outro resiste à manipulação ou à distorção, proíbe "interpretações" violentas e, portanto, funciona como um critério limitante para a interpretação.[78] Heidegger sugeriu o mesmo quando enfatizou que "as próprias coisas" estão "vinculadas" a todas as interpretações possíveis, *limitando,* assim, as possibilidades (*BT*, p. 270). Em Levinas, no entanto, isso assume um imperativo ético: o intérprete deve fazer justiça ao outro que resiste à manipulação.[79]

A noção de um limite ético na interpretação também é uma ideia bem agostiniana. No manual de Agostinho sobre a interpretação bíblica, *De doctrina christiana,*[80] a interpretação deve ser fundamentada na "ordem correta do amor". Ao estabelecer a distinção entre coisas a serem "usadas" (*uti*) e coisas a serem "desfrutadas" (*frui*), Agostinho institui uma ordem de amor segundo a qual devemos usar o mundo para amar o único que deve ser desfrutado,

---

[77]Sobre a distinção Real/Irreal, veja Edmund Husserl, *Ideas Pertaining to a Pure Phenomenology* [Ideias para uma fenomenologia pura e para uma filosofia fenomenológica], p. 352-54. Talvez seja útil sugerir que o fenômeno Irreal de Husserl seria análogo ao que Aristóteles descreveria como "*en logo*", ou "em pensamento", ou ao que Tomás de Aquino descreve como conceitos de "segunda intenção".

[78]Sugiro que a *différend* de Lyotard funcione de maneira análoga, como o outro sofredor que coloca limites em cada jogo (*The Differend*, p. 13).

[79]Este é o cerne da crítica de Levinas à fenomenologia de Husserl: ao reduzir todos os objetos intencionais a fenômenos Irreais, Husserl, assim, elimina toda resistência, o que significa que o objeto é "entregue" à intenção do sujeito e torna-se inteiramente "imanente" à consciência; e, assim, "a resistência do objeto como um ser exterior desaparece" (*TI*, p. 123-25). A Face, por outro lado, é precisamente aquilo que não pode ser imanente ao pensamento por causa de seu Infinito.

[80]*De doctrina christiana* não fala sobre a "doutrina cristã" (como comumente a expressão é traduzida), mas sim, como traduz Edmund Hill, O.P. [Ordem dos Padres], sobre o "ensino do cristianismo". É um livro escrito para pastores: os três primeiros livros dedicam-se à interpretação do texto, e o último livro trata da comunicação do que é descoberto, ou da pregação (uma "retórica cristã").

Interpretação no Éden

a saber, Deus.[81] As coisas, então, devem ser usadas; Deus deve ser desfrutado. Mas e o nosso próximo?[82] O Outro é uma coisa a ser usada? Embora haja dificuldades nessa conjuntura,[83] Agostinho responde que amamos a Deus *no* próximo.[84] Assim, temos um relato do duplo mandamento de amar a Deus e amar ao nosso próximo como a nós mesmos; e isso, observa Agostinho, é o resumo do que as Escrituras ensinam.[85] "Então", conclui ele, "se lhe parece ter entendido as divinas Escrituras ou qualquer parte delas, de tal forma que, com esse conhecimento, você não edifica esse amor duplo a Deus e ao próximo, então você ainda não conseguiu entendê-las".[86] De fato, ele continua a dizer que, enquanto nossas interpretações edificam esse amor a Deus e ao próximo, a questão da intenção autoral é secundária.[87]

O critério para a interpretação, sugere Agostinho, é prático ou ético: caso nossas interpretações "edifiquem" o amor a Deus e ao próximo. Esse critério ético deve orientar o intérprete quando ele depara com ambiguidades: "Portanto, essa regra será observada quando você estiver lidando com expressões figurativas: que você não meça esforços para remoer na mente aquilo que lê, até que sua interpretação seja conduzida diretamente para o reino da caridade. Contudo, se isso já estiver ocorrendo no sentido literal, não pense que a expressão é, de alguma forma, figurativa".[88] De fato, uma pluralidade de interpretações é permitida, desde que esse critério ético de amor seja mantido. Esse ponto surge na leitura de Gênesis,

---

[81]Agostinho, *De doctrina christiana* 1.5.5; 1.22.20. A essência do pecado, para Agostinho, é uma espécie de idolatria pela qual desfrutamos o que deveríamos usar; ou seja, substituímos o Criador pela criatura (1.12.12).

[82]Ibid., 1.22.20.

[83]Para uma discussão mais profunda, veja Hannah Arendt, *Love and Saint Augustine* [Amor e santo Agostinho], eds. J. V. Scott e J. C. Stark (Chicago: University of Chicago Press, 1997), parte 1.

[84]*De doctrina christiana* 1.33.37.

[85]Ibid., 1.35.39.

[86]Ibid., 1.36.40.

[87]Ibid., 1.36.40—1.36.41.

[88]Ibid., 3.15.23; cf. 3.10.14.

A QUEDA DA INTERPRETAÇÃO

no livro 12 das *Confissões* de Agostinho, em que ele é confrontado por "muitas verdades" dentro do texto.

> "Amemos ao Senhor, nosso Deus, de todo o nosso coração, de toda a nossa alma, de todo o nosso entendimento, e ao nosso próximo como a nós mesmos." Com base nesses dois mandamentos do amor, Moisés quis dizer tudo o que escreveu nesses livros [...] Em meio a tantas interpretações totalmente corretas que podem ser deduzidas dessas palavras, veja que tolice é afirmar de maneira precipitada que uma [interpretação] em particular traduz melhor a visão de Moisés, e, por meio de disputas destrutivas, ofende a própria caridade, que é o princípio de tudo o que ele disse nos textos que estamos tentando expor. (*CSA*, 12.25.35)

Dentro dos limites da caridade, há espaço para a pluralidade, que, adverte Agostinho, deve traduzir-se em uma humildade hermenêutica que dê lugar à diferença, mas que não elimine critérios (*CSA*, 12.24.33).[89] Para Agostinho, a ética da interpretação é uma hermenêutica do amor.

DO ESPÍRITO: SIM E AMÉM

Enfatizei "as próprias coisas" (transcendentais empíricos) como vinculadas à interpretação, em uma tentativa de me opor à acusação de arbitrariedade que é levantada contra uma hermenêutica criacional que enfatiza a ubiquidade da interpretação. Mas essa discussão também priva uma "hermenêutica de desconfiança", na medida em que argumenta que a interpretação não fica à mercê do intérprete,[90]

---

[89]Compare a discussão sobre "indecidibilidade" na seção que inicia este capítulo.

[90]Patricia A. Sayre oferece um panorama útil de algumas dessas correntes, em particular a predominância da desconfiança no discurso pós-moderno. Desconfiança e confiança, argumenta ela, são duas atitudes diferentes que podemos escolher diante da contingência. No final, ela argumenta, assim como eu, que uma filosofia cristã terá como característica uma confiança primordial, embora não sem desconfiança. Veja Sayre, "The Dialectics of

Interpretação no Éden

pois é confrontada por uma realidade estrutural ou "objetiva" — um mundo fora da interpretação ou anterior a ela. Embora esteja arraigada na situacionalidade e na tradicionalidade do intérprete, a interpretação não é produzida apenas por essas condições; a interpretação não é simplesmente o efeito da vontade de poder. Nesta seção, argumentarei que um segundo critério, ou "verificação", na interpretação está enraizado em uma hermenêutica fundamental de confiança como o correlato de uma crença na bondade da criação. Nessa conjuntura, por fim, examinaremos o polo pneumático de meu modelo hermenêutico criacional-pneumático, na medida em que essa confiança hermenêutica está ligada à direção do Espírito.[91]

O lugar desse discurso pneumático pode ser encontrado em um pequeno tratado sobre espíritos: *ruach*, *pneuma*, *esprit* e, principalmente, *Geist*. O livro *Of Spirit* [Do espírito], de Derrida, é um discurso sobre confiança e desconfiança, "espírito" e "evitação" ou, mais especificamente, *Geist und vermeiden* e sobre como Heidegger (sem êxito) tentou evitar esse espírito em seu trabalho e em sua vida. Uma vida e uma obra assombradas por fantasmas — estamos falando de Heidegger ou de Derrida? É claro que, dentro do *Gesamtausgabe*, de Heidegger, há uma série de espectros perturbadores: espíritos que tanto perturbam esse trabalho como surgem dele para nos perturbar. O objetivo de Derrida em seu pequeno tratado, cheio de espírito, é revelar que, a despeito de todos os seus protestos e tentativas, Heidegger não conseguiu evitar esse *Geist* atormentador:

Trust and Suspicion" [A dialética da confiança e da desconfiança], *Faith and Philosophy* 10 (1993): 567-84.

[91]Não é meu objetivo construir uma hermenêutica bíblica pentecostal (conforme Gordon Fee, McLean, Menzies, *et al.*). Em vez disso, meu objetivo é desenvolver uma hermenêutica *geral* ou *filosófica* pentecostal (como um projeto dentro do esforço igualmente escandaloso da filosofia cristã). Assim, meu trabalho se aproxima mais da proposta de Howard M. Ervin, que oferece, em nome da hermenêutica pentecostal, uma "epistemologia pentecostal" (veja Ervin, "Hermeneutics: A Pentecostal Option" [Hermenêutica: uma opção pentecostal], *Pneuma: Journal of the Society for Pentecostal Studies* 3.2 [outono de 1981]: 11-25). No entanto, como será visto, essa hermenêutica geral pneumática não se limita à província dos pentecostais.

A QUEDA DA INTERPRETAÇÃO

> O *Geist* é sempre assombrado por seu *Geist*: um espírito ou, em outras palavras, em francês [e em qualquer idioma] como em alemão, um fantasma sempre surpreende ao voltar para ser o ventríloquo do outro. A metafísica sempre retorna, quero dizer, no sentido de um *revenant* [fantasma], e o *Geist* é a figura mais fatal dessa *revenance* [regresso, assombração] [...] Não é isso que Heidegger nunca será capaz de evitar (*vermeiden*), o próprio inevitável — o sósia do espírito, o *Geist* como o *Geist* do *Geist*, o espírito como o espírito do espírito que sempre vem com seu sósia? (*OS*, p. 40-41)

Mas, novamente, podemos perguntar: não há também um espírito, digamos *l'esprit*, que Derrida não pode evitar, que é o inevitável? Não há um espectro espreitando por trás e debaixo do trabalho de Derrida, seu *corpus* (de escritos), seu *corpus* de escrita?

Não precisamos consultar a bruxa de Endor para evocar esse espírito, pois ele é avistado de forma assustadora mais adiante no texto, quando Derrida considera as origens da linguagem uma promessa, uma passagem que oscila entre o comentário e a autobiografia.[92]

> Resta descobrir se essa *Versprechen* não é a promessa que, ao abrir todo discurso, torna possível a própria pergunta e, portanto, precede-a sem pertencer a ela: a dissimetria de uma afirmação, de um *sim* antes de toda oposição do *sim* e do *não* [...] A linguagem sempre, *antes de qualquer pergunta*, e na própria pergunta, se resume à promessa. Isso também seria uma promessa *do espírito*. (*OS*, p. 94)

---

[92]Assim, o que Derrida observa a respeito da relação de Heidegger com Trakl também pode ser dito acerca da relação de Derrida com Heidegger: "Declarações como aquelas que acabei de citar e traduzir [...] são, obviamente, declarações *de* Heidegger. Não as suas produções sobre o tema Martin Heidegger, mas declarações que, aparentemente, ele aceita sem a menor relutância. Por um lado, ele as confronta com tudo aquilo que ele está em vias de opor e que constitui um contexto suficientemente determinante. Por outro, ele as sustenta em um discurso do qual o mínimo que se pode dizer é que não traz nem o traço de uma reserva. Seria, portanto, completamente irrelevante reduzir essas declarações na forma ontológica a 'comentários'. Nada é mais estranho para Heidegger do que um comentário em seu sentido comum" (*OS*, p. 85).

Interpretação no Éden

Logo após essa passagem, encontra-se uma nota extensa (que, não sem significado, ele oferece como garantia), uma tentativa de entender essa visitação indesejada do espírito. Aqui o espírito da promessa — da "garantia" — retorna como aquilo que deve preceder qualquer pergunta. Assim, antes de qualquer hermenêutica de desconfiança (que é, em essência, uma hermenêutica de questionamento radical), é preciso depositar confiança nas promessas da linguagem.

> A linguagem *já* existe, com antecedência, no momento em que qualquer dúvida pode surgir sobre ela. Nisso, ela excede a pergunta. Esse avanço é, antes de qualquer contrato, uma espécie de promessa de fidelidade originária que devemos, em certo sentido, já ter aceitado, já ter dito *sim* e dado uma garantia a ela, qualquer que seja a negatividade ou a problemática do discurso que possa seguir-se. (*OS*, p. 129)

Essa garantia, continua ele, é um "compromisso" com o que é oferecido na própria promessa. O questionamento — o coração e a alma da desconfiança — não tem a última palavra precisamente porque não tem a primeira palavra, porque ele próprio se baseia na *confiança* de uma promessa (*OS*, p. 130). Essa garantia acontece "antes" da pergunta, mesmo antes da linguagem, em tempos imemoriais: "Antes da palavra, há esta palavra às vezes silenciosa que chamamos de 'sim'. Uma espécie de garantia pré-originária que precede qualquer outro envolvimento na linguagem ou ação" (*OS*, p. 130).

Como observa Derrida, então, existe uma confiança que é mais primordial do que a desconfiança precisamente porque, como venho tentando argumentar, a bondade é mais primordial do que o mal. Indo além de Derrida (ou, pelo menos, em uma direção diferente), eu argumentaria que o estado de coisas composto de engano e falsa consciência é uma forma acidental de ser, não uma forma essencial. O *pharmakon* (veneno/cura) não é original nem

A QUEDA DA INTERPRETAÇÃO

constitutivo, mas, sim, uma contingência resultante da destruição de um mundo caído.

Mas, antes dessa Queda, e agora a despeito dela, há um "sim" primordial: uma "palavra silenciosa", um *logos* vivo que já estava "no princípio", que habita conosco na carne e cujo espírito reside dentro de nós (João 1:1-18). É essa Palavra silenciosa, esse *Quem*, que chamamos de "sim": "Pois o Filho de Deus, Jesus Cristo, pregado entre vocês [...] não foi 'sim' e 'não', mas nele sempre houve 'sim'; pois quantas forem as promessas feitas por Deus, tantas têm em Cristo o 'sim'" (2 Coríntios 1:19-20). Essa é a razão pela qual "a *parole* deve *primeiro* orar, dirigir-se a nós: depositar em nós sua confiança, sua segurança, depender de nós e até *já* ter feito isso" (*OS*, p. 134). E essa garantia, continua Derrida, esse "já", é essencial porque remonta a um momento em que já se deu tal confiança, um evento mais antigo, parte de um passado que nunca volta e nunca "foi".[93]

Nesse sentido, o movimento fundamental de desconstrução é a celebração de compromissos, apontando para as garantias e as promessas que fundamentam o discurso — e a academia. Assim, a universidade, qualquer universidade, está fundamentada na fé: antes que aconteça o trabalho da academia, todo estudioso faz uma pequena prece, sussurra o juramento, compromete-se e a confia à linguagem. A universidade, podemos sugerir, é muito religiosa, mesmo que não tenha sido fundada por sacerdotes, e é esse compromisso fundamental que a desconstrução fez um juramento de celebrar.

---

[93]Penso que essa passagem (e uma discussão similar em FL, p. 5) marca algo como uma *Kehre* [viragem] no trabalho derrideano. Na verdade, parece-me que o que Derrida oferece aqui, a respeito de uma primordialidade da confiança, é precisamente aquilo para o qual Gadamer o estava impelindo no encontro entre eles, momento em que Derrida, de forma consistente, pronunciou-se a favor da "questão", com desconfiança. Mas, como observou Gadamer, "quem abre a boca deseja ser entendido; caso contrário, não falaria nem escreveria. E, por fim, tenho uma evidência excepcionalmente boa para isso: Derrida me dirige perguntas e, portanto, ele deve pressupor que estou disposto a entendê-las" (Gadamer, "Reply to Jacques Derrida" [Resposta a Jacques Derrida], em *Dialogue and Deconstruction: The Gadamer-Derrida Encounter*, ed. Diane P. Michelfelder e Richard Palmer [Albany: SUNY Press, 1989], p. 55).

Interpretação no Éden

Poderíamos dizer isso de outra forma, como Derrida faz em *Memoirs of the Blind* [Memórias de cego], seu comentário constante sobre a exposição de gravuras e desenhos que apresentou no Louvre. Aqui, sua hipótese é que o desenho procede de certa cegueira estrutural, começa onde não se pode ver e, portanto, onde não se pode "saber". Assim, Derrida desenha uma estrutura bastante agostiniana que afirma que é preciso acreditar para compreender (*credum ut intelligam*). Em contrapartida, uma tradição ocidental dominante (que inclui Tomás de Aquino) chegou a sugerir que saber é ter uma "ideia" (*eidon*), portanto "ver" (*idein*). Quem é cego, então, não pode saber.

Mas Derrida, em conjunto com o Novo Testamento, deseja problematizar isso, sugerindo que saber ou ver se baseia em certa cegueira, naquilo que não se vê; saber, como tal, partiria de um compromisso com o que está além do ver, o "não ser visto" como invisibilidade absoluta, com aquilo que é confiado a alguém.[94] Nessa cega economia da fé, ver, em certo sentido, é não ver, de modo que os oponentes de Jesus são cegos precisamente porque afirmam ver (João 9:40-41). Por outro lado, os que são cegos veem, andando pela fé, e não pelo que veem. Ver não é acreditar, ao passo que a cegueira é um tipo de fé em que o indivíduo deve confiar nos outros para ter direção, muitas vezes caminhando com os braços à frente, como em uma prece. "Veja os cegos de Coypel", sugere Derrida, como exemplo. "Todos estendem as mãos para frente, os gestos oscilam no vazio entre preensão, apreensão, prece e súplica."[95]

O movimento do pensamento moderno e da tecnologia é sondar além dos limites da visão, "com instrumentos — anópticos ou

---

[94]Derrida descreve esse invisível como o "não ser visto" e o "absolutamente invisível" para enfatizar que é aquilo que é radicalmente heterogêneo à vista, que nunca pode ser visto. "Para ser o outro do visível, a invisibilidade *absoluta* não deve acontecer em outro lugar, nem constituir outro visível" (*MB*, p. 51). Estruturalmente, é *o* invisível, o *tout autre* da visão.

[95]Derrida, Jacques. *Memoirs of the Blind: The Self Portrait and Other Ruins* [Memórias de cego: o autorretrato e outras ruínas], trad. Pascale-Anne Brault e Michel Naas (Chicago: University of Chicago Press, 1993), p. 5 (daqui em diante, citado no texto como *MB*).

A QUEDA DA INTERPRETAÇÃO

cegos — que emitam sons, que permitam conhecer [*savoir*] onde já não se vê [*voir*]" (*MB*, p. 32). Expandir a própria visão é eliminar a fé, desfazer o compromisso que a cegueira exige; mas, por causa da invisibilidade *estrutural* do absolutamente diferente da visão, as sondagens nunca parecem suficientemente profundas, nunca podem investigar as profundezas da cegueira ou da fé.

Derrida vê essa estrutura delineada na cura da cegueira de Tobit por seu filho, por trás de quem está um anjo como condição para a possibilidade da cura de Tobit, que também anuncia uma ordem: "Reconheça a Deus [*rendez grâce a Dieu*]" (*MB*, p. 29). Portanto, a cura e, mais precisamente, a história da cura começam *por* e *a partir de* uma dívida: "O que guia o ponto gráfico, a pena, o lápis ou o escalpelo é a *observância* respeitosa de uma ordem, o reconhecimento antes do conhecimento, a gratidão do receber antes do ver, a bênção antes do conhecimento" (*MB*, p. 29-30). O anjo, então, indica o lugar da fé, do reconhecimento, do compromisso e da confiança; mas, na representação dessa cena por Rembrandt, por exemplo, o anjo é retirado, e os atores humanos estão agora envolvidos no que parece ser uma cirurgia simples, tanto que o esboço foi originalmente, mas de modo equivocado, conhecido pelo título *Surgeon Bandaging a Wounded Man* [Cirurgião enfaixando um homem ferido] — uma recuperação da visão pelo conhecimento, pelo ver mais.

Mas tal construção, na explicação de Derrida, deixa de dar crédito ao papel da fé (*credo*) para os compromissos que tornam tal visão possível. Escrever, desenhar e falar estão em dívida, comprometidos; todos devem crédito ao que é originalmente outro, tanto que, "na origem da *graphein*, há dívida ou dádiva, em vez de fidelidade representativa. Mais precisamente, a fidelidade da fé importa mais do que a representação, cuja fidelidade de movimento comanda e, portanto, precede. E a fé, no momento que lhe é apropriado, é cega" (*MB*, p. 30).

Para traduzir isso em um idioma clássico, Derrida está oferecendo outra maneira de pensar a relação entre fé e razão ou entre

Interpretação no Éden

confiança e desconfiança; no entanto, ele veria qualquer disjunção ou oposição entre as duas como algo insustentável, precisamente porque a razão está fundamentada, de modo estrutural, no compromisso, na confiança, na garantia. Antes do conhecimento, há o reconhecimento; antes da visão, a cegueira; antes da pergunta, um compromisso; antes do saber, a fé.

Embora a cegueira seja a condição para a possibilidade da fé, há também um sentido em que a fé se torna cega porque vê sobremaneira, cega pelo deslumbramento, "o próprio deslumbramento, que, por exemplo, derruba Paulo no chão na estrada para Damasco" (*MB*, p. 112). E, se a fé está ligada à cegueira, também está associada à loucura; ou, como observa Derrida, a "clarividência do que é muito evidente é a loucura de Paulo" (*MB*, p. 117). Paulo está louco, afirmou Festo (Atos 26:24), ou, como às vezes dizemos, ele deveria estar "internado", no Bellevue, talvez. Ele é aquele que deveria ser internado por causa de seus compromissos insensatos — por causa de sua fé.

Assim, a desconstrução, caso seja uma celebração de compromissos, é também uma celebração de certa loucura — a loucura da fé. Além disso, a desconstrução se compromete a mostrar o lugar dessa loucura dentro e diante da comunidade acadêmica como aquela que é a própria condição para sua possibilidade — o que, com bastante frequência, deixa as pessoas um pouco loucas. Esta é a promessa de Derrida: anunciar a promessa que nos precede, o compromisso que é mais antigo do que nós, o "sim" que sempre já aceitamos. Essa é a oração e a *in*vocação da desconstrução; como tal, talvez pareça apropriado encerrar com uma prece, mas o pedido de Derrida é precisamente que reconheçamos que é com a prece que iniciamos.

Dada essa confiança primordial, como o correlato da bondade da criação, cria-se o espaço para uma pluralidade de interpretações, uma multiplicidade de línguas, o que é também um conceito, em grande medida, pneumático-pentecostal. Quando reconhecemos a situacionalidade e a confiança fundamental do ser-humano, então

A QUEDA DA INTERPRETAÇÃO

somos capazes de renunciar a uma hermenêutica monológica em favor de uma diversidade criacional e pentecostal, a pluralidade precedendo Babel e seguindo o Pentecostes.[96] Considerando a restrição fenomenológica do mundo (o que é interpretado) e o critério pneumatológico na direção fundamental do Espírito como algo arraigado em uma confiança primordial, abre-se um espaço hermenêutico que nos convida à criação, que nos chama a prestar atenção ao chamado e aceitar a dádiva e o risco de ser-humano em sua condição de criatura, recusando tanto o sonho metafísico da imediação como a narrativa diferencial da violência. A hermenêutica pneumática-criacional é uma hermenêutica que celebra a humanidade, mas que também lamenta sua ruptura e arraiga seu lamento precisamente em sua crença em uma boa criação. O cerne de uma hermenêutica pneumática-criacional é um espaço, um campo de encontro múltiplo nos espaços profundos do amor (James Olthuis), um campo em que há espaço para que uma pluralidade de criaturas de Deus fale, cante e dance, em um coro diversificado de línguas.

---

[96]Nessa conjuntura, Heidegger, mais uma vez, não consegue deixar de falar do espírito, mas aqui não é o *Geist*, e, sim, o *pneuma hagion*, com referência explícita ao "milagre do Pentecostes" (Heidegger, "The Nature of Language" [A natureza da linguagem], em *On the Way to Language* [A caminho da linguagem] [New York: Harper & Row, 1971], p. 96-97).

capítulo sete

ENCARNAÇÃO LIMITADA

Da criação à eclésia

AUTORIDADE, AUTORIA E INTENÇÃO AUTORAL

Reconhecer a ubiquidade da interpretação sempre faz surgir o espectro do relativismo. Assim, no capítulo 6, depois de afirmar a hermenêutica como uma boa vocação, característica da criatura (em vez de pós-lapsariana), discuti as restrições à interpretação, para que não se concluísse erroneamente que afirmar a ubiquidade da interpretação nos deixa tomados pela arbitrariedade hermenêutica. Em particular, enfatizei a restrição fenomenológica à interpretação ("transcendentais empíricos") e um critério ético (amor). Mas não há uma noção em que o *autor* de um texto impõe uma restrição ao intérprete? Na verdade, a intenção autoral não é um critério excepcional? E não seria esse especialmente o caso da interpretação bíblica dentro da comunidade cristã que recebe as Escrituras como revelação e, portanto, declara sua autoria divina? Há algum espaço para a *autoridade*, uma vez que reconhecemos a ubiquidade da interpretação?

A questão hermenêutica da intenção autoral simplesmente não pode ser contornada por uma tradição que recebe as Escrituras como a Palavra de Deus.[1] Se as Escrituras devem funcionar como uma *autoridade* para a fé e a prática, essa autoridade, de alguma forma, deve derivar do Autor divino. Conforme articulado na Confissão Belga, recebemos esses livros sagrados como "formas de regular, fundamentar e confirmar nossa fé [...] porque o Espírito Santo testifica em nosso coração que eles vêm de Deus".[2] Ou, conforme formulado pela Confissão de Fé de Westminster, "a autoridade da Escritura Sagrada, razão pela qual deve ser crida e obedecida, não depende do testemunho de qualquer homem ou igreja, mas totalmente de Deus (que é, em si mesmo, a verdade), o autor dela; tem, portanto, de ser recebida, porque é a palavra de Deus".[3] Aceitar as Escrituras como a Palavra de Deus — e aceitá-las como *obrigatórias* para a fé, o pensamento e a prática — está, portanto, diretamente ligado à sua capacidade de nos comunicar a vontade de Deus para o povo que tinha aliança com ele.[4] A autoridade, então, está ligada à *autoria* e, mais especificamente, à *comunicação* da vontade (intenção) do Autor para a comunidade. O caso particular da interpretação bíblica e da autoridade para uma comunidade confessional, então, levanta questões mais importantes quanto à interpretação, à autoridade e à intenção autoral. Embora o caso da autoridade das Escrituras seja o catalisador, meu principal interesse aqui é esse conjunto de questões mais importantes.

Dada essa condição *sine qua non*, parece que a semiótica radical de Jacques Derrida deve ser o alvo da crítica cristã. E, na medida em que minha hermenêutica "criacional" é "derrideana" na afirmação

---

[1]Ficará claro a seguir que meu principal interesse neste capítulo é a hermenêutica das *Escrituras*, e concluirei que precisamos de algo como uma "hermenêutica especial" para a Bíblia, não porque sua linguagem seja diferente, mas por outras razões. No entanto, penso que o tema básico deste ensaio é válido para uma hermenêutica geral, a saber, que a interpretação para a intenção de um orador/autor não pode ser simplesmente descartada. Existem todos os tipos de texto, declaração e contexto nos quais discernir a intenção autoral é de suma importância (por exemplo, promessas, contratos, entrevistas etc.).

[2]Confissão Belga, art. 5, em *Ecumenical Creeds and Reformed Confessions* [Credos ecumênicos e confissões reformadas] (Grand Rapids: CRC Publications, 1988).

[3]Confissão de Fé de Westminster, I.iv.

[4]Confissão Belga, art. 7; Confissão de Fé de Westminster, I.vi.

Encarnação limitada

da ubiquidade da interpretação, pode parecer que uma hermenêutica criacional não deixa espaço para a autoridade. Para evitar essa conclusão, discutirei uma série de críticas dirigidas a Derrida por filósofos e teólogos cristãos, fazendo eco à crítica anterior articulada por John Searle. Argumentarei que essas críticas cristãs a Derrida sobre a intenção autoral são equivocadas precisamente porque seguem (ou, pelo menos, imitam) a crítica equivocada de Searle a Derrida.[5] Assim, retomarei o debate Searle/Derrida dentro de um contexto especificamente cristão. Em particular, demonstrarei que (1) a explicação de Derrida da "iterabilidade" dos sinais condiz com a finitude de uma boa criação e (2) a explicação de Derrida não descarta o papel da intenção autoral, mas apenas atenua o poder do autor de "governar" toda interpretação. Em outras palavras, Derrida *não* nega que a linguagem *comunica* (contra Searle). Em seguida, argumentarei que o último aspecto condiz com a revelação que Deus faz de si mesmo em Cristo para intérpretes finitos (e livres). A autorrevelação de Deus — seja nas Escrituras, seja na própria encarnação — segue uma "lógica encarnacional", que é consistente com a explicação de Derrida da operação semiótica.[6] Em outras palavras, a própria encarnação — como comunicação de Deus para a humanidade — é iterável, de acordo com a explicação de Derrida.

Religiosos que desprezam Derrida

Muitos filósofos e teólogos evangélicos consideram Derrida alguma forma do profeta da Besta — o antiautor no que diz respeito à interpretação e à intenção autoral.[7] O entendimento comum

---

[5]Meu foco aqui será a leitura de Searle, observando apenas exemplos representativos da crítica cristã. Na medida em que esses exemplos seguem ou imitam Searle, assumirei que são culpados por associação.

[6]Esmiucei essa lógica encarnacional em James K. A. Smith, *Speech and Theology: Language and the Logic of Incarnation*, p. 153-82.

[7]Ronald Hall relaciona isso a demônios, afirmando que "o espírito da escrita para Derrida é uma perversão demoníaca do espírito" (em *Word and Spirit: A Kierkegaardian Critique of the Modern Age* [Palavra e espírito: uma crítica kierkegaardiana da era moderna]

A QUEDA DA INTERPRETAÇÃO

de Derrida — que descreverei como o Derrida "aceito", mediado por departamentos cujo idioma é o inglês americano — é que sua semiótica (sua explicação da linguagem como *sinais*) significa a impossibilidade de os textos comunicarem as intenções do autor.[8] Como resultado, de acordo com o Derrida "aceito", a interpretação é um esforço totalmente arbitrário — uma atividade criativa com o jogo de significantes em que o leitor é quem dita o ritmo da dança. Até mesmo alguns de nossos melhores teólogos oferecem essa leitura. Por exemplo, Nicholas Wolterstorff sugere que, no "estilo desconstrucionista de interpretação [...] com um jogo de interpretações", não há limite à interpretação, exceto a "imaginação". Essa abordagem supostamente "desconstrucionista" é, então, contrastada com o que ele chama de "interpretação do discurso autoral", que está interessada em entender o que um autor quer dizer quando escreve algo. A oposição se põe em evidência quando, para seguir o exemplo de Wolterstorff, o indivíduo tem algo como uma *promessa*: se minha esposa me fizer uma promessa — "Eu prometo que vamos jogar golfe no sábado" —, meu interesse como intérprete de sua declaração é apenas o que ela *quis dizer* quando disse isso: Neste sábado? Nove ou dezoito buracos? Em Pilgrim Run ou Indian Trails? Faça chuva ou faça sol? Mas, para Wolterstorff, a hermenêutica do "jogo de interpretações" de Derrida exclui essas perguntas — tal abordagem "não coloca ninguém

---

[Bloomington: Indiana University Press, 1993]). Kevin Vanhoozer descreve Derrida (comparando-o com Roland Barthes) como um "contrateólogo" para quem "não há nada fora do jogo da escrita, nada que garanta que nossas palavras se referem ao mundo" (Vanhoozer, "The Spirit of Understanding: Special Revelation and General Hermeneutics" [O espírito do entendimento: revelação especial e hermenêutica geral], em *Disciplining Hermeneutics* [Disciplinando a hermenêutica], ed. Roger Lundin [Grand Rapids: Eerdmans, 1997], p. 136). Argumentarei a seguir que essa leitura de Derrida, como algum tipo de idealista linguístico (ou "gnóstico textual", como sugere Vanhoozer), é uma leitura grandemente *equivocada*, como observa o próprio Derrida em "Afterword: Toward an Ethic of Discussion", em *Limited Inc* (Evanston, IL: Northwestern University Press, 1988), p. 146 (daqui em diante, citado no texto como A).

[8]Para obter mais críticas a essa caricatura "aceita" de Derrida, veja James K. A. Smith, *Jacques Derrida: Live Theory* [Jacques Derrida: teoria viva] (Londres: Continuum, 2005).

Encarnação limitada

em contato com o que alguém disse".[9] Wolterstorff, em seguida, continua a fazer a analogia entre a promessa e as Escrituras como uma comunicação pactual ou meio de "discurso divino": "Se você acredita que as Escrituras são um meio de discurso divino, então o que se quer é a interpretação do discurso autoral. Nada mais servirá. Nada de interpretação do sentido textual [ao estilo de Paul Ricoeur], e nada de interpretação do 'jogo de interpretações' [ao estilo de Derrida]".[10]

Uma oposição semelhante é apresentada por Kevin Vanhoozer. Considerando Derrida um "não realista hermenêutico" e um "ateu literário",[11] Vanhoozer afirma que a desconstrução sinaliza a impossibilidade de comunicação. Uma vez que "o significado é encontrado na intenção do autor de transmitir uma mensagem particular por meio de sinais", e uma vez que, "de acordo com Derrida, [...] a noção de uma intenção mental é uma quimera metafísica", então se conclui, de acordo com a lógica de Vanhoozer, que a semiótica derrideana impossibilita a intenção autoral na consideração do significado deles.[12] Vanhoozer continua a formular sua leitura de Derrida em termos de "presença" e "ausência" — um tema importante ao qual retornaremos a seguir. De acordo com Vanhoozer, a análise da linguagem de Derrida "destrói o ideal da presença pura"; a presença "é apenas uma miragem". Uma vez que Derrida nega "que haja *qualquer* presença", Vanhoozer conclui que a "ausência é a primeira e última palavra".[13] O que exatamente isso significa?

---

[9]Nicholas Wolterstorff, "The Importance of Hermeneutics for a Christian Worldview" [A importância da hermenêutica para uma visão de mundo cristã], em *Disciplining Hermeneutics*, p. 43. Wolterstorff passa a utilizar outra estratégia comum nesses contextos: a alegação de contradição performativa por parte de Derrida. "Vale a pena acrescentar", observa ele, "que Derrida, o mestre desconstrucionista, insiste em que, quando interpretamos *seus* textos, devemos interpretar *pelo que ele disse*" (p. 43). Bem, isso poderia ser talvez uma pista de que ele *não* está afirmando o que acabou de ser posto aos seus pés?

[10]Ibid., p. 43.

[11]Vanhoozer, Kevin. *Is There a Meaning in This Text?* [Há um significado neste texto?] (Grand Rapids: Zondervan, 1998, p. 26, 30.

[12]Ibid., p. 43-44.

[13]Ibid., p. 61, 63 (ênfase adicionada), p. 62.

A QUEDA DA INTERPRETAÇÃO

Veja o exemplo de Vanhoozer: se eu quero entender o Evangelho de Marcos, de acordo com a leitura de Derrida por Vanhoozer, o "significado" do Evangelho de Marcos não está em um autor "Marcos", pois "nunca alcançamos a presença autoral de Marcos".[14] Uma vez que a semiótica de Derrida exclui a *presença total*, Vanhoozer conclui que ela exclui o *significado*, na medida em que o significado está associado à intenção autoral, e a intenção autoral está ligada à presença total do autor (para si mesmo e para nós). As explicações desconstrucionistas da linguagem, então, excluiriam a própria aceitação das Escrituras *como* a Palavra fidedigna de Deus, na medida em que eliminam qualquer acesso ao Autor. Como tal, parece que ficamos com as (falsas) disjunções articuladas por Brian Ingraffia: teoria pós-moderna *ou* teologia bíblica; Derrida *ou* significado; desconstrução *ou* intenção autoral.[15]

Qual é a gênese dessa leitura de Derrida? Eu gostaria de demonstrar que essa compreensão de Derrida — o Derrida "aceito" — segue os passos do Derrida de Searle, criado por sua interpretação equivocada das afirmações de Derrida. Depois de resumir a leitura de Searle, passarei a demonstrar por que se trata de uma leitura equivocada e, em seguida, apresentarei uma explicação alternativa das afirmações de Derrida na conclusão deste capítulo.

---

[14]Ibid., p. 63. Mais tarde, ele descreve isso como a "presença única" de Marcos (p. 65). É claro que, por trás disso, também estão algumas suposições sobre um tipo de autoria dupla de Marcos — a de que há uma noção em que Deus também é (e talvez sobretudo) o autor do Evangelho de Marcos. Para obter uma discussão sucinta da inspiração das Escrituras, veja Donald G. Bloesch, *Holy Scripture: Revelation, Inspiration, and Interpretation*, Christian Foundations (Downers Grove, IL: InterVarsity, 1994), p. 85-160, e John Webster, *Holy Scripture: A Dogmatic Sketch* (Cambridge: Cambridge University Press, 2003), p. 30-39. Para uma descrição pneumatológica, veja Amos Yong, *Spirit-Word-Community: Theological Hermeneutics in Trinitarian Perspective* [Espírito-Palavra-Comunidade: a hermenêutica teológica na perspectiva trinitária] (Burlington, VT: Ashgate, 2002), p. 241-44.

[15]Ingraffia, Brian, *Postmodern Theory and* [parece-me que essa conjunção deveria ser uma disjunção: *ou*] *Biblical Theology: Vanquishing God's Shadow* [Teoria pós-moderna e teologia bíblica: derrotando a sombra de Deus] (Cambridge: Cambridge University Press, 1995), p. 241 (cf. p. 14). Critiquei o modelo de Ingraffia em meu "A Little Story about Metanarratives: Lyotard, Religion, and Postmodernism Revisited" [Uma pequena história sobre metanarrativas: Lyotard, religião e pós-modernismo retomados], *Faith and Philosophy* 18 (2002).

Encarnação limitada

O texto-chave nessa genealogia[16] do Derrida "aceito" é a "Resposta"[17] de Searle ao "Signature Event Context" [Assinatura, Acontecimento, Contexto][18] de Derrida, ambos aparecendo na primeira edição de *Glyph: Johns Hopkins Textual Studies* [Glifo: estudos textuais de Johns Hopkins]. O ensaio de Derrida — sobre o qual comentarei a seguir — foi originariamente apresentado em uma conferência, em Montreal, sobre o tema "Comunicação", em 1971. Como tal, a própria noção e a possibilidade de *comunicação* são centrais para a discussão. Mas eu diria que a "Resposta" de Searle aponta para uma séria *falha* de comunicação — como, mais tarde, Derrida viria a demonstrar.

Essa é uma contradição performativa da parte de Derrida? A desconstrução, na verdade, não *glorifica* a falha de comunicação? E, portanto, o protesto de Derrida sobre ser mal compreendido não vai contra suas próprias afirmações teóricas? Ou, em vez disso, o fato de Derrida protestar contra essa leitura equivocada indica que a "desconstrução" talvez não esteja afirmando o que pensávamos? Será que a insistência de Derrida em ser lido *bem* nos alerta para o fato de que sua descrição de interpretação pode não ser o que pensávamos?[19] Em outras palavras, eu gostaria de sugerir que o Derrida "aceito" — o Derrida "searleano" — não é o Derrida "real".

---

[16]Aqui estou avançando por meio de um procedimento regressivo: começando com a resposta do Derrida "aceito" de Searle, depois voltando ao ensaio inicial de Derrida e à resposta posterior para discernir a forma do Derrida "real".

[17]Searle, John R. "Reiterating the Differences: A Reply to Derrida", *Glyph* 1 (1977): 198-208 (daqui em diante, citado no texto como R).

[18]Derrida, Jacques, "Signature Event Context" [Assinatura, Acontecimento, Contexto] em *Margins of Philosophy* [Margens da filosofia], trad. Alan Bass (Chicago: University of Chicago Press, 1982), p. 309-30, publicado pela primeira vez em *Glyph* 1 (1977) e também reimpresso em *Limited Inc.* (daqui em diante citado no texto como *SEC*).

[19]Derrida certamente pensa que as leituras podem estar "no caminho certo" e, portanto, que outras podem estar no caminho errado. Como, mais tarde, ele articula esse ponto: "Ora, é claro que há um 'caminho certo' [*une 'bonne voie'*], um caminho melhor, e que seja dito de passagem como fico muitas vezes surpreso, satisfeito ou desencorajado, dependendo do meu humor, com o uso ou o abuso do seguinte argumento: uma vez que o desconstrucionista (o que significa dizer, não é, o cético-relativista-niilista!) não deve acreditar na verdade, na estabilidade ou na unidade de significado, na intenção ou

A QUEDA DA INTERPRETAÇÃO

Se Searle é o dr. Frankenstein desse monstruoso Derrida "aceito", como essa criatura veio a existir? E quais são algumas de suas características anatômicas? Primeiro, em geral, o Derrida "aceito" é criado pela confusão de Searle sobre o que está em jogo para Derrida em seu ensaio "Signature Event Context" [Assinatura, Acontecimento, Contexto] (SEC) — o contraponto para a crítica de Searle. Portanto, Searle reafirma a posição de Derrida — seu suposto "ataque geral à ideia de comunicação como a comunicação de significados pretendidos" (R, p. 199) — da seguinte forma: "O argumento [de SEC] é que, uma vez que pode e deve ser capaz de funcionar na ausência total do remetente, do destinatário e do contexto de produção, a escrita *não pode* ser a comunicação do significado do remetente ao destinatário" (R, p. 199 — ênfase adicionada). Ele conclui que, uma vez que todas as afirmações devem ser "iteráveis",[20] de acordo com Derrida, então deve-se concluir que "o horizonte da comunicação *não* é a comunicação de consciências ou presenças, nem é o transporte do significado pretendido (*vouloir dire*) do autor" (R, p. 199, ênfase adicionada). Por fim, ele afirma que Derrida deseja mostrar que "a escrita *não* é um veículo de intencionalidade" ou que "a intencionalidade está *ausente* da comunicação escrita" (R, p. 201, ênfase adicionada). Em suma, Searle retrata a descrição de Derrida da iterabilidade como mutuamente exclusiva no que diz respeito ao discernimento da intenção autoral; em outras palavras, se Derrida estivesse certo, a comunicação seria impossível. Searle estabelece que se trata de uma disjunção do tipo "uma coisa ou outra": admitimos que a linguagem é iterável e desistimos da esperança de comunicação

---

no 'que-significa-dizer', como ele pode exigir que seu próprio texto seja interpretado de maneira correta? Como ele pode acusar outra pessoa de ter entendido mal, simplificado, distorcido etc.? [...] A resposta é bastante simples: essa definição do desconstrucionista é *falsa* (isso mesmo: falsa, não verdadeira) e vaga; supõe uma leitura ruim (isso mesmo: ruim, não boa) e fraca [...]" (A, p. 146).

[20]A iterabilidade é definida de maneira mais detalhada a seguir. *Grosso modo*, denota um tipo de legibilidade estrutural que requer uma dissociação essencial de uma consciência particular ou de um agente comunicativo.

Encarnação limitada

ou acreditamos na possibilidade de comunicação e rejeitamos a semiótica de Derrida. Ficamos do lado de Searle e acreditamos que a comunicação é possível ou ficamos do lado de Derrida e concluímos que a comunicação é impossível. E, considerando que estamos interessados na *revelação* como um tipo de comunicação, as apostas são elevadas para esse debate. Se, em uma descrição derrideana, a comunicação é impossível, então a *revelação* é impossível.

Mas é essencial notar como Searle estruturou (mal) o debate. Como alguns de seus herdeiros teológicos, ele adota uma disjunção dialética entre presença e ausência: presença *ou* ausência, presença *total ou* ausência *completa*. (A seguir, argumentarei que uma lógica da encarnação recusa essa disjunção.) Ao construir a questão da comunicação em termos de *"uma coisa ou outra"*, para Searle, a questão é *se* as intenções podem ser comunicadas. Contudo, esse não é o ponto de Derrida em SEC. Ele não está perguntando se a comunicação é, *de fato*, possível. Em vez disso, Derrida está perguntando: *até que ponto* as intenções de um autor podem ser comunicadas? De forma perfeita? De forma transparente? De imediato? No fundo, o que está em jogo são as *condições* da possibilidade de comunicação, e não a *possibilidade* em si. É verdade que Derrida argumentará que as condições da possibilidade de comunicação — em especial, a iterabilidade — também tornam a *má* comunicação possível; mas isso certamente não implica que a comunicação seja *im*possível.

Talvez possamos resolver o problema aqui, voltando a uma antiga distinção agostiniana em sua discussão sobre o pecado original. Devemos lembrar que Agostinho argumenta que, no que diz respeito ao pecado, Adão no paraíso era *posse non peccare*, capaz de não pecar; o Adão pós-lapsariano é *non posse non peccare*, incapaz de não pecar; por fim, o Adão remido no *eschaton* é *non posse peccare*, incapaz de pecar. Penso que poderíamos estabelecer a distinção entre o Derrida de Searle e o argumento de Derrida de maneira similar: o Derrida searleano ou "aceito" sugere que a linguagem

A QUEDA DA INTERPRETAÇÃO

é *non posse comunicare*, incapaz de comunicar;[21] mas, na verdade, a alegação de Derrida é que a linguagem é *posse non comunicare*, capaz de *não* comunicar, mas também capaz *de* comunicar.[22]

RELENDO DERRIDA: ITERABILIDADE E A ESTRUTURA DA CRIAÇÃO

Cabe ao meu argumento demonstrar a afirmação que fiz anteriormente, ou seja, que a alegação de Derrida com relação à comunicação é mais fraca e mais positiva do que a construída por Searle. Meu interesse não é, primariamente, defender Derrida, pois eu sou um "derrideano".[23] Em vez disso, acredito que Derrida em sua fase inicial — o fenomenólogo Derrida — discerniu corretamente algumas das características estruturais da linguagem e, como tal, oferece-nos uma visão do "grão do universo" e da estrutura da criação. Nesta seção, eu gostaria de oferecer uma exposição das afirmações de Derrida sobre linguagem, comunicação e interpretação em "Signature Event Context" [Assinatura, Acontecimento, Contexto] (SEC) e sua resposta posterior à Searle no livro *Limited Inc*. É claro que existe todo um léxico derrideano relevante para essas questões, mas tentarei me limitar a explicar apenas três temas fundamentais: (1) a questão do contexto; (2) a noção de Derrida de "iterabilidade" e (3) o que chamarei de condicionamento semiótico da consciência ou experiência.[24]

---

[21]Já usei isso antes, em uma discussão sobre *The Post Card* [Cartão-postal], de Derrida, em meu ensaio "How to Avoid Not Speaking: Attestations" [Como evitar não falar: atestados], em *Knowing Other-Wise*, Perspectives in Continental Philosophy, ed. James H. Olthuis (Bronx, NY: Fordham University Press, 1997), p. 217-34. Nesse ensaio, observei que Derrida tende a uma posição *non posse non*, e eu admitiria que há certa tendência nessa direção em SEC. Mas eu argumentaria que essa *não* é uma conclusão necessária da semiótica de Derrida, mas um exemplo de sobredeterminação de sua parte.

[22]Será talvez a posição de Searle de que a linguagem é *non posse non comunicare*, incapaz de não comunicar? Para obter minhas críticas a esses modelos de imediação, veja "How to Avoid Not Speaking" [Como evitar não falar].

[23]Reveja minha crítica fundamental de Derrida, no capítulo 4.

[24]Esse é especialmente o foco de *Speech and Phenomena* [Fala e Fenômenos], que se concentra na descrição de Husserl em relação aos sinais. Acredito que seja útil ver Searle e seu predecessor, J. L. Austin, e Husserl como análogos em suas descrições sobre a consciência e a linguagem (veja A, p. 121).

Encarnação limitada

Nas primeiras páginas de SEC, dedicadas a um colóquio sobre "comunicação", Derrida sugere que a palavra *comunicação* é ambígua — ela cobre, por assim dizer, um vasto "campo". Esse vasto campo é "reduzido consideravelmente pelos limites do que é chamado de contexto" (SEC, p. 310).[25] Aqui, Derrida anuncia que o tema de seu ensaio é "o problema do contexto". É o contexto que determina o significado da palavra *comunicação*; assim, por exemplo, no contexto de um colóquio de filosofia realizado em francês, temos um "contexto convencional, produzido por uma espécie de consenso implícito, mas estruturalmente vago", que "prescreve" que se discuta o *tema* da comunicação de *determinada maneira*.

Considerando que a problemática central nesse ensaio é o *contexto*, Derrida abre aqui o que, para ele, é a questão central do colóquio: "Mas os pré-requisitos de um contexto já são absolutamente determináveis? Em termos fundamentais, essa é a questão mais genérica que eu gostaria de tentar desenvolver. Existe um conceito rigoroso e *científico* de *contexto*?". O objetivo de Derrida é "demonstrar por que um contexto nunca é absolutamente determinável, ou melhor, em que sentido sua determinação nunca está certa ou saturada" (SEC, p. 310). Ele descreve isso como uma "não saturação estrutural", o que implica uma crítica das descrições comuns de contexto e escrita (SEC, p. 310).[26]

Agora, se alguém considera a noção de escrita "em seu sentido geralmente aceito", então ela deve ser vista como um *meio de comunicação*[27] — até mesmo como aquela que estende o campo da comunicação oral ou gestual (SEC, p. 311).[28] Mas qual é a natureza dessa *extensão*? É apenas uma ampliação neutra de um espaço homogêneo da comunicação — uma mera diferença de *grau* ("uma

---

[25]Isso condiz com sua afirmação posterior, em *Limited Inc*, de que *il n'y a pas de hors-texte* significa nada mais do que "não há nada fora do contexto" (A, p. 136).

[26]A seguir, retornaremos a essas afirmações como uma das razões pelas quais Derrida é, em certo sentido, responsável pela leitura equivocada de Searle.

[27]Em que "significado" é o "conteúdo" da mensagem semântica (*SEC*, p. 311).

[28]Penso que é importante notar que Searle, em sua "Resposta", ignora quase completamente essa seção do ensaio de Derrida.

A QUEDA DA INTERPRETAÇÃO

simples graduação", SEC, p. 313)? O que está pressuposto nessa noção de extensão? Para Derrida, a noção de extensão é a "interpretação filosófica da escrita" dominante (SEC, p. 311). Enquanto, em outra passagem, ele considera o modelo tal como o proposto por Rousseau ou Platão,[29] em SEC o exemplo que ele escolhe é o do filósofo francês do século 18 Étienne Bonnot de Condillac (SEC, p. 310-11). Em Condillac, há um modelo de progressão da ação para a escrita: (1) linguagem da ação → (2) linguagem do som → (3) sinais escritos. A escrita é inventada para tornar "ideias" conhecidas por pessoas *ausentes* (SEC, p. 312); portanto, a linguagem é *re*presentativa (SEC, p. 312). Escrever é apenas uma atenuação da presença, complementando a presença (SEC, p. 313).

Mas o que dizer do papel da *ausência* na descrição de Condillac (SEC, p. 313)? "Como ele é determinado?" É "a ausência do destinatário". Obviamente, então, uma vez recebido, é o *remetente* que está ausente para o destinatário. Se você está lendo este livro na Austrália, obviamente não estou aí com você. Eu, o autor e remetente, estou ausente. Não acompanho minha escrita. Essa ausência nunca é examinada por Condillac; Derrida, por outro lado, argumentará que essa ausência pertence à estrutura de toda escrita e, de fato, pertence à estrutura de toda linguagem em geral. Assim, Derrida promove duas hipóteses:

1. Todo sinal pressupõe certa ausência — porque "a ausência no campo da escrita é de um tipo original" (SEC, p. 314).
2. Se a "ausência própria da escrita" fosse "considerada adequada a todas as espécies de sinal e de comunicação", isso implicaria que "a escrita já não seria [meramente] uma espécie de comunicação" (SEC, p. 314); antes, a comunicação já seria sempre uma espécie de escrita e, portanto, constituída pela mesma ausência própria da escrita.

---

[29]Sobre Rousseau, veja Derrida, *OG*, p. 141-94; sobre Platão, veja Derrida, "Plato's Pharmacy" [A farmácia de Platão], em *Dissemination* [Disseminação], trad. Barbara Johnson (Chicago: University of Chicago Press, 1981), p. 61-171.

Encarnação limitada

Derrida continua a caracterizar essa ausência: na visão tradicional (a de Platão, Condillac e Rousseau), essa ausência é apenas uma extensão — a ausência é "apenas uma presença que está distante, atrasada" (SEC, p. 315) —, um Paulo que não consegue chegar a Roma. Mas Derrida argumenta que, para que a estrutura da escrita seja constituída, "essa distância, essa divisão, esse atraso, essa *différance*, deve ser levada a certo grau *absoluto* de ausência" (ênfase adicionada). Em outras palavras, essa ausência não é acidental; é essencial — ou, como prefere dizer Derrida, estrutural. O que Derrida quer dizer com isso?

"Minha 'comunicação escrita' deve, se você preferir, permanecer legível a despeito do desaparecimento absoluto[30] de cada destinatário determinado em geral, para que ela funcione como escrita" (SEC, p. 315). Ou seja, para que funcione como meio de comunicação, a escrita deve participar de um sistema de inscrições que não dependa de nenhum destinatário em particular (até mesmo um código secreto pode ser decifrado); para ser "legível", ela deve utilizar um sistema público de marcas que não seja produto — ou esteja sob o controle — de qualquer destinatário (ou remetente) em particular. Derrida descreve essa condição como *iterabilidade*: "Essa iterabilidade [...] estrutura a própria marca da escrita" (*SEC*, p. 315). A iterabilidade ou o que poderíamos chamar de *legibilidade estrutural* requer certa desconexão de destinatários (e remetentes) específicos ("determinados de forma empírica"). Outra forma de colocar a questão é esta: escrever sempre implica a inserção de uma *terceira parte*.[31] "A possibilidade de repetir — e, portanto, de

---

[30]Penso que é útil ver Derrida aqui envolvido em uma espécie de projeto de pensamento análogo à descrição de Husserl da "destruição do mundo" em *Ideas Pertaining to a Pure Phenomenology and to a Phenomenological Philosophy* [Ideias para uma fenomenologia pura e para uma filosofia fenomenológica], livro 1 de *General Introduction to a Pure Phenomenology*, trad. F. Kersten (Haia: Martinus Nijhoff, 1983). A "morte do autor" (e dos destinatários) é um projeto de pensamento que tem por objetivo revelar a *estrutura* da escrita. Nada tem a ver com a morte biológica de autores (como Searle parece pensar).
[31]Derrida oferece isso ao considerar a hipótese de um código secreto compartilhado apenas por dois indivíduos. Penso que esse contexto nos ajuda a ver como e por que Wheeler

A QUEDA DA INTERPRETAÇÃO

identificar — as marcas está implícita em todo código, tornando-o uma grade comunicável, transmissível e decifrável que é iterável para uma terceira parte, e, assim, para qualquer possível usuário em geral" (SEC, p. 315).

Derrida conclui que "toda escrita, portanto, para ser o que é, deve ser capaz de funcionar na ausência radical de todo destinatário determinado de forma empírica, em geral" (SEC, p. 315-16). Mas o resultado disso é central para o argumento de Derrida: essa ausência não é meramente acidental, não é apenas adiada ou atrasada (uma "modificação da presença"); é uma ausência *estrutural*, até mesmo "absoluta" ("uma interrupção na presença, 'morte', ou a possibilidade da 'morte' do destinatário, inscrita na estrutura da marca" — SEC, p. 316). Isso implicará, então, uma séria consequência a ser resolvida: "a destruição radical [...] de cada *contexto* como protocolo de um código" (SEC, p. 316).

Derrida, em seguida, demonstra por que o que é verdadeiro para o destinatário (a ausência radical como condição da escrita) deve ser verdadeiro também para o *remetente*: "Para que a escrita seja escrita, ela deve continuar a 'agir' e a ser legível, mesmo que quem se denomine o autor dela já não responda mais pelo que escreveu, pelo que parece ter assinado, caso ele esteja provisoriamente ausente, esteja morto ou, em geral, não apoie [...] a plenitude de seu significado" (SEC, p. 316).[32] Com relação à escrita, a situação do autor e do leitor é "fundamentalmente a mesma" (SEC, p. 316). Derrida descreve isso como uma "tendência essencial que se deve à

---

propõe que o argumento de Derrida se assemelha à crítica de Wittgenstein da noção de "linguagens privadas" (veja Samuel C. Wheeler III, *Deconstruction as Analytic Philosophy* [A desconstrução como filosofia analítica] [Stanford: Stanford University Press, 2000], p. 3, 211).

[32]Derrida, sem dúvida, não pensa que isso seja verdadeiro apenas se, de fato, os autores morrerem ou mesmo que não estejam aqui no local comigo ("estejam provisoriamente ausentes"). Por se tratar de uma questão estrutural, mesmo a presença do autor não atenua a estrutura ("entrevistas" com o autor não eliminam essa ausência). Para uma representação disso, veja "Passions: 'An Oblique Offering'" [Paixões: "uma oferta oblíqua"], de Derrida, em *On the Name* [No nome], ed. Thomas Dutoit, trad. David Wood et al. (Stanford: Stanford University Press, 1995).

Encarnação limitada

escrita como uma estrutura iterativa separada de toda responsabilidade absoluta, da *consciência* como a autoridade da última análise, à escrita órfã e separada no nascimento da assistência de seu pai" (SEC, p. 316). E é justamente essa condição da escrita como órfã que é condenada por Platão em *Fedro*.

Agora, Derrida faz seu principal movimento (e precisamente aquele que o distingue de Platão): ele demonstra que essas características da escrita são, de fato, características da linguagem *per se*, na verdade, da própria experiência. "Eu gostaria de demonstrar que os traços reconhecíveis do conceito clássico e estreitamente definido da escrita são generalizáveis. Eles seriam válidos não apenas para todas as ordens de 'sinais' e para todas as linguagens em geral, como também até mesmo, além da comunicação semiolinguística, para todo o campo do que a filosofia chamaria de experiência" (SEC, p. 316-17). Primeiro, quais são esses "traços"? São eles:

1. *Repetibilidade*. Um sinal escrito é uma "marca que permanece" e, portanto, que pode suscitar uma "iteração" na ausência do "indivíduo empiricamente determinado que, em certo contexto, o emitiu ou o produziu" (SEC, p. 317). Tradicionalmente, é assim que a comunicação escrita se distingue da comunicação falada, mas Derrida argumenta que essa é uma característica da linguagem *como tal*.

2. *Descontextualização*. Como resultado do traço 1, conclui-se que "um sinal escrito carrega consigo uma força de ruptura com seu contexto" (*SEC*, p. 317) — desengatando-o, por assim dizer, das condições originais de sua inscrição. Mas "essa força de ruptura não é um predicado acidental, mas a própria estrutura da escrita" (SEC, p. 317). Assim, a inscrição não é controlada ou "contida" por seu contexto: "o indivíduo pode sempre levantar um sintagma escrito [sequência de palavras] da cadeia entrelaçada em que é captado ou dado sem fazê-lo perder todas as possibilidades de funcionar, quando não todas as possibilidades de 'comunicar', de maneira precisa" (SEC, p. 317).

A QUEDA DA INTERPRETAÇÃO

3. Essa força de ruptura ou "separação" se dá por causa do *espaça-mento* (SEC, p. 317): um espaçamento que o separa de outros elementos da "cadeia contextual interna", mas também que o separa "de todas as formas de um referente presente". Esse espaçamento "não é a simples negatividade de uma falta, mas o surgimento da marca" (SEC, p. 317).

Ora, esses três traços são característicos apenas da *escrita* — da "*comunicação* escrita"? "Eles também não devem ser encontrados em todas as linguagens, por exemplo na linguagem falada, e, por fim, na totalidade da 'experiência'" — uma vez que a própria experiência é constituída por um sistema de marcas, diferimento e espaçamento?

Considere qualquer elemento da linguagem falada: para que "funcione", ela deve ter "certa identidade própria" a fim de ser reconhecida e repetida (SEC, p. 318). Em outras palavras, até mesmo o fonema deve caracterizar-se pela *iterabilidade*, "a possibilidade de ser repetido na ausência não só de seu referente", mas também "de determinado significado ou intenção presente de significação" (SEC, p. 318). Portanto, a palavra falada só pode funcionar na medida em que é iterável; e, na medida em que é iterável, ela se caracteriza pela "*possibilidade* estrutural de ser separada de seu referente ou significado (e, portanto, da comunicação e de seu contexto)" (SEC, p. 318). "Estenderei essa regra até mesmo a toda 'experiência' em geral, se for verdade que não há experiência de presença *pura*, mas apenas cadeias de marcas diferenciais" (SEC, p. 318).

CONTEXTO REVISITADO: SOB CONDIÇÕES COMUNS

Para que os sinais — escritos ou falados — comuniquem (*grosso modo*, para que transfiram significado por uma rede de relações), é necessário que tais sinais sejam *iteráveis*, formal ou estruturalmente discerníveis por uma pluralidade de destinatários e remetentes. Mas, na medida em que são iteráveis, os sinais também podem ser

Encarnação limitada

descontextualizados — podem ser desvinculados de um contexto específico e entendidos de maneira diferente. Uma vez que a iterabilidade é uma condição necessária à comunicação, a possibilidade de descontextualização necessariamente acompanha a linguagem. Como tal, toda declaração e todo texto são passíveis de diferentes interpretações. Mas o que muda em tais casos? Aqui vemos, mais uma vez, a importância do *contexto* no sentido de determinar o significado de um texto ou de uma declaração. Em outras palavras, o *significado* de um texto depende da determinação de um contexto.

Aqui, Derrida apela para um exemplo de "agramaticalidade" de *Logical Investigations* [Investigações lógicas], de Husserl: o fonema *le ver est où* [onde está o verme?], que poderia ser *ouvido* como a forma agramatical "o verde é ou", ou entendido como uma de duas perguntas: "Para onde foi o verde [da grama]?" [*le vert est ou?*] ou "Para onde foi o vidro?" [*le verre est où?*]. A questão simples é que até mesmo a suposta agramaticalidade da expressão depende de um contexto. Como observa Derrida: "É apenas em um contexto determinado por uma vontade de saber, por uma intenção epistêmica, por uma relação consciente com o objeto como um objeto de conhecimento dentro de um horizonte da verdade — é nesse *campo orientado pelo contexto* que a expressão 'verde é ou' é inaceitável. Mas, uma vez que as expressões 'verde é ou' ou 'abracadabra' *não constituem seu próprio contexto em si mesmas*, nada impede que funcionem em outro contexto como marcas significativas [ou seja, expressivas]" (SEC, p. 320 — ênfase adicionada). Por causa da estrutura necessária de iterabilidade (SEC, p. 321), há sempre uma "possibilidade de extração" e a possibilidade de uma "ruptura com todo contexto dado" (SEC, p. 320).

Portanto, Derrida conclui que "existem apenas contextos" (SEC, p. 320). Isso deve ser lido como um correlato de sua afirmação mais famosa de que "*il n'y a pas de hors-texte* [não há fora de texto]" (*OG*, p. 158). Isso "*não* significa", insiste Derrida, "que todos os referentes estejam suspensos, negados ou encerrados em um livro, como as pessoas alegam ou são ingênuas o suficiente para

A QUEDA DA INTERPRETAÇÃO

acreditar e me acusam de acreditar" (A, p. 148). Pelo contrário, a questão é que "todo referente, toda realidade, tem a estrutura de um traço diferencial, e esse traço não pode referir-se a esse 'real', exceto em uma experiência interpretativa" (A, p. 148). A frase "Existem apenas contextos" denota que o "significado" está inextricavelmente ligado a contextos, ao mesmo tempo que os sinais se caracterizam por uma capacidade de descontextualizar (ou, *grosso modo*, pela "indecidibilidade"; A, p. 115-18). Mas é importante notar, *contra* Searle, que essas são estruturas de *possibilidade*, não de impossibilidade. Sim, a capacidade de descontextualizar significa que é possível que minha declaração seja "tirada do contexto" e *mal* compreendida; mas não implica que a comunicação seja impossível.[33] *Posso* me comunicar por meio de sinais iteráveis — mas esses mesmos sinais também são a condição de possibilidade de *má* compreensão.[34] A questão, então, é o que constituiria os critérios para serem "adequadamente compreendidos"?

Aqui, dois aspectos fundamentais resultam da afirmação de Derrida de que "existem apenas contextos": primeiro, a questão de como os contextos são *determinados* e, segundo, o papel da *comunidade* nessa determinação. Comecemos com o que Derrida chama de "problema de determinação" (A, p. 155n4). Tanto em SEC como em A, Derrida argumenta que o significado de um texto está ligado à determinação de um campo contextual (SEC, p. 320; A, p. 131-34). Agora, certamente é o caso de que, ao discutir a forma como os contextos são "estabelecidos" (A, p. 131), Derrida enfatiza até que

---

[33]Derrida alerta para o perigo de interpretarmos suas conclusões aqui a seu favor: "Sobretudo, *não* concluirei a partir disso que não há uma especificidade relativa dos efeitos da consciência, dos efeitos da fala (em oposição à escrita no sentido tradicional), que não há efeito do performativo, não há efeito da linguagem comum, não há efeito de presença e de atos da fala. O fato simples é que esses efeitos não excluem o que geralmente é oposto a eles, termo por termo, mas, ao contrário, pressupõem-no de maneira não simétrica, como o espaço geral de sua possibilidade" (SEC, p. 327, ênfase adicionada). Textos e declarações *podem* ser eficazes. Veja SEC, p. 326: "Não se pode negar que há também performativos que têm êxito".

[34]Ou, como ele afirma em outro lugar, "a 'fraude' é sempre possível, a *possibilidade* de transgressão está sempre inscrita nos atos de fala (orais ou escritos)" (A, p. 133). Mais uma vez, observe a ênfase na *possibilidade*.

Encarnação limitada

ponto os contextos *não podem* ser estabelecidos ou estabilizados; o contexto vai até o fim. Enquanto a "reconstituição de um contexto [...] é um ideal regulador na ética da leitura, da interpretação ou da discussão", deve-se admitir que "esse ideal é inatingível, por motivos que são essenciais" (A, p. 131). Portanto, o que Derrida rejeita é a noção de J. L. Austin de um "contexto total" (SEC, p. 322); de fato, aqui lembramos que o objetivo declarado de Derrida no início do ensaio era demonstrar "por que um contexto nunca é absolutamente determinável, ou melhor, em que sentido sua determinação nunca é certa ou saturada" (SEC, p. 310; cf. A, p. 137). Um contexto nunca pode ser totalmente saturado ou determinado porque há sempre um elemento duplo de *ausência*: de remetentes a partir de destinatários, mas também de remetentes a partir de si mesmos.[35] "Essa ausência essencial de intenção [...], essa inconsciência estrutural, se você preferir, impossibilita toda saturação de um contexto. Para um contexto ser exaustivamente determinável, no sentido exigido por Austin, seria necessário, pelo menos, que a intenção consciente estivesse totalmente presente e de fato transparente para si mesma e para os outros" (SEC, p. 327). Mas é precisamente o condicionamento semiótico da consciência que impede isso. Essa "ausência" é simplesmente sinônimo da distância estrutural entre seres finitos, bem como a plenitude de consciência que excede a presença "pura" ou "total" (A, p. 128-29),[36] ambas implicando a capacidade de

---

[35]Esse ponto é a ideia central da análise de Derrida em *Speech and Phenomena* [Discurso e fenômenos]: uma vez que a própria consciência é, linguística ou semioticamente, condicionada, há um sentido em que nunca estamos totalmente presentes para nós mesmos. Como falantes, não somos senhores de nossas intenções. Discuti isso de maneira mais detalhada em meu artigo "A Principle of Incarnation in Derrida's *(Theologische?) Jugendschriften*" [Um princípio da encarnação em *Jugendschriften (Teologische?)* de Derrida], *Modern Theology* 18 (2002): 217-30.

[36]Cf. SEC, p. 316. Essa afirmação — de que a consciência não é caracterizada pela presença total — é desenvolvida de maneira mais explícita por Derrida em *Speech and Phenomena*. Tentei demonstrar um paralelo agostiniano com essa antropologia no capítulo 4 de meu livro *Speech and Theology*. Este também é um ponto central de desacordo entre Searle e Derrida. Searle, como Husserl, parece pressupor a presença total da consciência para si mesma (veja R, p. 199); em outras palavras, Searle está muito mais convencido de que os *autores* sabem o que eles querem dizer (R, p. 201).

A QUEDA DA INTERPRETAÇÃO

descontextualizar. Então, por exemplo, o que é chamado de "objeti-vo" é, de fato, determinado por um contexto — um contexto vasto e muito antigo (A, p. 136). Derrida conclui que "uma das definições do que se denomina desconstrução seria o esforço de levar em conta esse contexto ilimitado, de dar a atenção mais nítida e mais ampla possível ao contexto, e, portanto, a um movimento incessante de recontextualização" (A, p. 136).

Mas há limites para essa recontextualização? Ou talvez melhor: teríamos justificativa para *interromper* esse jogo de recontextuali-zação? Esse movimento incessante de recontextualização significa que a função dos textos não pode ser estabilizada? Para ser mais específico: será que, algum dia, poderemos "estabelecer" o contexto e, portanto, o significado de um texto (como as Escrituras, por exemplo)? Ou poderíamos legitimamente protestar pelo fato de que Searle interpretou *mal* os textos de outro?

Apesar de enfatizar a impossibilidade de um contexto total, Derrida não condena a determinação do contexto *como tal*. Na ver-dade, Derrida nem mesmo se opõe à "polícia interpretativa" como tal; pelo contrário, ele descreve, pacientemente, a maneira pela qual a determinação de uma dada comunidade pode, então, estabelecer o contexto de uma declaração, produzindo, assim, critérios para interpretações boas e más, verdadeiras e falsas (cf. A, p. 146). "Do contrário", observa ele, "alguém poderia, de fato, dizer qualquer coisa, e nunca aceitei dizer, ou encorajar outros a dizerem, qualquer coisa, nem defendi a indeterminação como tal" (A, p. 144-45). Aquilo a que Derrida se opõe, então, não é a determinação de comunidades *como tal*, mas, sim, a suposição ingênua de que nenhuma determinação ocorreu — que essas comunidades ou regras são "naturais" ou "óbvias" (A, p. 146). Assim, por exem-plo, a comunidade acadêmica é definida por certo *telos*, certos procedimentos, certo consenso. "Acredito que nenhuma pesquisa seja possível *em uma comunidade* (por exemplo, acadêmica) sem a busca prévia desse consenso mínimo" (A, p. 146 — ênfase adi-cionada). Portanto, com a determinação da comunidade, temos em vigor certas regras que devem "governar" a interpretação, e são essas "regras" que Searle violou (A, p. 146).

É nesse contexto que Derrida fala de maneira positiva a respeito de uma espécie de polícia interpretativa. Uma pergunta feita a ele por Samuel Weber parece comparar o "político" ao "repressivo", sugerindo que qualquer determinação de regras deve ser inerentemente repressiva e funcionar como uma espécie de estado policial (A, p. 131). Derrida, entretanto, rejeita essa equação: "Eu hesitaria antes de associar a polícia, direta e necessariamente, como você parece associar [...] a determinada política, e, em particular, a uma política repressiva" (A, p. 132). Dessa forma, restrições e regras aplicadas pela polícia não são inerentemente repressivas; como observa ele de maneira prática, "uma luz vermelha não é repressiva" (A, p. 132; cf. A, p. 138, 139). Certamente, essa restrição não é *neutra* — é um gesto político (A, p. 132, 135-36) —, mas essa não neutralidade não deve ser confundida com repressão. Na verdade, Derrida observa, explicitamente, que nem todas as determinações de contexto são repressivas: "Eu nunca disse que a polícia como tal e *a priori*, ou 'o próprio projeto de tentar estabelecer o contexto das declarações', é algo 'politicamente' suspeito. *Não há sociedade sem polícia*" (A, p. 135). Assim também, "não se pode fazer nada, muito menos falar, sem determinar [...] um contexto" (A, p. 136). Assim, as comunidades "estabelecem" contextos, e os contextos determinam "significados" — no sentido de que podem escolher interromper o jogo da recontextualização.[37]

Com essa explicação do contexto em seu devido lugar, podemos retornar à questão da intenção autoral: qual é, então, a ligação entre a determinação do significado por contextos comuns e o

---

[37]Para mim, essas conclusões derrideanas são, em linhas gerais, equivalentes às descrições pós-liberais de interpretação bíblica, conforme encontradas em Stanley Hauerwas e outros. Assim, penso que minha hermenêutica "criacional", em vez de gerar um ceticismo emergente anti-institucional, deveria levar a uma afirmação universal da articulação comum de um contexto que funciona como o critério para interpretação. Em suma, a descrição de Derrida sobre a radical capacidade de descontextualizar não é apenas consistente com a interpretação *teológica* das Escrituras, mas pode quase exigi-la.

A QUEDA DA INTERPRETAÇÃO

discernimento da intenção autoral? A descrição de Derrida sobre a iterabilidade impede a intenção autoral? Em termos simples, não; pelo contrário, Derrida enfatizaria dois pontos: primeiro, a(s) intenção(ões) do autor é(são) uma de uma série de possíveis significados para determinada declaração. Isso decorre da iterabilidade e da possibilidade estrutural de descontextualização, que é uma condição necessária de possibilidade para a linguagem. Assim, quando o autor dos Cânticos escreve o verso "Seu cabelo é como um rebanho de cabras" (Cântico dos Cânticos 6:5), o significado *pretendido* pelo autor é um dos muitos significados possíveis desse grafema (e saber se a interpretação dos puritanos foi incluída na intenção do autor seria um tema de debate). Mas, segundo, *pode* haver a determinação de um (ou vários) significado(s) *como* o significado pretendido pelo autor *dentro do consenso de uma determinação comum*. A intenção do autor não é algo "claro" ou *Zuhanden*, para ser simplesmente lido nas frases de um texto. Discernir as intenções do autor só pode desenvolver-se como um discernimento *comum*, na medida em que a comunidade "satura" um contexto, usando o termo de Derrida. Em outras palavras, a intenção do autor não é algo que ocupe exclusivamente o espaço de uma declaração, ou que seja, de forma notória, inerente a determinado texto.[38] Mas *é* algo que pode ser comunicado por meio de um texto ou de uma declaração, e seria discernido a partir de *dentro* da determinação de uma comunidade em particular. A "intenção do autor", então, não é algum Santo Graal hermenêutico que evita o condicionamento do contexto e da textualidade; mas também não é puro mito. Embora a semiótica de Derrida enfatize a mediação necessária da intenção autoral (bem como seu discernimento), não impede a *comunicação*

---

[38]Se fosse, não haveria discordância sobre a intenção do autor em determinado texto. Mas, obviamente, mesmo dentro da interpretação bíblica, há uma séria discordância sobre o que o Autor pretendia. Quando, por exemplo, somos instruídos a "amar nossos inimigos", alguns entendem que essa declaração, não obstante, permite campanhas de bombardeio destinadas a "chocar e espantar"; para mim, significa que a violência é um pecado. Essas duas interpretações dependem de um *contexto* determinado por uma *comunidade*. Sem dúvida, o que resta para ser perguntado é como julgamos *entre* as comunidades.

Encarnação limitada

dos desejos e vontades do autor. "Nessa tipologia", observa ele, "a categoria de intenção não desaparecerá; *ela terá seu devido lugar*, mas, a partir desse lugar, já não poderá mais *controlar* toda a cena e todo o sistema de declarações" (SEC, p. 326 — ênfase adicionada).

A comunicação envolve risco precisamente porque eu não posso controlar a maneira como minhas declarações e meus textos são interpretados; simplesmente, não há como recorrer às intenções do autor para interromper essa recontextualização. Há esse "risco" e essa falta de controle porque "a intenção que incentiva a declaração nunca estará *completamente* presente em si mesma e em seu conteúdo" (SEC, p. 326 — ênfase adicionada). Observe, entretanto, que Derrida *não* diz que a intenção está completamente *ausente*; ele simplesmente evita negar a possibilidade de comunicação, como sugere Searle. Isso acontece porque, ao contrário de Searle (como já observado), ele não trabalha com uma dialética de ausência pura ou presença total, mas está atento a *graduações* ou *intensidades* da presença. Na declaração, o autor está *tanto* ausente *como* presente; podemos dizer que o que Derrida descreve não é a presença (ou ausência) total, mas a presença *real*: o autor está *realmente* presente, mas não totalmente presente — ele também permanece oculto ou além da declaração.[39] Como tal, a descrição de Derrida sobre a intenção autoral faz eco ao que descrevi em outra passagem como uma "lógica da encarnação", que recusa a condição "uma coisa ou outra" da presença total ou da ausência completa (adotada por Searle), mas, em vez disso, oferece uma descrição da presença *real* e ainda da ausência necessária do autor no texto — assim como Cristo manifesta a nós a plenitude de Deus, sem que a transcendência de Deus seja reduzida *à* manifestação.

"Essa forma de pensar no contexto", afirma Derrida, "não é, como tal, equivalente ao relativismo" (A, p. 137). Assim, embora o texto de Cântico dos Cânticos supracitado possa ser lido de

---

[39]Sugeri anteriormente o modelo de "presença real" (recorrendo a Calvino) para refletir sobre Derrida em meu artigo "A Principle of Incarnation in Derrida's *(Theologische?) Jugendschriften*".

A QUEDA DA INTERPRETAÇÃO

muitas maneiras distintas, a comunidade da qual faço parte — o cristianismo reformado, que inclui os puritanos — discerne que um dos significados pretendidos pelo Autor/autor incluía uma imagem da igreja como a noiva de Cristo. Tal discernimento da intenção autoral não é, de forma alguma, impedido pela semiótica de Derrida. Na verdade, Derrida enfatizou que o que *conta* como intenção autoral é, de um modo escandaloso, determinado *pela* comunidade.

Mas isso pode ser apenas o escândalo de uma interpretação teológica das Escrituras. Todd Billings articulou a dinâmica da interpretação teológica de uma forma que se identifica com minha descrição da ênfase de Derrida no contexto e nos critérios comuns para o que constitui uma "boa" interpretação. Como diz Billings de maneira simpática, a interpretação eclesiástica e teológica das Escrituras nos convida "ao lugar *espaçoso* e, ainda assim, *específico*, de pelejar com as Escrituras, ruminá-las e praticá-las".[40] Os limites generosos (amplos, porém específicos) da interpretação eclesiástica constituem um contexto para interpretar bem, e para saber o que conta como "boa" interpretação. Billings capta bem essa dinâmica:

> Os leitores cristãos ocupam um território vasto quando passam a conhecer o poder inesgotável da palavra do Espírito por meio das Escrituras, uma palavra que está estranhamente perto de nós e, ainda assim, sempre vem ao nosso encontro como se fôssemos estranhos. Nossa imaginação precisa de rejuvenescimento, para que possamos perceber o drama amplo e expansivo da salvação no qual Deus nos incorpora como leitores das Escrituras. No entanto, como cristãos, também interpretamos as Escrituras de uma localidade específica. Não somos simplesmente indivíduos modernos observando um texto antigo, ou membros de um clube social à

---

[40]Billings, J. Todd, *The Word of God for the People of God: An Entryway to the Theological Interpretation of Scripture* [A palavra de Deus para o povo de Deus: acesso à interpretação teológica das Escrituras] (Grand Rapids: Eerdmans, 2010), p. xiii.

Encarnação limitada

procura de um manual de instruções sobre como fazer a igreja funcionar de maneira mais eficaz. Somos pessoas que interpretam as Escrituras "em Cristo", como aqueles unidos ao Cristo vivo pela mediação e pelo poder do Espírito Santo.[41]

Tal condição da igreja (e do cânone) como o contexto para a "boa" interpretação das escrituras é completamente consistente com a descrição de Derrida de iterabilidade e descontextualização.[42] Embora, anteriormente, eu tenha tentado demonstrar que, na verdade, a leitura de Derrida feita por Searle é uma interpretação *errada* de sua descrição, penso que Derrida tem certa responsabilidade pela abordagem do tipo "uma coisa ou outra" feita por Searle. Em particular, penso que, em algumas passagens, Derrida explica a situação de descontextualização e a possibilidade de falha de comunicação ao sugerir que a falha de comunicação é, de alguma forma, *essencial*. Invocando um ideal de "pureza", Derrida às vezes parece afirmar o que Searle o ouve dizer: que a comunicação é impossível. Por exemplo, Derrida conclui que "a condição da possibilidade para esses efeitos é simultaneamente, mais uma vez, a condição de sua impossibilidade, da impossibilidade de sua rigorosa pureza" (SEC, p. 326). E ele apela a essa noção de "pureza" precisamente quando cai no que parece ser uma dialética *ou* da presença *ou* da ausência, sugerindo uma "ausência essencial de intenção" (SEC, p. 327), tal que a "comunicação, se alguém insiste em usar a palavra, não é o meio de transporte do sentido, a troca de intenções e significados" (SEC, p. 329).

---

[41]Ibid., p. 35.

[42]Portanto, Billings ainda explica como, em uma espécie de círculo hermenêutico, a "regra de fé" ("extrabíblica") oferece um "bom viés" para a leitura da Bíblia *como* as Escrituras (ibid., p. 9-10); cf. Mark Alan Bowald, *Rendering the Word in Theological Hermeneutics: Mapping Divine and Human Agency* [Interpretando a Palavra em hermenêutica teológica: mapeando a agência divina e humana] (Burlington, VT: Ashgate, 2007), p. 178-80; Hans Boersma, *Celestial Participation: The Weaving of a Sacramental Tapestry* [Participação celestial: a tecelagem de uma tapeçaria sacramental] (Grand Rapids: Eerdmans, 2011), p.137-53.

A QUEDA DA INTERPRETAÇÃO

Mas, aqui, Derrida vai além da evidência, chegando a uma conclusão que não resulta necessariamente da semiótica que ele esmiuçou.[43] Na verdade, a genialidade de sua descrição é a recusa de uma oposição ou disjunção simplista entre presença e ausência — entre presença "total" ou ausência "completa". Em vez disso, ele oferece uma descrição que reconhece várias graduações de presença/ausência — uma intensidade variável da presença. "Cada sinal", diz ele, "pressupõe *certa* ausência" (*SEC*, p. 314 — ênfase adicionada); como tal, "a intenção que incentiva a declaração nunca estará *completamente* presente em si mesma e em seu conteúdo" (SEC, p. 326, ênfase adicionada). Mas, pela mesma razão, também nunca estará *completamente* ausente. Embora seja essencial, a ausência também é *parcial*; e, embora um contexto não possa ser "saturado" precisamente porque nunca pode estar "totalmente presente" (SEC, p. 327), isso não significa que não possa ser "relativamente" determinado (SEC, p. 327). Por conta própria, Derrida deveria recusar o critério (cartesiano)[44] de "pureza", o que o leva às vezes a sugerir que a comunicação é *non posse* (ou seja, não somos capazes de comunicar); em vez disso, e de forma mais consistente, sua semiótica (quase encarnacional) de uma ausência presente e de uma presença ausente deve continuar com a descrição *posse non* (capaz de não comunicar) da comunicação.

REVELAÇÃO, ENCARNAÇÃO E ITERABILIDADE: O RISCO DA COMUNICAÇÃO

Como mostrei no início deste capítulo, meu principal interesse no debate Searle/Derrida é propedêutico, a fim de introduzir alguns pontos importantes: eu gostaria de retornar ao debate Searle/Derrida

---

[43]Em meu ensaio "How to Avoid Not Speaking", argumentei que Derrida faz um movimento similar ou vai além em *The Post Card* [Cartão-postal].

[44]Em outra passagem, argumento que esse é também um gesto kantiano, apelando a uma espécie de ideal regulador. Veja Smith, "A Principle of Incarnation". É um ideal semelhante de "pureza" que leva Kant a ligar a interpretação a uma "violência" essencial em A.

Encarnação limitada

para considerar a descrição da intenção autoral que é gerada pela semiótica de Derrida. Conforme indicado no início, o catalisador para essa questão mais formal é a questão especial da autoridade e da interpretação das Escrituras. O espaço não permite uma descrição completa desse caso específico, mas me permite oferecer um esboço do destino de tal trabalho — para onde nós, intérpretes cristãos, podemos prosseguir a partir dessa encruzilhada.

Em minha opinião, o que a descrição de Derrida sobre a linguagem e a interpretação nos dá não é um senso de *impossibilidade* da comunicação, mas, sim, um senso do *risco* da comunicação: falar é aventurar-se no jogo dos sinais e, assim, correr riscos de descontextualização e má interpretação. Mas tal risco é a condição necessária para a comunicação.

É nesse sentido que podemos ver a própria fala e "comunicação" de Deus operando sob as condições (criacionais)[45] esboçadas por Derrida. Na medida em que a revelação é uma comunicação para seres encarnados finitos, a fala de Deus deve operar sob as condições da linguagem finita. No princípio era a Palavra, e a Palavra era iterável, uma vez que tal é a condição da possibilidade de comunicação. Como tal, a Palavra era uma questão de interpretação, sujeita à descontextualização e ao jogo de significado. Nesse sentido é que ela veio para os seus, e os seus não a receberam. Isso significa, sem dúvida, que eles não a receberam como *a Palavra falada pelo Pai*; em vez disso, eles a interpretaram de outra forma. Assim, outras leituras da Palavra são possíveis, mas nem todas são vistas como a intenção do Autor: "ler" Jesus como algo menos do que a encarnação de Deus é interpretá-lo *mal*. Sem dúvida, essas interpretações equivocadas são possíveis dada a estrutura da comunicação; esse é um risco necessário. Além disso, a determinação da intenção do Autor é estabelecida *pela* — e *de dentro* da — comunidade da igreja, tanto globalmente

---

[45]Com isso, quero dizer que acredito que a descrição de Derrida sobre a linguagem distinguiu corretamente aspectos da estrutura da criação.

A QUEDA DA INTERPRETAÇÃO

como ao longo do tempo. Os concílios ecumênicos, é claro, foram os primeiros esforços comuns da igreja para discernir a intenção autoral, podemos dizer, da encarnação. Algumas "leituras" da encarnação — as dos docetistas ou arianos — foram excluídas pela polícia interpretativa. Isso não quer dizer que tais leituras não pudessem ser geradas pelos significantes em questão, mas apenas que a determinação da comunidade concluiu que tais significados *não* eram aqueles pretendidos pelo Autor. No entanto, embora eu esteja argumentando que a encarnação e as Escrituras trabalham sob condições de iterabilidade, penso também que há um sentido em que o texto das Escrituras — e o texto da encarnação que o atesta — é único e exige uma hermenêutica "especial".[46]

Minha descrição anterior da encarnação ecoa o prólogo do Evangelho de João, bem como *Philosophical Fragments* [Fragmentos filosóficos], de Søren Kierkegaard.[47] Se seguirmos a análise de Kierkegaard, veremos a necessidade de uma "hermenêutica especial" como uma espécie de suplemento à hermenêutica "criacional" antes esboçada. Isso ocorre porque somente com respeito às Escrituras temos uma situação em que o Autor também habita o leitor — ou melhor, a comunidade da leitura — para iluminar o texto (1 Coríntios 2:10-16). Ou, nos termos de *Fragments*, de Kierkegaard, o Mestre é também Aquele que dá a *condição* para que o ensino seja aceito no coração do aprendiz. Como tal, à medida que a comunidade de fiéis vai discernindo, cada vez mais, a intenção do Autor, é habitada e guiada pelo Espírito do Autor. Esse não seria

---

[46]Ou como diz Billings, embora a hermenêutica geral tenha implicações para nosso envolvimento com as Escrituras (é um *livro* como qualquer outro), "em última análise, a Bíblia é um livro que a igreja não pode e não deve ler da mesma forma que qualquer outro livro" (*The Word of God*, p. xv). Isso não significa que não a lemos ou não a interpretamos; significa apenas que a determinação comum do contexto e dos horizontes de expectativa leva a comunidade eclesiástica a discuti-la como um cânone — e, portanto, *um* livro, em certo sentido — e a recebê-la como um livro no qual — e por meio do qual — o Deus Trino fala de maneira singular.

[47]Considerei a "lógica da encarnação" de ambos com mais cuidado em meu *Speech and Theology*, cap. 5.

294

Encarnação limitada

um "Deus das lacunas", um apelo do tipo *deus ex machina* [literalmente, deus surgido da máquina] a uma nova imediação nem um acesso mágico à intenção autoral. Em vez disso, essa hermenêutica pneumatológica especial seria uma extensão da descrição do *contexto* antes apresentado.[48] Em outras palavras, nossa hermenêutica das Escrituras exigirá, sobretudo, uma eclesiologia.

---

[48]Para uma discussão lúcida nesse sentido, veja Yong, *Spirit-Word-Community*, p. 275-310.

ÍNDICE ONOMÁSTICO

Agostinho, 13-14, 23-24, 44-45, 52n25, 163, 166, 180, 197-218, 230, 240, 257-258, 275

Alighieri, Dante, 37n1, 38n3

Aquino, Tomás de, 23, 32n15, 159n43, 256n77, 263

Archambault, Paul, J., 212n41, 214n43

Arendt, Hannah, 210n33, 257n83

Aristóteles, 136, 163, 172, 221n5, 240n46, 256n77

Arminius, Jacobus, 167

Arnauld, Antoine, 166, 197n7

Austin, J. L., 276n24, 285

Barthes, Roland, 270n7

Bavinck, Herman, 108n16, 120n30

Becker, Jürgen, 168

Billings, Todd, 290, 291n42, 294n46

Bloesch, Donald, 68n6, 88n35, 91n38, 272n14

Boersma, Hans, 44n14, 291n42

Boécio, 159n43

Bouma-Prediger, Steven, 189n21

Bowald, Mark Alan, 32-34, 291n42

Brownson, James, 61n41

Bruce, F. F., 88n34, 228n21

Brueggemann, Walter, 32n15, 60n37, 90, 228n22

Bultmann, Rudolf, 158-160

Burnaby, John, 193, 197, 198n9

Calvino, João, 25n3, 76n18, 104n7, 167n58, 197n7, 200, 289n39

Caputo, John D., 24n2, 28, 35, 40n6, 45n15, 48n19, 53, 54, 55, 57, 70n8, 80, 81, 101, 105, 105n10, 125, 134n3, 140n13, 155, 161n46, 162-164, 179n8, 187n17, 231n27, 234-235, 250

Colson, Charles, 227

Condillac, Étienne Bonnot de, 278

Cornell, Drucilla, 55n29, 181n10, 187n18

Cudney, Shane R., 78n21, 220n2

Dayton, Donald, 76n18

Derrida, Jacques, 28, 31n13, 35, 40n6, 43-45, 49-53, 55-57, 71n10, 77-82, 95-96, 101n3, 109n17, 124n33, 134, 138n11, 151n23, 170, 171, 173, 175, 176, 175n5, 176n7, 177, 181, 183, 184, 185, 186, 194, 196n5, 205n26, 207n29, 216n48, 231, 232, 233, 234, 237, 259, 260-265, 268-281, 281-293

Descartes, René, 29, 66n3, 70

A QUEDA DA INTERPRETAÇÃO

Dilthey, Wilhelm, 99, 99n1, 136
Dooyeweerd, Herman, 49n22,
   60n36, 200n12, 246n54,
   251-254
Dostal, Robert, 149
Dreyfus, Hubert, 47n18, 249n59
Dudiak, Jeffrey, 187n16, 255n76

Engelhardt, H. Tristam, 240n45
Erasmo, 196n6

Farley, Edward, 247
Fish, John H., 73-75
Fish, Stanley, 237n41
Foucault, Michel, 31n13, 56n33,
   167n58, 226
Frei, Hans, 33n20, 90
Freud, Sigmund, 47n17, 77n19

Gadamer, Hans-Georg, 28, 42,
   59, 83, 89, 100, 101, 102, 102,
   105n10, 121-127, 136n6, 222,
   262n93
Geffre, Claude, 224
Gilson, Étienne, 49n22, 214
Goldingay, John, 40
Grenz, Stanley, 68n6

Habermas, Jürgen, 42, 59, 100-
   101, 121, 126, 127, 129, 133,
   149, 167n58, 241
Hall, Ronald, 269n7
Harrison, Peter, 38n4
Hart, Kevin, 38n4, 43n13, 70n8,
   88n35
Hart, Trevor, 88n35
Hauerwas, Stanley, 287n37
Hegel, G. W. F., 37, 54, 69n7, 109,
   115, 125, 171, 195n3
Heidegger, Martin, 23, 24n2, 28,
   37, 41n11, 43-52, 66n3, 69n7,
   99, 100, 107n15, 112, 121,

   127, 133n1, 134-168, 175n5,
   181, 183n11, 184-186, 186n15,
   187n16, 196-198, 207n29, 220,
   222, 228, 232, 233, 240n45,
   243n49, 247, 249, 251, 252,
   255, 266n96
Hodge, Charles, 78
Hume, David, 25, 223, 224n11
Husserl, Edmund, 47n18, 70n8,
   110n20, 139n13, 149, 151n23,
   187n16, 188n20, 202n18, 223n9,
   247n56, 249-250, 256n77,
   276n24, 279n30, 283, 285n36

Ingraffia, Brian, 272

Jabès, Edmond, 170n1, 176n7,
   205n26, 207n29
Jacobs, Alan, 52n25
Jakobson, Roman, 95, 96
Johns, Cheryl Bridges, 228n22
Jordan, Mark D., 204n23

Kant, Immanuel, 25, 56n33,
   246n54, 292n44
Käsemann, Ernst, 228n21
Kelsey, David, 40
Kenneson, Philip, 229n23
Kierkegaard, Søren, 41n11, 48n21,
   53, 135, 145n18, 163, 164n55,
   166, 207n29, 223n9, 231, 234,
   269n7, 294
Kisiel, Theodore, 50n24, 107n15,
   136n8, 145n18, 158n38, 162,
   163, 166, 196
Koivisto, Rex, 26n5, 42, 70-78,
   81-83, 89n35, 91, 97, 98n51,
   100, 102, 133, 194, 227
Kuhn, Thomas, S., 225, 226, 240
Kuipers, Ronald, 56n33
Kuyper, Abraham, 73, 108n16,
   199, 200

Índice onomástico

Levinas, Emmanuel, 44, 57, 61n40, 147n19, 151n24, 153n28, 171, 181-185, 187, 1188n20, 246n54, 247n58, 254-256

Lévi-Strauss, Claude, 177, 178, 185

Lints, Richard, 34n21, 42, 46, 51, 53, 65, 66n2, 66n3, 68n6, 70, 82-98, 100, 102, 122, 133, 194, 227

Locke, John, 70

Long, D. Stephen, 32n15

Longman, Tremper, 230n25

Lutero, Martinho, 91, 107, 135, 163, 166, 168, 195n2, 196-198, 228

Lyotard, Jean-François, 31n13, 239n43, 240-244, 245n53, 256n78, 272n15

MacIntyre, Alasdair, 241n48

Marcião, 196, 196n5

Margolis, Joseph, 101

Marion, Jean-Luc, 66n3, 70n8, 147n19, 151n23, 223n9

McCarthy, Thomas, 56n32

McClean, John, 103n6

McLaren, Brian, 28n7

Middleton, J. Richard, 32n15, 60, 200n13, 236n39

Milbank, John, 44n14, 155, 156, 195

Mill, John Stuart, 145n18

Mouw, Richard J., 82n28

Mulhall, Stephen, 50n23, 196n6

Murphy, Nancy, 30n11

Myers, Benjamin, 103n6

Neuhaus, Richard John, 227

Newman, John Henry, 87n30

Nietzsche, Friedrich, 50n23, 53, 123n32, 136, 142, 235

Noll, Mark, 82n28, 167n58

Numbers, Ronald, 27n6, 59n34

O'Connell, Robert J., 197n7, 201n14, 212n40

O'Donnell, James J., 24n2

O'Leary, Joseph Stephen, 59n35

Olthuis, James H., 44n14, 48n20, 79n23, 88n33, 104, 105, 107n13, 113n23, 115, 124n33, 135n4, 151n23, 152, 153n28, 179n8, 219n2, 236n38, 266, 276n21

Pang-White, Ann, 213n42

Pannenberg, Wolfhart, 42, 51, 53, 100, 101-121, 129, 133, 193, 195, 198

Pascal, Blaise, 166, 197, 240n46

Pickstock, Catherine, 61n41

Plantinga, Alvin, 25, 49n22

Platão, 55, 125, 163n52, 171, 278, 279, 281

Plotino, 107, 112

Richardson, William J., 24n2

Ricoeur, Paul, 28, 45n15, 153n28, 197, 224, 232n30, 236n39, 271

Rollins, Peter, 29n8

Rorty, Richard, 47n18, 56n33, 238n42, 243n49

Ross, Stephen David, 55n31

Rouse, Joseph, 226n18

Rousseau, Jean-Jacques, 173, 175, 177, 180, 185, 278

Saussure, Ferdinand de, 171, 173

Sayre, Patricia A., 258 n90

Schaeffer, Francis, 25

Schmidt, Dennis J., 37, 55n30, 69, 195n3

Searle, John, 269, 272-277, 279n30, 279, 285-287, 291, 292
Shapiro, Susan E., 124, 126n37, 129n39
Smith, Christian, 80n24
Smith, P. Christopher, 55n31, 57
Stanley, Jon, 108n16, 120n30
Stock, Brian, 201n15, 205n25, 221n7

Taylor, Charles, 47n18, 246n55
Taylor, Mark C., 93, 124, 223
Teske, Roland J., 201, 206n28, 210n35, 211, 214n43
Tocqueville, Aleis de, 145n18

van Buren, John, 107n15, 138n8, 143n15, 162, 163, 166, 196
Vanhoozer, Kevin, 41n12, 45n16, 47n18, 66n4, 71n10, 270n7, 271, 272

Walsh, Brian J., 104, 105, 107n13, 189n21, 200n13, 219n2
Ward, Graham, 151n23
Webber, Robert, 29n9
Webster, John, 77n20, 272n14
Wells, David, 82n28
Wesley, John, 167
Westphal, Merold, 122n31
Wheeler, Samuel C., 280n31
Wittgenstein, Ludwig, 47n18, 50n23, 238n42, 240, 243n49, 280n31
Wolters, Albert, 120n30, 200n13
Wolterstorff, Nicholas, 270
Wyschogrod, Edith, 168n59, 175n5, 247n57

Yong, Amos, 272n14

Zimmerman, Jens, 122n31

ÍNDICE REMISSIVO

agostinianismo, 193
amor, 52n25, 151n23, 153, 236,
   256, 257, 258
arquiescrita, 174, 176, 177, 179,
   180, 185n14. *Veja também*
   escrita
autoral, intenção, 247n56, 257,
   267-295
   determinada pela comunidade,
   290
autoridade (das Escrituras), 85, 90,
   267, 293

Babel, Torre de, 52n26, 60, 93-97,
   134, 266
Belga, Confissão, 268
bibliografia, 224-225

ciência, 38n4, 59, 225-226
comunicação, 79, 126-128, 133,
   146, 177, 207n29, 220-223,
   273-277
   indireta, 207n29
comunidade, 154, 189, 205, 244,
   286, 288, 290, 293, 294
contexto, 282-295
contraditório, monismo, 104-106,
   125
criação
   bondade da, 39, 53, 60, 113,
   152, 195n4, 197-200, 202,

   213-216, 218, 230, 232-237,
   259, 265
   distinguida da perfeição, 113n23
   teologia da, 32, 120, 121, 196
Criador/criatura, distinção, 214
cristã, filosofia, 31n14, 49n22, 162,
   214-215

Dasein, 41n11, 135-142, 142-150,
   157, 163n54, 248. *Veja também*
   Ser-no-mundo
demitologização, 45n15, 154, 155,
   158, 160, 200
   de Agostinho, 45n15, 217
   de Calvino, 200
   Veja também desconstrução
desconfiança, hermenêutica da,
   258, 261
desconstrução, 45n15, 56-58,
   71n10, 124, 150, 174, 197, 198,
   216, 262, 265. *Veja também*
   demitologização
descontextualização, 281, 283, 288,
   291, 293. *Veja também* contexto;
   iterabilidade
diferença. *Veja* pluralidade
Différance, 56, 58, 138n11, 175,
   188, 279
discurso, 86, 172, 177, 186n15,
   219, 238, 270, 271. *Veja também*
   escrita

A QUEDA DA INTERPRETAÇÃO

dúvida, 231. *Veja também* fé

eclesiologia, 33, 295
egoísmo, 182-183
"eles", o (*das Man*), 144-146, 154
  ditadura do, 144
emergente, igreja, 31
empíricos, transcendentais, 246,
  247, 253, 254, 258
encarnação, lógica da, 33n17, 275,
  289
escatologia, 42, 102, 103, 107,
  128
escrita, 171-177, 205n26,
  221n7, 277-281. *Veja também*
  arquiescrita; discurso
espaçamento, 133, 144
Espírito Santo, o, 66n4, 268, 291
"Estar com outros", 153
"estrutura como", 140, 183n11,
  188, 219n2, 250
estrutura/direção, 233n33

fantasma da presença total, 58, 135,
  187, 188. *Veja também* presença
  total
fé, 229-232, 263-266
filosofia. *Veja* filosofia cristã
filtros, 85-86. *Veja também* viés
finitude, 56-58, 61, 76n17, 85,
  100-105, 109-111, 118-121, 209,
  213n42, 217, 223n9
  como caídos, 199, 210, 233
  Gadamer sobre a, 121-123
  a bondade da, 214, 216
  Pannenberg sobre a, 102-106

fonocentrismo, 172, 205n26. *Veja*
  também logocentrismo
fundamentalismo, 30n11
fusão de horizontes, 101, 125

geral, hermenêutica, 32, 45n16,
  66n4, 148, 222, 259n91, 268n1,
  294n46
gnosticismo, 195-196. *Veja também*
  neoplatonismo
graça, 108n16, 119, 120, 159
  comum, 66n4, 200

igreja, a, 26, 31, 50, 72, 81, 91,
  122n31, 238, 291, 294
Iluminação, 66, 77n20
indecidibilidade, 53, 155, 231,
  232-235, 258
interpretativas, normas, 245, 251
intersubjetividade, 127, 135, 146,
  151-154, 182, 202n18, 207n29,
  219-220
iterabilidade, 269, 274, 275, 279,
  282, 288, 291

jansenismo, 197n7
justiça, 254-255

linguagem, jogos de, 240, 242, 243
logocentrismo, 174, 195
Louvre, o, 263

mal, 106, 114, 115, 176, 214, 230,
  233
  a bondade é mais primordial do
  que o, 261
  ontologizado, 135, 166, 167. *Veja*
  também Queda, a: ontologização
  modelos de interpretação, 71

nambiquaras, 178
natural, teologia, 32n15, 159. *Veja*
  também criação: teologia da
neoplatonismo, 45n15, 195, 198
normas. *Veja* interpretativas,
  normas

Índice remissivo

paradigmas, 226, 240, 243, 245
pecado, 52n25, 214
  como algo intencional, 143
  efeitos noéticos do, 52n25
  original, 50, 81, 93, 156, 196, 197
perspectivismo, 100
perspicuidade, 66, 67, 77, 78
platonismo, 44, 168, 195. *Veja*
  neoplatonismo
pluralidade (de interpretações), 60,
  218, 232n31, 253, 257
Plymouth, Irmãos de, 25-26, 67, 74
pneumática, hermenêutica.
  Veja hermenêutica
  pneumática-criacional
pneumática-criacional,
  hermenêutica, 44, 97, 129, 151,
  169, 266
polícia, interpretativa, 286, 287, 294
pós-fundamentalismo, 28, 30
pós-liberalismo, 33
pós-modernismo, 33, 154, 168
pragmata (coisas), 139, 141n14
preconceito, 69, 72, 75n15, 84,
  121, 165, 250. *Veja também* viés
  contra o próprio preconceito
  (Gadamer), 121
presença. *Veja* presença total

Queda, a, 37-38, 193-194
  ontologização, 135, 166, 167.
  Veja também mal: ontologizado

realismo, 47n18
redenção, 37, 52n25, 66, 86,
  103-104, 116, 119, 120, 133,
  208-210, 212
reformada, tradição, 25
regra de fé, 291n42
relativismo, 237-238, 267
revelação, 31-33, 76n17, 92n42,
  117269, 275, 292-295

"Ser no mundo", 41n11, 43, 100,
  138, 139, 141, 143, 146, 149,
  168. Veja também *Dasein*
situacionalidade, 58, 76, 83,
  85, 100, 133, 138, 219-222,
  225, 230, 238. *Veja também*
  tradicionalidade
social, imaginário, 34
sola Scriptura, 88, 90, 92

tempo, 100-113, 117-119, 123,
  137-138, 199-202, 208-214
total, presença, 48, 53, 135, 172,
  185n14, 186-188, 272, 275, 285,
  289. *Veja também* fantasma da
  presença total
tradição, 25, 40, 59, 72, 74
  micro, 72, 73, 74
tradicionalidade, 59, 61, 85, 98,
  137, 219, 221, 259. *Veja também*
  situacionalidade
tradução, 93-96, 139, 144
transcendência, 202n18, 209, 254,
  255

ubiquidade (da interpretação), 29,
  81, 86, 94, 120, 134, 142, 146,
  220-221, 238, 267
uso/desfrute, distinção entre
  (Agostinho), 215, 256

verdade, 26, 74, 89, 93, 105, 123,
  237-238, 248, 252
viés, 83, 87. Veja também filtros;
  preconceito
  bom, 291n42
violência, 43, 46-48, 134, 144, 145,
  150, 155, 171, 173-188, 236

Westminster, Confissão de Fé de,
  268

Este livro foi impresso pela Lis Gráfica, em 2021, para
a Thomas Nelson Brasil. A fonte do miolo é Adobe
Garamond Pro. O papel do miolo é pólen soft 80g/m²,
e o da capa é cartão 250g/m².